U0721697

学术顾问：薛克翘

封面题字：刘安武

主编：姜景奎

副主编：吴杰伟　陈　明

执行副主编：王鸿博

编委会成员（按姓氏拼音）：

薄文泽　陈　明　郭　童　何朝荣　胡仕胜　姜景奎　姜永红　金　勇
蓝建学　李晨阳　李　莉　梁　远　廖　波　陆　生　罗　杰　钱　峰
冉　斌　荣　鹰　萨尔吉　史　阳　唐　慧　佟加蒙　王春景　王　旭
吴杰伟　咸蔓雪　杨国影　叶海林　叶少勇　湛　如　钟智翔
（共31人）

编辑部主任：贾　岩

学术支持：
北京大学南亚研究中心
北京大学东南亚研究所
北京大学国家非通用语人才培养基地
教育部高等学校外指委非通用语分指委
中国南亚学会分会南亚语种学会

北大南亚东南亚研究

刘安武题

| 第五卷 |

主编　姜景奎

中国大百科全书出版社

图书在版编目（CIP）数据

北大南亚东南亚研究 . 第五卷 / 姜景奎主编 .
北京：中国大百科全书出版社，2025. -- ISBN 978-7
-5202-1672-2

Ⅰ . D73-53

中国国家版本馆 CIP 数据核字第 2024Z1M181 号

出 版 人	刘祚臣
策 划 人	曾　辉
出版统筹	程　园
责任编辑	林思达
责任校对	齐　芳
责任印制	李宝丰
封面设计	冰橘工作室
出版发行	中国大百科全书出版社
地　　址	北京市阜成门北大街 17 号
邮政编码	100037
电　　话	010-88390635
网　　址	http://www.ecph.com.cn
印　　刷	北京九天鸿程印刷有限责任公司
开　　本	787 毫米 × 1092 毫米　1/16
印　　张	12.25
字　　数	266 千字
版　　次	2025 年 5 月第 1 版
印　　次	2025 年 5 月第 1 次印刷
书　　号	ISBN 978-7-5202-1672-2
定　　价	68.00 元

本书如有印装质量问题，可与出版社联系调换。

目　录

语言文学研究

影视戏剧研究

作品翻译

学术动态

特 稿

印度研究领域的"水和泥"[①]

姜景奎[②]

摆在读者面前的是印度研究领域的一本"国别和区域问题研究"类著作，有感，欣然接受作序邀约。

近年来，国别和区域问题研究愈发重要，越来越多的学人投身于这一领域。不过，对于国别和区域问题研究归属哪个学科，学界争议不小，有人认为应该归属外国语言文学学科，有人认为应该归属国际政治学学科，还有人认为是新学科，国家应该把该学科设定为新的一级学科，真是公说公有理婆说婆有理。就国别和区域问题研究的研究内容而言，也是莫衷一是：有人认为是类国际政治和国际关系方面的问题，尤偏重于咨政类内容，也有人认为语言文学、历史文化、宗教哲学、教育艺术、政治经济、外交安全、军事国防等都属于国别和区域问题研究范畴。看样子，在相关部门没有做出最终决定之前，这类争论会一直持续下去。不过，我关注的并非学科归属和研究范畴之类的问题。依我看，国别和区域问题研究之所以近些年才受到重视，是国家发展需要所致。进入21世纪，特别是21世纪第二个十年以来，世界处于百年未有之大变局，中华民族伟大复兴大业与国际情势愈发密切。因此，研究国别和区域问题就显得愈加重要。纵观世界大国发展历程，英国在"日不落"时期进行国别和区域问题研究，第二次世界大战后的美国和苏联也都进行国别和区域问题研究：皆是其内部发展需要所致。近年来，中国的发展也到了需要更加精准研究国别和区域问题的阶段。然而，中国与英国、美国和苏联不同，后者的国别和区域问题研究基本上是单向的，是纯粹为本国服务的；中国的则是双向的，是建立在共商共建共享的基础之上的。所以，中国的国别和区域问题研究必须有自己的特色。我认为，在众多特色之中，中国特色的国别和区域问题研究有两点是最基本和最重要的。一者，研究者的工具语言问题。英国、美国和苏联的工具语言基本上是研究者的母语，即英语和俄语。新时代的中国特色的国别和区域问题研究者的工具语言首先不应该是汉语，其次也不应该是英语（英语国家和地区除外），而应该是被研究的对象国或对象地区的通用语言。比如研究印度，鉴于印地语是印度的联邦级官方语言，英语是其联邦级辅助官方语言，印地语和英语理应成为研究者的工具语言，比较而言，前者更为重要，两者并用则更完美。二者，研究内容问题。我更倾向于综合性的研究内容，即语言文学、历史文化、宗教哲学、教育艺术、政治经济、安全外交和军事国防等

---

① 本文为作者为《印度政治制度》（谢超主编，中国社会科学出版社2021年版）所作的"序"。

② 作者为北京大学外国语学院教授、博士生导师，北京大学南亚研究中心主任。

都是国别和区域问题研究的考察对象。不过，具体内容应该有所限制：打一个不恰当的比方，如果把一个国家或一个地区比作一个荷花池，池子里的存在可以分成三类，即上面的荷花和荷叶、中间的水和泥，以及下面的莲藕，我认为中间的水和泥应该是国别和区域问题研究的不二内容，因为水和泥向上决定荷花和荷叶的成色，其下决定莲藕的大小。一句话，通过研究水和泥，我们可以探知甚至预知荷花、荷叶及莲藕的质量，从而可以确定整个池塘的状况，也就知道了如何对池塘进行投入、如何预知该投入的成本和收成。而要研究水和泥，我们就必须潜入水中，全面探知水的深浅和泥的品质，这种时候，工具语言即如潜水用的氧气和服装等，无此装备相关研究就不会全面和彻底。新时代中国需要的正是这样的国别和区域问题研究成果。

读者面前的这本《印度政治制度》符合我的认知。首先，其作者我大多认识，他们进行研究的工具语言抑或印地语，抑或英语，抑或两种语言兼有；其次，印度政治制度是印度之所以成为印度的基础之一，是印度这个池塘中的水和泥类存在的基础，没有政治制度，印度便成不了印度。

再说一下该著的出版必要。我国对印度的研究可谓历史悠久，但古代多偏于宗教、哲学研究，现当代多重于语言文学研究，对印度政治方面的研究少而又少，林良光主编的《印度政治制度研究》（北京大学出版社）、孙士海和葛维钧编写的《列国志·印度》（社会科学文献出版社）及邓兵主编的《印度研究》（军事谊文出版社）是这方面少有的相关成果。《印度政治制度研究》出版于1995年，内容比较全面，设有"宪法""立法制度""司法制度""行政机构""行政官制度""邦、中央直辖区和地方政权机构""政党制度与主要政党""种姓、宗教、部族与政治制度"等，但距今已有20余年，加之篇幅少，亟须更新丰富。《列国志·印度》和《印度研究》是对印度的全面介绍：前者出版于2003年，设有"政治"一章，内容含"宪法""联邦立法机构""联邦行政机构""司法机构""各邦政府和议会""选举制度""主要政党"等；后者出版于2009年，也设有"政治"一章，内容含"宪法""立法制度""司法制度""联邦行政机构""邦及中央直辖区的行政机关""地方自治机构""政党"等。由于全书"编制"所限，两著所含相关内容更加单薄，也同样有"过时"之嫌。因此，国内印度研究领域亟须新的高质量的印度政治制度研究类著述。这本《印度政治制度》便是这样的成果。

《印度政治制度》洋洋近50万字，分九章，含"宪法""印度议会""联邦行政机构""司法制度""总统""政党制度""央地关系""基层治理""当代印度政治发展的主要议题"等，可谓厚重、全面、系统。就具体内容而言，第一章"宪法"是总纲，统领其他章节，其他各章以"宪法"为基础，抑或概述，抑或详议，均有"宪法"依据。不过，虽是纲举目张，但各章又可单篇视之：想了解印度联邦行政机构的读者可忽略前后各章，只读第三章"联邦行政机构"；想了解印度政党制度的读者也可忽略前后各章，只读第六章"政党制度"；余者亦然。限于该著性质，书中具体内容评介色彩浓郁。也就是说，该书既为印度研究者提供了"水和泥"，又对这"水和泥"进行了初步研究，值得充分肯定和鼓励。

就"水和泥"层面而言，该著全面且客观地介绍了印度政治制度领域的相关内容。比如"宪法"一章，作者对印度宪法的制定过程及其基本内容进行了梳理和介绍，给读者提供了"宪法文本"类内容及相关历史和理论依据。再如"印度议会"一章，作者不仅介绍了印度议会的组织结构和运行模式，还对其政治实践进行了动态类评述，这类评介不仅能使读者了解印度议会的表层，也给读者提供了思考和遐想的空间。就对"水和泥"进行初步研究层面而言，该著也有独到之处，作者寓介绍和研究于一体。比如"政党制度"一章，作者高屋建瓴，从与政党有关的法律规定入手，对印度政党发展简史和政党体系演变进行了考察，对印度各主要政党及其方针政策乃至社会实践进行了介绍。虽说印度政党林立，但该章内容简洁明了，条理清晰，可谓有纲有目。不仅如此，作者在进行介绍的同时，还以理论和实践为基础，从历史和现实出发，对印度政党制度进行了深度解读和议论，水平颇高。再如"央地关系"一章，作者在对印度各级地方政府进行全面介绍的同时，较为科学地界定了央地概念，随后从印度联邦制度的特点和央地财产权分配两方面出发，评介了印度中央政府和地方政府之间的关系实践和各自对社会的职责及义务。实际上，"央地关系"一章是该著的创新性章节之一，这类章节和内容在其他著述中不见。因此，作者必须有自己的新视角和新见解，这种新视角和新见解非深入了解印度社会者不可有。该著的另一个创新点是每章之后都设有"本章小结"，虽为小结，但并非简单重复，其中有思考、有亮点。"宪法"的"本章小结"视野开阔："印度通过宪法把这个世界上人口第二大国同时可能是内部分歧最多的国家聚拢在一起，宪法也为印度政府管理国内复杂的族群、宗教和语言群体提供了基本制度框架"。这一结论看似简单，却是作者的研究心得和学术洞见。"政党制度"的"本章小结"与印度政治现状关联密切，作者结合印度教民族主义的实际影响，分析了印度三大政党势力的实力对比及印度政党政治的发展趋势，现实性和前瞻性兼有。该著的其他章节也都各有特色，皆夹叙夹议，介绍与研究相结合，学术意义与现实价值并具。

值得一提的是，以谢超博士为主编的编写团队年轻有为。俗话说，"初生牛犊不怕虎"，他们敢想敢做，笔下生花。想来，随着时日的增加及研究的深入，他们的笔下之花会更加美妙，该著的修订版会更加完美。印度研究，需要这样的学者。

以上，为序。

于北京燕尚园

2021 年 10 月 31 日

北大南亚东南亚研究

殷洪元
先生纪念
专栏

2021 年 10 月 30 日，北京大学外国语学院教授、资深印地语语法学家、印地语文学翻译家殷洪元先生因病逝世，享年 97 岁。殷先生品德高尚、学养深厚，他的逝世是中国印地语界及印度研究界的重大损失。本卷《北大南亚东南亚研究》特设"殷洪元先生纪念专栏"，收录六篇纪念文章，以表对殷先生的追思之情。

我的老师殷洪元先生

姜景奎 [①]

殷洪元，我的老师，1925 年 10 月 15 日生，2021 年 10 月 30 日去世，享年 97 岁。

殷先生学术成果颇多，词典有《印地语汉语词典》《印地语汉语大词典》《汉语印地语大词典》，编著有《印地语课本》《印地语语法》，译著有《印地语语法》《托钵僧的情史》《罗摩的故事》《章西女王》等，另有论文若干篇。这些著述已经影响了好几代印地语学人，也定会持续泽被后世。

按理，先生晚年幸福，近百岁去世，是喜丧，我不应该有太大的情绪波动。但一个多月来，我时常有所忆、有所想，甚至影响到了正常睡眠和休息。逢《北大南亚东南亚研究》封版，写几句，纪先生，求如常。

殷先生是中国的第一位印地语老师，他于 1945 年入国立东方语文专科学校学习，1948 年毕业留校任教。在他之前，还有一位彭正笃先生，于 1944 年入语专学习，1946 年留校，但彭先生基本不上课。所以我说，殷先生是印地语的第一位中国老师，第一位上课的老师。我是 1985 年考入北京大学学习印地语的，由于殷先生主教语法，所以一二年级我跟他并不熟，偶尔会在外文楼教研室遇到他，任课老师介绍说他也是我们专业的老师。见面的时候，往往我还没有开口，他便会点头微笑打招呼，非常谦逊。先生中等个头，穿着讲究，春秋长风衣，冬天长羽绒服，夏天短袖衬衫，从没见到先生穿过短裤。平日见面，先生言少，总像个听者，少有的话语也是和声细语，不经意步入心田。三年级下学期，殷先生开始给我们上"印地语语法"，每周一次课，每次时长两个 50 分钟。他上课轻声慢语，娓娓道来，很有条理性和逻辑性，但由于是语法课，课堂略显沉闷。他很少批评学生，见学生不专心仅会以眼神视之。不过，我们很少交流，课前课间同学们会嬉戏玩闹，他则会微笑着默默地看热闹，君子派头十足。

跟殷先生比较近的接触发生在三年级下学期的后半阶段。那时中、印政府间文化交流项目有三个去印度留学的名额，班级按成绩排序，我获得了一个名额。出国需要两个担保人，我和杨鸿根同学忐忑地请殷洪元和刘安武两位先生作为担保人，没想到两位先生特别爽快，都愿意做担保人（另一位同学李雷英是北京人，她有家人作保）。我们俩非常高兴，想请两位先生吃饭，他们没有拒绝，但反对下馆子（考虑我们没有钱），提

---

① 本文作者为北京大学外国语学院教授、博士生导师，北京大学南亚研究中心主任。

议在另一年轻老师的宿舍里吃。记得那天是周日，午饭之后，我和杨鸿根正商量着出去买材料，忽然看到两位先生一人拿着一个袋子到来，打开袋子，里面有肉有鱼有蔬菜，还有一只活鸡！这哪是我们请客！那天掌厨的是那位年轻老师，打下手的是两位先生，我和杨鸿根似乎倒过两次垃圾，其余啥忙也没帮上。吃饭的时候，刘安武先生从自己的袋子里拿出一瓶酒，不记得是什么牌子了。印象中殷先生没有喝酒，我喝了，晕乎乎暖融融的。一次非常难忘的"请客"！从那之后，我与殷先生并没有什么来往。读硕士期间，先生给我上过"印地语修辞"课，是在他家里上的，每周一次，但跟他除讨论学习之外，似乎也没有多少值得特别提及的事情。

我与先生开始密切接触是在他退休之后。先生喜静，平日没有什么爱好，但对印地语词汇、词语和语法之类的工作一直孜孜以求，所以我们经常进行相关议论。85 岁之后，我跟先生愈加亲近。本专业的马孟刚老师退休后长居天津，几乎每个月都有医药报销之类的事务需要到北京办理，抑或我自己办，抑或我请学生代办。加之两位老师的关系也比较近，因此，1925 年出生的殷先生、1929 年出生的马先生和 1966 年出生的我便成了三驾马车，常常一起活动，两位师母和我夫妇几乎每两三个月就有一次聚餐，三家轮流付账。这样的时光坚持了四五年，很是舒心畅快！后来，马老师的身体状况不太允许他两地奔波，来北京少了，我和殷先生继续走动，还是时而聚餐，轮流付账。退休后的殷先生比退休前更加随和，谈笑多了不少，我们的交往频繁而平凡。先生那种不争的处事态度和乐天的待人准则于我而言犹如春雨，慢慢地滋养着我，使我也能抬头见天低头视地，无所争也无所畏。

不知道从什么时候开始，我就成了殷先生的秘书。先生常年笔耕，或撰写词条，或编写语法，或翻译作品，每天工作 6—8 个小时，不变的工作，不变的日常，这种状态一直持续到他去世的前几天。先生不会电脑，他手写，而出版需要电子稿，因此我得时常提供服务，或者自己干，或者请学生代劳。先生写字一丝不苟，但由于年纪大的缘故，写字时有手抖现象，所以字会出现变形，特别是印地语字词，弯了或者多了一点，辨认起来费时费力。但看多了也就简单了。北京大学印地语 2009 级学生曾集体帮他输入《印地语语法》一书，全书近 800 页，学生们分工协作，完成得很好；先生非常高兴，书出版后不仅赠送每人一本手写签名版，还要请大家吃饭。这是 2009 级本科班与先生的一段情缘，我是牵线者兼"管理者"，从中也得到了很多乐趣。

我和先生还有合作的关系，他邀我一起编写《印地语汉语大词典》和《汉语印地语大词典》，前者已经出版，后者还在编写之中。在编写过程中，我跟先生见面的时候往往尴尬。他常说，"我的那部分完成了，你的呢？"我则往往回答，"我的也快了……"这种时候，他就会说，"你忙，我帮你写几个吧"。因为这样，我一度减少了见他的次数，不是不想见，是"怕"见。想来有意思，当了教授好多年的我还是怕见先生，原因是没有完成作业……

在学生中，我也许是到先生家里最多最频繁的一个。每次他都很高兴，边催师母拿水果，边催师母倒茶。我曾笑问先生，"您干吗老是让师母干活？"他说，"我笨"。哈，一个笨字，先生躲过了多少"辛劳"。好在师母是个实在人，平时很"不屑"跟先生计较。后来再去先生家里，我会先打电话约一下，这样，师母便会把水果和茶准备好，省得受先生临时支使。先生耳背，但当师母跟他大声说话时，他却时常以为师母吼他，于是，师母采用"笔谈"的方式，通过文字交谈。师母乐观大度，对先生呵护有加。先生的女儿也很孝顺，对先生同样呵护。不得不说，先生比一般人幸福！

先生可谓寿终正寝，回忆他，没有大事可记，总是那么平淡，总是那么平和。他一生无执着无贪恋，如风似水，少痕无迹，但风过空气清新，水过万物干净。

先生高洁，所去之处必定风轻云淡，鸟语花香。

殷洪元先生：中国印地语教学和科研事业的耕耘者①

张　玮②

殷洪元先生，北京大学东语系教授。从 1945 年 10 月进入国立东方语文专科学校学习印地语至 1988 年退休，他的工作和生活简单来说就是印地语教学和印地语研究两件事。殷洪元先生多年来以"知足常乐、为善之乐和自得其乐"心态，服务于自己热爱的中国印度学事业，在印地语教学和科研领域取得了开创性的成果。

一、印地语教学："自己学的不够"

1. 国立东方语文专科学校：从学生到教员

殷洪元先生 1925 年 10 月出生于上海淞江县一个小地主家庭，家里有二三十亩地。他的父亲是一位中医，平日也行医济世。父母双亡后，他和三个妹妹靠变卖家产和姐姐教书维持生活。上海沦陷后，1944 年殷洪元先生跟着一位亲戚到了重庆，住在提供食宿的"战区失学失业青年招待所"里备考大学。他住上铺，就搭个木板吊起来当桌子，在上面看书写字。9、10 月份大专学校开始招考，殷先生报考了上海交通大学、上海法学院和国立东方语文专科学校（以下简称东方语专）。他同时被上海法学院和东方语专录取，但上海法学院是私立学校，自费，校区也不在重庆，而东方语专则供给食宿，生活拮据的殷先生遂决定到东方语专求学。

1942 年，太平洋战争爆发，当时的国民党政府为了壮大反日阵营，与美、英、苏等国结盟，共同对敌，就在昆明创办了一所大专学校，开设有印度语、缅甸语、泰国语（当时称暹罗语）和越南语四种语言，为战地培养翻译人才。当时日机常常轰炸昆明，为便于疏散隐蔽，学校把校址选在呈贡斗南村。东方语专于 1942 年在斗南村水鱼庵创办。创办之初，学制为两年；1945 年迁到重庆后改为三年。学校迁至重庆后增设了马来语（现印尼语），1946 年 1 月又增加了朝鲜语，共六个专业，主要培养外事、华侨师资、经贸、翻译人员。1945 年 10 月，殷先生进入东方语专学习印地语。"我并不知道这个学校是教什么的，后来打听知道学四种语言，我想，在这几个国家中，印度国土最大，历

① 本文写作基于 2019 年 10 月 19 日笔者与殷洪元先生的访谈录音，并参考了《印地语语法的开拓者——殷洪元教授专访》《印地语汉语大词典·前言》《汉语印地语大词典·前言》等文章及鲍泽鹏于 2020 年 1 月 7 日拜访殷洪元先生后的相关回忆。本文是 2019 年度国家社会科学基金一般项目"中国印度文学学科史研究"（19BWW034）阶段性成果。

② 本文作者为安庆师范大学外国语学院副教授。

史悠久，就选了印地语。"殷先生没想到当时不经意的选择，开启了他奉献至今的印地语教研事业。

殷先生是东方语专印地语专业招收的第四届学生。学校聘了印度人教授印地语课程，学生没有教材，印度老师就给每人发了一本薄薄的印度小学生教本。印度老师也不讲语法，教学内容很简单。殷先生入学前，东方语专有一位叫辛哈的印度教师，辛哈离任后由印度留学生古玛尔兼职授课。古玛尔是中央政治大学政治专业研究生，他和印度驻华使馆有联系，就被介绍到东方语专任教。古玛尔用英文授课，他从字母教起，学生们跟着他学了差不多一个月的字母。鉴于东方语专对学生的培养目标，学校还开设了中国历史、中国地理、语音学、民族学、教育学和英语等多门课程。殷先生和同学们尽管学习的专业是印地语，但他们还要学很多其他课程。学校校长和教务长与中央大学有联系，就聘请中央大学教授过来授课。像中华人民共和国成立后在中央民族大学任教的历史学家韩儒林先生，当时教授中国历史课，此外还有语言学家马学良、教育学家邵鹤亭等先生都上过课。殷先生从这些课程中学到的知识在日后的印地语教学中都派上了用场。比如，他把语音学中学到的发音方法、发音部位等知识引入到印地语字母教学中，方便学生学习。

这样一来，同学们学印地语的时间并不多，有些人也就不安心学习了，有的则考上别的大学离开了。印地语班上的学生开始有二十来人，第二年、第三年就减少了，到毕业时只有十来个人了。可以说，中国早期的印地语教学是其他教学目标的衍生物，不能算是独立、成熟的科目，但即使在这种情形之下，它也被保留下来，并随着中华人民共和国的诞生、发展而壮大起来。

抗日战争胜利后，东方语专于1946年迁至南京继续办学。1948年，殷先生完成学业从东方语专毕业。他的姐姐在上海虹口地区的一所小学教书，他就随着姐姐一起在小学教书。不久，东方语专缺少印地语教师，校长请他回校任教。原来，东方语专的印度教师古玛尔要求加薪，当时的教育部已搬到台湾，无人做主，学校无法同意他涨工资的要求，他就辞职了。学校还有两位助教，但他们都没正式教过课，只能辅导一下学生，讲讲发音。殷先生回到东方语专时，新聘请的外教普拉丹还没入职，他就暂时负责印地语教学。他没想到这临时救场式的印地语教学工作，一干就是一辈子。

普拉丹到东方语专后，殷先生给他当了一两个月的助手。1949年4月，南京解放，语专的教员们开始政治学习。之后，东方语专和北京大学东语系合并，殷先生随校到北京大学入职，他和他的同事们正式开启了中华人民共和国的印地语教研事业。

2. 北京大学东语系：教学相长

北京大学一直重视东方语言教学，早在1919年就开设了梵文课程，但直到1946年季羡林先生从德国学成归国后，拥有多个语种的东方语文学系才得以成立。1949年6月，南京东方语文专科学校和中央大学边政学系的教师并入东语系。此时的东语系人员只有一二十人，开设有梵文、巴利文、藏文和阿拉伯语等专业。殷先生和其他印地语老师加入后，东语系开始有了印地语专业。

殷先生7月份到北京大学时，还没有印地语学生入校，只有几个学梵文的学生，也不上课。9月份开学，第一批印地语专业学生入学，只有一位调干生新生，加上东方语专原有的一位学生，总共也就两人。东方语专的印度外教普拉丹也到了北京大学，他继续教东方语专转来的学生，殷先生负责教新来的学生。他与学生的年龄只差两岁，师生三人更像是一起学习的同学。一个学期以后，即1951年1月份，东语系调来一批干部学员，学生人数多了起来。北京大学印地语专业教学与东方语专的不可同日而语，学习的专业性强，目的针对性明确。春季班学员来了之后，改由金克木先生执教，殷先生则负责批改他布置的语法和句子练习等。

中华人民共和国成立初期，中、印两国关系处于蜜月期，交往紧密，东语系招收的干部学员和学生人数也在不断增加。殷先生认为自己"在东方语专学得很少，教字母还行"，他作为助教改练习本有时也觉得很吃力。殷先生觉得增加专业知识、提高业务能力刻不容缓。1950年，中国政府邀请印度代表团访华，殷先生参与代表团的接待工作，其间结识了团长孙德拉尔的秘书普拉萨德。1951年，普拉萨德和其他三位北京大学东语系聘请的印度外国专家再次来到中国，殷先生负责帮助他与其他外教适应在北京的生活，这段经历对他提高印地语水平很有帮助。殷先生1950年接待印度代表团时还不太会说印地语，这次他陪着印度外教们去银行、商场、医院等，在和他们的交流中提高了口语表达能力。殷先生和普拉萨德很熟，两人无话不谈，他从普拉萨德那儿学了很多东西。就这样，他边教书边学习，虽然很辛苦，但非常有收获。

随着国家对印地语的重视和东语系老师们的勤勉工作，印地语专业稳步发展起来。当时派来的干部和新生较多，东语系1951年春季招了10名学生，秋季招了26名学生。印度教员没来的时候，学习印地语的学生分成甲、乙两班，殷洪元先生教甲班。印度专家来了以后，两班合在一起上课。中方教员主要配合印度专家的工作，如打印他们带来的或选取的教学材料，并做些注释、补充生词表的工作。东语系请来的四位印度专家中，三人教印地语，一人教乌尔都语。东语系当时还没有乌尔都语专业，金克木先生从字母学起，和印度人合作教学生。随着学生人数的增加，殷先生和同事们的教学任务加重，但大家的业务水平也相应提高了。殷先生体会到教学就是教学相长，一方面教学生，一方面自己也要学习、提高。他相信，尽管教学条件不好，但专心教书，就一定会不断有收获。

殷先生和同事相信东语系一定会有大发展，大家都非常努力工作。1955年，东语系又在印地语专业选择三位优秀毕业生留校做助教。1962年中印边境自卫反击战后，印度专家都被撤回国，印地语专业老师们开始了自力更生的教学阶段，大家工作、学习的气氛十分高涨。之后，东语系在20世纪60年代断断续续请了几位专家，但时间都不长，殷先生甚至都没有见过他们。"文化大革命"期间，北京大学的教学中断，印地语专业教学也同样处于停顿阶段，季羡林、金克木先生和一些老师都去了牛棚。"文化大革命"后期，殷先生也进了牛棚，在那待了有两个多月的时间。他因为血压高，参加劳动相对较少，也没做重体力活，就打扫院子。

1970 年夏天，北京大学、清华大学在江西鲤鱼洲各自办了一个草棚大学，学生是从江南各省选派来的工农兵学员们。草棚大学办了一年多又不办了，师生们合并到北京总校，大家都迁回北京，开始新的大学生活。在北京，东语系印地语专业先后调来两批工农兵学员。恢复高考招生，东语系还招收了研究生。首批招了两位研究生，殷先生给他们开了印地语语音学、印地语词汇学两门课程。殷先生后来也指导了两位研究生。

印度是一个语言众多的国家，作为官方语言之一的印地语和其他语言有着千丝万缕的关系，殷先生一直主张学习印地语的学生也要学点乌尔都语、梵语等语言，他自己也是这样做的。1988 年，殷先生一退休就开始实施自己酝酿已久的学习计划。他和选学德语的印地语专业学生一起学习德语，在学了字母、语法和一些课文后，还想借助图书馆里的德语资料学吐火罗语。他还开始了梵文学习，阅读《摩诃婆罗多》。殷先生用"学的不够"来评说自己的教师工作，用"学到老"的方式努力做到"学高为师"的古训。如果说他学习印地语、做印地语教师的初因不无维持生计之考量，但他不断提高印地语专业水平，全身心投入中国印地语教学事业，则是日益浓厚的热爱之情了。殷先生的经历也从一个侧面反映出 20 世纪 40 年代以来，中国对印地语教育日趋重视，中国印地语教学从弱到强、不断发展的过程。殷先生是当代中国印地语教育事业培养出来的学生，也是中华人民共和国印地语教育发展过程中的开拓者和建设者。

二、印地语研究："学生需要什么就做什么"

殷先生在完成教学工作的同时，结合教学实际情况，致力编著印地语语法书籍和相关学习材料。他还和全国的印地语同行们一起编撰、修订印地语词典，填补了中国外文词典领域的空白。此外，他还翻译出版了多部印地语文学作品。殷先生说起自己的印地语研究是"学生需要什么就做什么"，他做的都是从学生的需求出发、辅助语言学习的基础工作。

1. 翻译、编著《印地语语法》

北京大学东语系的印地语专业开办之初，当务之急是解决教材匮乏的问题。当时，印度专家选好学习材料后，中国教师再进行油印、注解、做生词表的工作。另外，大家翻译一些已有的外文印地语资料作为内部资料供学生使用，像牛津大学的教材和美国一些大学的教材等，还有一些俄文的印地语材料。1958 年以后，按照高等教育部规划，许多大学课程都要出专门的教材，印地语属于外语组，组长是季羡林先生。印地语作为重点语言之一，自然也要出教材。印地语专业教师们选好各自的研究方向着手工作起来，殷先生一直在做语法方面的教学工作，他进一步将教学和研究结合起来，投入到《印地语语法》的翻译、撰写中。

殷先生一直重视印地语语法学习，自己也一直坚持学习语法。他认为，"语言是最重要的人类交际工具，任何一种语言都由语音、词汇和语法三个部分构成。语法是词汇结合起来构成各种类型句子的规则，它使语言具有一种有条理的可理解的性质。正是有了语法，才能使人们在掌握了几个简单的句子形式以后造出无穷无尽的新的句子，并且能够理解他过去从未看见或听见过的无穷无尽的新的句子"①。殷先生早在南京的时候就开始研究梵语语法，他虽然没有具体学过，但经常向金陵刻经处的一位主任请教。老先生赠给他不少书籍，其中有《翻译名义集》《声明略》等书，这些对了解印地语语法不无裨益。殷先生 1949 年到北京大学后，出于教学需要和系里工作安排，他逐渐将关注重心固定在印地语语法研究上。一直以来，印地语课上都只简单地教些语法，没有系统的语法课，殷先生于 1957 年开始开设印地语语法课。有了专门的语法课，也就需要有教科书和教学参考用书，而当时高教部也要求为高校课程编写教科书和教学参考书，系里就把编写印地语语法教科书和教学参考书的任务交给了殷先生。

殷先生从零开始着手工作。他先是借助现有的中介语资料翻译一些学习材料供教学使用。殷先生翻译了一本牛津大学的印地语语法书，译好后交给系里作为研究成果。他还翻译了一些俄文的印地语语法内容，英语、俄语材料相互补充，丰富学习资料。他在翻译过程中做了很多笔记，这些笔记至今还保存着。不过，这些翻译材料不能出版，只能给学生作为学习资料，供内部交流使用。

殷先生翻译了印度国学大师迦姆达·普拉沙德·古鲁（1875—1948）的名著《印地语语法》。全书译毕，经由季羡林、金克木两教授审阅后交商务印书馆计划出版。书稿中有不少印地语，鉴于当时的排版技术，书稿一时竟无法出版，被搁置在系办公室。"文化大革命"开始后，有人认为它们没有用处，把书稿撒了一地。幸好有位老师有心，知道这份教材的价值，把书稿都收集保存了起来。时经多年，这本语法经典终于在 2016 年由商务印书馆出版。迦姆达·普拉沙德·古鲁是印度著名语言学家和文学家，这本书是迄今为止印地语语法方面最好的著作。这本著作的出版使此前英国学者、印度本土学者的诸多印地语语法书为之黯然。这本书就语法学本身来说，内容充实完备；就语法学的研究方法来说，有承前启后的重要作用，书中的不少研究方法成为后世很多语法学术专著的不二圭臬。迦姆达·普拉沙德·古鲁在历史比较法的视角下，对现代印地语的全部结构做了详尽而全面的描述。书的绪论部分论述了语言和语法的若干问题及印地语文学发展简史。在书中，作者从语音学简单论述现代印地语的语音体系、文字、重音和连音规则等。此外，作者还从词法学论述了词类、词形变化和构词法。该著作还从句法学论述句子结构、句子分析及标点符号使用规范等。这本语法书的出版为高等学校学习印地语的学生、教学或科研人员提供了重要参考资料。殷先生不仅翻译完这部优秀作品，更用分析研究的态度写了一篇译序，将作者生平资料详细地做了介绍，又对书中内容进行了深度剖析，帮助读者理解本书的层次，从而能够更好地吸收书中的知识。这些工作无一不令这部译著至臻完善，同时也体现老学人严谨认真的态度。

殷先生在翻译语法书的同时，也把语法学习、翻译心得结合到教学中，方便学生学习。梵语语法讲述名词的时候有体、业、具、为、从、属、依、呼八格（八转声），殷

---

① 殷洪元编著：《印地语语法》，北京大学出版社，1993，第 1 页。

先生结合英语语法，将梵语的体、业格改为主格、宾格，其他六个格用了金陵刻经处人送的书里的名称，季羡林先生看了以后也同意他这么改，他也就这样教学生。他把名词分为无后形式、带后形式，把八个格的格尾叫后置词。他综合汉语、英语和俄语等语言语法知识，对印地语语法知识点进行改造，帮助学生更快、更好地记忆、掌握它们。那时候学英语还不像现在这样普遍，学八格比较困难，取消格尾以后学起来方便得多。殷先生在材料积累得比较多以后，结合中国学生印地语语法学习的实际情况，从20世纪70年代后期开始编写印地语语法讲义。讲义起初很简单，殷先生在每年的教学过程中不断补充进去新材料、新内容，到80年代初完稿时，他编出的4本语法教学材料约有6厘米厚。殷先生对语法教学材料进行修改，删去讲义中不少例句，还删去了印地语语音及标点两章，但给"主从复合句"一章增加了很多新内容。最终，一本由中国学者自己编著的《印地语语法》由北京大学出版社出版发行。殷先生编著的《印地语语法》以实用为主，兼及理论，着重论述印地语的动词。书里对印地语动词的时、体、式和分词论述尤为详细。对于代词，书中论述的不只是传统语法中的代名词，而是扩大范围，将代词定义为"替代之词"，包括代名词、代形容词、代数词、代副词等，以便读者对印地语里有替代作用的词有全面的了解。

在语言学习中，学习语法可以帮助学习者了解词语、句子的结构规律，从而准确地掌握、使用所学语言。一种语言语法的产生有着发展、定型的演变过程，体现出语言使用者的思维习惯、文化历史，掌握语法也是了解语言所揭示的文明演变。殷先生的印地语语法著作是当代中印文化交流的侧影，折射出当代中国学者对印度语言文化的理解和运用。

2. 编写印地语词典

北京大学印地语专业设立伊始，学生们没有教材不说，学习需要的工具书也非常匮乏。殷先生和同事们走上了编撰印地语字典的漫漫征途，从最初的翻译中介语字典到尝试性地编写词汇集、中型字典，直到《印地语汉语大词典》和《汉语印地语大词典》胜利出版。殷先生在印地语词典编撰伊始就参与其中，兢兢业业地为中国外文词典事业做出丰硕贡献。

最快捷的解决工具书燃眉之急的方法就是翻译现有资料，印地语专业的老师们开始翻译俄语印地语字典和英语印地语字典。1958年在俄语字典基础上翻译出的第一本印汉词典——《印地语汉语词典》，于20世纪60年代出版。除了编撰字典，殷先生和同事们还编辑、油印了《汉语印地语词汇集》（1—4册，1971年版）和《印地语新闻词汇集》（1975年版），作为内部教材供学生使用。

早在20世纪70年代的全国词典工作会议上，国家领导人就给北京大学东语系提出了编写"印汉词典"和"汉印词典"的任务。殷先生和同事们经过多年的实践，充满信心地开始编写印地语词典。大家经过讨论，认为可以在《印地语汉语词典》的基础上修订、补充，先完成第一项任务。1977年，北京大学东语系印地语言文化教研室的各位老师们开始了"印汉词典"的编写工作。1986年，他们与解放军国际关系学院多语种教研室（今国防科技大学外国语学院）合作，继续这项工作。2000 年，两校印地语同行们经过努力，终于出版了《印地语汉语大词典》（北京大学出版社）。2002 年，这部词典获得"第三届中国高校人文和社会科学研究优秀成果奖"。《印地语汉语大词典》收词 9 万多条，所增词目中除一般词语外，有相当一部分是关于印度的哲学、宗教、文学艺术、风俗习惯、社会状况等方面的词语和术语，以及常用的科技词、时事用语、地名、缩写词等。原有词条的释义、搭配、例证、成语、谚语等也有所增加。全书规模相当于原词典的三倍，附录也有补充和调整。《印地语汉语大词典》是多方合作的结果。在定稿阶段，当时的北京大学印地语外教古普塔教授和德巴斯教授都给予不少帮助。中国国际友好联络会在排版阶段也提供了大力支持。

《印地语汉语大词典》的成功出版鼓舞了国内印地语界学人，大家继而投入到完成第二项任务——编写《汉语印地语大词典》的任务中。这项旷日持久的工作突破重重困难，最终《汉语印地语大词典》于 2016 年由北京大学出版社出版。殷先生后来回忆道："我们早就想编一部汉语印地语大词典，当时国家比较穷，出书要出版费，问要多少钱，说要几十万。我们出不起，但想想还是先编出来再说。花了三年工夫编好了。校友深圳大学文学院院长郁龙余老师资助了我们一万元当启动经费，后来郁老师工作调动，无钱出版。我和教研室主任姜景奎老师联系，他大力支持，帮忙从各方筹集经费，1998 年交到北京大学出版社，没想到由于各种原因拖了十几年。"《汉语印地语大词典》是一部大型语言工具书，共收录汉语繁简字一万余个。全书收录单字和多字条目七万余条。除一般的词语外，还收录了一些常见的方言词汇、旧词语及近年来报刊上出现的新词语。一些专门用于人名、姓氏、地名的单字等，也有收录。《汉语印地语大词典》的编写和出版更加体现出中国印地语学者精诚合作的态度。正如词典前言中所写和一些编者所回忆的那样，这本词典的编写过程分为三个阶段：第一阶段为收集资料阶段。编者们收集了国内和印度著名作家作品中的词语、从《印地语汉语大词典》对译过来的词汇及《汉语印地语词汇集》中的词汇。在资料收集过程中，原中国画报社印地文部和中国国际广播电台的同志也提供了他们积累的资料卡片。第二阶段为编写阶段。编写者们每人负责一部分字母。殷先生编写了绝大部分内容，除独立编写 A、B、E、H、L、M、N、O、Q、X、Y 等字母的条目外，他还和其他老师合作编写 R 和 Z 字母部分条目内容。第三阶段为审阅阶段。在审阅过程中，数位在华工作的印地语专家先后辛勤付出。《汉语印地语大词典》的出版有助于学习印地语的中国人，也有助于学习汉语的印地语使用者。

现在，殷先生正在编写《汉语印地语字典》。这是北京大学印地语教研室的老师们受商务印书馆委托进行的编撰工作。殷先生知道老师们教学任务繁重，他就与自己的老搭档——中国国际广播电台的陈宗荣再次合作，承担起绝大部分工作。他们计划编撰十一二万条词目，以更加丰富的内容满足日益增长的印地语教学事业的发展需求。殷先生充满信心地说："我们想尽快出版，一方面，我们自己教学需要，到印度去也需要；另一方面，印度也需要，现在有很多印度留学生在中国，他们也需要。国内还没有汉语印地语字典，印度也没有。最近他们出了一本《汉语印地语词典》，我拿来一看那不是字典，是词汇集。我们这个字典出版后将是第一部汉语印地语字典。"

字典除了作为语言学习必不可少的工具书，也囊括了多方面文化知识。以字来说，除了字形，还包括音、义、例证、体例等内容。字、词的产生、使用甚至消亡以及意义的演变等都是文明发展的见证。印地语脱胎于古典梵语，在数百年的发展过程中，它不断地吸收、消化其他印度地方语言，再加上经过英国殖民统治后，英语也渗入其中，使印地语词语的读音、意义和使用方式等都在不断发生迁移。印地语字典记录印地语词语发展史，也需要不断修订、更新。中国的印地语字典编撰从初期的翻译外文印地语字典到现在中国学者自己编订，从简单的词汇集到《印地语汉语字典》《汉语印地语大词典》，从词条数量、词语涵盖范围都可以看出中国印地语研究从无到有、由浅入深的发展过程。与此同时，教材、工具书的编撰也是中国印地语学者共同努力的结果。在这个过程中，不管是具体实施者还是各个阶段的协助者都为中国印地语教学的发展付出努力，他们精诚合作的精神也是中国印地语研究乃至中国印度学发展中不可忽视的特点，也必将促进印度学学科未来的发展。

3. 翻译印地语作品

中华人民共和国成立后，中国和印度的文化交流进入新阶段。中国学者翻译了不少印度当代作家的文学作品，印地语作品是其中重要组成部分。殷先生译介了一些别具特色的优秀作品，拓展了中国读者对印度文学的认知。他还和同事们合作，翻译了众多印度著名作家的作品。

普列姆昌德是当代印度著名印地语作家，有"小说之王"的美誉，他的《戈丹》《仁爱道院》等很多批判现实主义的作品被译成汉语，为中国读者打开了一扇了解印度社会文化的多彩之窗。他在史诗《罗摩衍那》基础上改写的简明读物《罗摩的故事》，保留了史诗的基本故事情节，语言通俗易懂，是少儿版印度古典文学读物。这本短小、有趣的《罗摩的故事》不仅可以展现作家创作丰富多彩的一面，也可让中国读者在极短的篇幅中了解印度著名史诗故事。印度历代作家都有改写史诗的传统，普列姆昌德的《罗摩的故事》就以简练的语言和短小的故事，塑造出具有新时代精神的罗摩、悉多形象，正如中译文《前言》中所说："《罗摩衍那》的改写本很多。在我国已出版过英文和俄文改写本的译本。这个译本的出版，增加了一个语种的改写本。现在国内比较文学研究也在开展起来，对各种文学进行纵向和横向的比较研究。对《罗摩衍那》国外有不少人士在研究，在我们国内也成立了印度两大史诗的研究会。这个译本的出版，也许可以给这方面的研究者提供一份比较研究的材料。"[1] 殷先生空暇时就翻译上一段，他当时也没有想要出版。系里有位同事和国际文化出版公司有联系，听说殷先生翻译的是普列姆昌德的作品，就把稿子要去交给出版社出版了。

殷先生非常喜欢印地语作家伊拉金德拉·朱希的作品。一是需要从朱希的小说中找寻合适的例句；二也是对这个作家的作品很感兴趣，他差不多把朱希的作品都看了。印

---

① ［印］普列姆昌德：《罗摩的故事》，殷洪元译，国际文化出版公司，1987年。

地语和汉语一样有文言文和白话文的区别，古典印地语里梵文比较多，像朱希的《托钵僧的情史》就是文白相杂的印地语作品。朱希在当代印地语作家中占有重要地位，他精通多种语言，思想深刻，艺术手法丰富。朱希的作品大量使用古典梵语词汇，语句高雅，富有诗意。殷先生的汉译语言沉静含蓄，保留了作者注重人物心理描写的特点，准确地传递出原作中主人公的细腻情感，表现了印度民族独立时期小知识分子争取民族解放、个人幸福过程中的内心挣扎。后来，殷先生还翻译了朱希的《漂泊者》，小说写的是失业知识分子寻找工作的故事，故事发生在一艘船上，漂泊者也是流浪者。殷先生1994年去加拿大探亲时，他没去逛商场，也不四处游玩，把这本小说翻译了出来。殷先生大概在1984年开始翻译《托钵僧的情史》一书，1987年出版时我国还没有加入国际版权组织，小说出版并没有版权证。而《漂泊者》译完时，我国加入了国际出版组织，因为没有版权，这部译作至今没有出版。"这本小说的内容不错，但是现在这个题材的小说，销路可能不好。现在在国内这方面大概看的人少了，所以翻好了一直放在家里，没有出版。"殷先生此部译作的"遭遇"并非个例，它在一定程度上也反映出中国印度学研究的时代性特征：在20世纪五六十年代，中、印两国政治、文化交流紧密，两国相似的历史背景，使中国对印度文学作品译介时倾向选择表现民族独立斗争经历和民众遭受多重压迫的文学作品，而随着时代发展和两国关系波折变化，这些作品也就逐渐淡出了读者的阅读视野。

殷先生还和同事们合作翻译了一些文学作品。印度著名作家泰戈尔的《吉檀迦利》《飞鸟集》等诗歌在中国广为读者所熟悉，而他的小说、戏剧、散文等作品却少有汉译。2000年，由刘安武先生主编的《泰戈尔全集》出版。全集共有24卷，其中第19至24卷为散文部分，翻译、收录了泰戈尔的游记、书信、通讯、杂感、随笔、日记、回忆录、演讲、谈话等多种样式的作品。殷先生参与第21卷、第23卷和第24卷的工作，从印地语版翻译了泰戈尔三十多篇内容丰富多彩的散文。《泰戈尔全集》的翻译工作汇聚了当时中国不同语种的印度学学者，他们通力合作，向中国学者和读者全面介绍了泰戈尔的文学和思想，是中国印度学研究的重要成果之一。此外，殷先生和同事马孟刚老师合作翻译了小说《章西女王》①。章西女王拉克希米巴依是1857年印度反英民族大起义中一位巾帼英雄，历史学家、作家弗林达文拉尔·瓦尔玛的长篇历史小说《章西女王》三度获奖，在印地语文学史上占有重要地位。除被译成各种印度地方语言外，还有英语、俄语、捷克语等译本。汉语译本为中国读者了解印度社会提供了一幅生动的历史画卷。殷先生还参加刘安武先生主编的《普列姆昌德小说选》的翻译工作，他译了其中的《贾扎吉》和《有儿女的寡妇》两则短篇小说。这些小说和《罗摩的故事》不同，文中"成语太多了"。但殷先生对这样的语言构成很有兴趣，不辞辛苦地查阅成语字典完成了翻译工作。

殷先生认为翻译印地语作品和编著语法书、词典相得益彰。他说看原文小说可以提

---

① 《章西女王》译者署名庄严，由上海译文出版社于1987年出版。

高语言能力，要多看。"我看印地语的小说，把里面有用的句子记下来，搜集了好多材料，也看了国外的材料。"语法规则、字词使用等都需要例句进行展示、解释，为此，殷先生在编著语法书和字典的过程中就需要进行大量的阅读，以选择例句。这些印地语文学作品自然就成了例句库，久而久之，他"顺便"也就把阅读过的小说、散文等译成了汉语。随着东语系印地语专业的发展，同事们在教学、科研的合作中下意识地形成这样一种认识，即刘安武先生专治文学研究，殷先生则偏重语法方面。因而在殷先生看来，他的"正业"就是研究印地语的语法、语音、字词等，尽管殷先生翻译的作品数量不算多，而他"不务正业"的结果丰富了中、印两国的文化交流。

三、老骥伏枥，人生三乐

殷先生说自己人生有"三乐"，即"知足常乐""为善之乐"和"自得其乐"，这"三乐"更是他退休后生活和工作的"行动纲领"。1988 年，殷洪元先生从东语系退休，离开了印地语教学第一线，但他并未离开钟爱的印地语研究工作。

殷先生说，退休后的重要任务是坚持锻炼，保持身体健康。殷先生年轻的时候就养成了日常锻炼的习惯。他住健斋时，经常在下午四点以后去北大"一体"举重、练单杠。现在，殷先生的生活作息非常有规律：晚上一般九十点就休息，早上五六点起床，早睡早起。殷先生刚退休时，有腱鞘炎、肩周炎、颈椎炎、手发抖等很多毛病。他就每天自己做全身性按摩，一是能缓解毛病，二也有助于睡眠。他坚持按摩后，几乎每天都能一觉睡到天亮。但是，殷先生身体的旧毛病没有了，却因为天天编字典坐得太久新增了腰疼的毛病，长距离走路也不行了。

殷先生坚持锻炼、保持身体健康是为了编写字典这件大事。他说，身体第一。身体不行的话，就不能写字、干工作。殷先生每天坚持规律作息、规律工作。他起床后，洗漱、早餐，8 点钟左右量完血压，然后就开始工作，一直干到 12 点。他午饭后要休息一会，起来后再继续工作。殷先生的卧室兼作书房，靠窗的书桌上堆着书籍、资料，编字典不仅需要丰富的词汇量，更需要熟稔印度文化、中国文化知识。殷先生的书桌看起来杂乱无章，但一盒盒装满纸片的浅口纸盒却收拾得整整齐齐。纸盒里面一张张白色小纸片裁剪得大小一致，用来记词条、例句，按照拼音顺序排放。家人说，"不敢乱动他的东西，担心给动乱了"。由于编写字典的人手不够，目前还剩六七个字母的工作量。殷先生说，他要把分给老搭档陈宗荣先生的编写任务要回来一些，自己多做点。殷先生不会用电脑，还保持着手写资料卡的习惯。他还不会用电脑利用互联网查资料，还是像以前编写字典那样，从文学作品里选取例句。他要手写很多补充的新词条，既费体力又费脑力，可他乐在其中，并不觉得编写工作很麻烦。

殷先生的"从善之乐"含义宽泛，那些美好的、有益于人之事都宜行，于己都是快乐的事，就像他与晚辈学人的交往、对他们的关爱。有一次，一位喜爱印度文化的年轻人，转折地联系上殷先生后，提出拜访他的请求。殷先生年事渐高后，听力下降严重，需要戴助听器才能听到别人的话。这样一来，长时间和人交谈就会很疲劳，也就很少接待访客，何况还是一位陌生人。但殷先生还是答应了年轻人的要求，邀请他来家里做客。一见面，殷先生就让这位年轻人如沐春风："殷先生见我进门，从沙发上站起来过来和我握手，我立即快步迎到先生面前，握起了他的手说道'不敢当，不敢当，您快坐'。如此权威学人，如此平易近人，正是老人家给我的初刻印象。"年轻人是带着问题去拜访殷先生的，让他感动的是，先生认真倾听他对印度文化的理解和他的疑惑。殷先生对有些问题并不武断，而是坦率地告诉他，这个问题他以前没有专门研究过，确切的答案究竟如何更有待新资料的开发及新研究成果的出现。"多么一丝不苟的学者呀，他将认真的态度秉持到对待每一个问题的过程中，即便这个问题是由一个不甚出名的晚辈提出的。"

殷先生性格平和，为人低调，退休后的日子很简单，没什么娱乐活动，不逛街也不看电影、电视，满足于看似单调、枯燥的生活节奏。他有更多时间干自己喜欢的事，沉浸其中，自得其乐，没什么失落感，一派知足常乐的样子。殷先生是一位资深印地语教授、学者，他将语言与文学、教学与研究牢牢地结合起来，做出了传世性的成绩。多年来，殷先生潜心教学，服务印地语教育事业，编著了《印地语语法》《印地语课本》等教材。他花费大量时间、精力投入中国"印汉词典"和"汉印词典"编写工作，帮助中外的印地语、汉语学习者。殷先生是中国印地语教学事业的开拓者之一，他们将中国印地语教育从无到有建设发展起来，使学生从较为狭窄的专业应用范围扩大到现在多方位、多渠道服务于中、印两国的政治、文化交流事业。殷先生是中华人民共和国培养的知识分子，数十载如一日，埋首耕耘，为印地语基础研究做出贡献。

追思殷洪元先生二三事

王　靖[①]

　　2021 年 10 月 30 日上午，从我的师父姜景奎教授口中，惊闻北京大学外国语学院东语系印地语专业、南亚研究中心教授殷洪元先生仙逝的消息，我的心久久不能平静，追思之情油然而生。虽然我入学时，殷先生早已退休多年，但在我求学和工作期间，与殷先生有关的几件往事止不住浮现在眼前。我与殷先生交往不算多，但先生谦逊、高洁的品格和对学术工作勤奋、执着的终身追求给我留下了深刻的印象，成为我人生道路上的一盏明灯。季羡林先生曾说过："志当存高远，心不外平常"，这句话用来形容殷先生最为恰当。在此，我想用三个关键词来追忆殷先生的"高远志"和"平常心"，这三个词就是"大词典""自行车"和"烤鸭"。

　　2000 年，我进入北京大学外国语学院东语系印地语专业，开始了本科学习。那时总听师长们提起我们专业退休教师殷洪元先生笔耕不辍，退休多年一直孜孜不倦地编写和翻译印地语语法书籍；那会儿作为本科生，我曾跟随老师一起去中关园窄小的居室中看望过殷先生。与先生的真正交往，始于 2003 年，先生在编写《汉语印地语大词典》的过程中，经常需要与该书的印地语顾问、北京大学印地语专家拉盖什·沃茨（Rakesh Vats）教授一起工作，我在师父姜景奎教授的安排下，承担起了殷先生与拉盖什·沃茨教授之间的联络工作。那段时间，我频繁出入先生在中关园的小居室，有时是替拉盖什·沃茨教授去取需要他审阅的大词典书稿，有时是陪拉盖什·沃茨教授一起去找先生讨论大词典的书稿内容。先生的书稿都是一笔一画的手写稿，有时我去取稿，先生还在书房修改，我就站在旁边等他。殷先生的书房在进入家门的左手边，右边就是他那只有几平方米大、站三四个人都嫌拥挤的客厅。书房比客厅略大一点儿，靠墙的几个书架上都堆满了书，先生就俯身在一处书架前一米长的小书桌上奋力地写写画画。他还不时转头招呼我，让我到客厅里喝茶、吃水果，说抱歉让我稍等他一会儿，他马上就改好了。殷先生每次把他手写的书稿交给我的时候，神情都十分郑重，仿佛交托的是他最珍视的宝贝。他的理想和心愿一直都深系在印地语教学之上，他希望尽快出版《汉语印地语大词典》和印地语语法相关书籍，以便能够为学生们的语言学习提供重要的基础工具，希望能够有利于我国印度学人才的培养，更好地向中国人民介绍印度，向印度人民介绍中国。

　　先生高远的理想和孜孜以求的精神不但感染了我，也深深感动了拉盖什·沃茨教

①　本文作者为北京大学外国语学院助理教授。

授。拉盖什·沃茨教授曾多次对我说，他最敬佩殷洪元教授的一点就是，殷教授一辈子没有去过印度，却能把印地语说得这样好、这样纯正，真是难得！最重要的是，殷教授退而不休，勤奋工作，对印地语教育事业孜孜以求、奉献终身的精神，让他深受感动。

付出终有回报，幸运的是，在有生之年，殷先生心心念念的《汉语印地语大词典》和《印地语语法》两本书在师父姜景奎教授、北大印地语专业学生、出版社及相关专家的支持和帮助下，终于正式出版发行了。先生对印地语教育和学术事业的终身奉献结出了丰硕的果实，他编写的词典和语法书也将源源不断地为印地语后学们提供养料和活力，于此而言，殷先生的生命之树是常青的。

如果说"大词典"是我对殷先生工作的记忆，那么"自行车"和"烤鸭"则是我对先生生活的记忆。先生在七十多岁高龄，还一直骑着一辆小轮自行车往返于北大和中关园，坚持自己取学院信箱里的信件和资料，有时也在学校食堂吃饭，他除了有些听力下降，身体十分健康。殷先生的自行车一直到他八十岁以后才"退役"，他的老伴儿田老师为了他的安全着想，就不让他再骑车到处跑了。那时候，沾了拉盖什·沃茨教授的光，殷先生和田老师请拉盖什·沃茨教授吃饭的时候，我也跟着蹭了不少回。殷先生最常请吃的是北京"全聚德"的烤鸭。一是因为清华园那个"全聚德"的分店离中关园很近；二是据田老师说，殷先生最喜欢、最馋吃烤鸭，老两口儿有事儿没事儿都会去那儿打打牙祭、解解馋。儿女都长大了，都不缺钱花，也不要老两口儿的钱，他俩年纪大了，也没什么别的花销，只是会偶尔去吃顿烤鸭解馋。听着田老师的话，我觉得很羡慕，田老师鹤发童颜，跟精神矍铄、胃口尚佳的殷先生在一起，真是一对神仙眷侣，让人羡慕不已。殷先生家庭美满，生活幸福，他是有福之人。我想，这些福报应是源于他那颗"平常心"，在他的影响下，他的夫人、儿女都是一样的安静、平和。

殷先生走得很安详，他于2006年就已经做了遗体捐献的公证，要把遗体捐给北京大学医学部用于医学研究，他的夫人、儿女都尊重他的决定。在他仙逝后，一切丧事从简，不希望打扰大家的工作和生活。正是殷先生这样安静、平常的心态，淡泊名利的品格，以及平凡中默默无闻的坚守，才最让人动容、让人永远铭记，不断影响和激励着我们。

殷先生千古！我们永远想念您……

工夫深处却平夷：殷洪元先生学术述略^①

王鸿博^②

2014 年，一则新闻引起了公众的关注：中国传媒大学车洪才教授自 1978 年开始编撰《普什图语汉语词典》，用了整整 36 年方始完成。在中国的印度学界，也有这样一位将编撰词典视为人生乐趣、数十年痴心不已的教授，他就是北京大学的殷洪元先生。

1

生于 1925 年的殷洪元先生，1945 年开始接受印地语教育，1949 年随东方语文专科学校（简称东方语专）并入北京大学东方语文学系，从此成为北京大学印度学研究团队中的重要成员，在印地语语言学领域钻研、探索、耕耘了一生，尤其在印地语语法教学研究和印地语词典编撰方面取得了骄人的成就。

中国印地语教育诞生于抗日战争的烽火中，1942 年 7 月创立的东方语专为其滥觞之所。东方语专设印度、越南、暹罗和缅甸四个语科，印度语科即今印地语专业。殷洪元先生于 1945 年 10 月入东方语专学习，那一年该校从昆明郊外呈贡斗南村迁往重庆沙坪坝新开寺，因而他应属于该校第四批入校生。另一位东方语专培养出来的印地语前辈彭正笃先生于 1944 年 9 月入校，为第三批学生。

学术成就的取得，自然取决于学者的天赋资质和勤奋努力。殷洪元先生接触印地语的早期阶段并不顺畅，这是由彼时教育水平所决定的。至于先生以印地语为毕生事业，乐此不疲，则要凭借其后数十年超凡的毅力和贯穿一生的对印地语的热情。同时，还依赖于外部的机遇形势。这方面，殷洪元先生相比他的老师们，并不占优势。

在中国印度学的学术谱系中，他老师辈中首屈一指的季羡林先生，本来计划去德国学习两年，却因欧陆战火，被迫与祖国和亲人隔绝十年，意外成了德国印度学大师西克（Emil Sieg）教授和瓦尔德施密特（Ernst Waldschmidt）教授的入室弟子，冥冥中在世界大战中求得一方极为罕见的安静书桌。1912 年出生的金克木先生也是由于战争中的生计问题，辗转到了印度，接触印度语言环境（印地语、乌尔都语）而受其感染，研习梵语、巴利语并得其大成，因而对印度语言领悟极深。比他们年龄小几岁的巫白慧先生则是受佛门龙象太虚大师的委派专程去往印度留学，可谓师出有名；取得硕士学位后，学成归国而入职北大东语系，颇有名门正派堂堂正正之感。只比巫先生小 6 岁的殷洪元先

① 本文是 2019 年度国家社会科学基金一般项目"中国印度文学学科史研究"（19BWW034）阶段性成果。

② 本文作者为北京外国语大学国际中国文化研究院副教授、《国际中国文化研究》编辑部主任。

生在入东方语专前，还几乎没有受过现代教育训练，也没有太多的社会阅历，得入东方语专之门源于学费节省方面的考虑。

这种情况还出现在彭正笃先生身上。彭先生生于1921年，比殷先生大4岁，1944年9月至1946年6月在东方语专学习印地语。彭、殷二人后来经由东方语专一起进入了北大。可以说，他们是最早接受中国本土印地语教育的那批学生，他们人生最漫长、也是最精彩的印地语教育之路是在北京大学度过的。按照姜景奎教授的归纳，他们乃是中国第一代的印地语教育者。①

从个人学术前途而言，殷洪元年纪轻轻便为北京大学教师，岂非天之骄子、命运垂怜？然而实际看来，繁重的教学工作使得其个人发展受到限制。比殷先生只小5岁左右的刘安武先生、金鼎汉先生那一批学生，于1951年先后进入北大东语系学习。按照当时国家的需要，他们都被派往印度留学，如刘安武先生在印度德里大学和贝拿勒斯印度大学学习将近4年。刘、金二位在语言、文学、翻译等领域毕生修炼，终于成为一代大师。

如果将相差将近20岁的季羡林、金克木与刘安武、金鼎汉视为中国印度学两代学人，那么殷洪元和彭正笃正好处于两个年龄段的中间部分。前后两代人都能在海外获得优质的语言教育和学术训练，相比之下，繁重而又具体的教学工作使殷先生没有太多的发展选择，于是他走上了正面强攻、精研语法的研究道路。实际看来，殷洪元的语言教学基础在北京大学工作之初未必称得上优秀，但是以他和彭正笃为主的那一批教育者，边教边学，教学相长，以水滴石穿的方式经营教学研究事业。相比前后两代，殷先生的学术地位和社会影响也不显著，或许只有印地语教育系统内部的专业人士才知道这位前辈高手。工夫深处却平夷——陆少游的诗句很适合描述他这位北京大学印地语教育的肱股。

2021年10月30日，殷洪元先生故去，北京大学的讣告中称其为"中国印地语教育的开创者之一"，对他的学术地位做出了最准确的评价。

2

或许正是因为早期语言环境的不充分，对于印地语语法的刻苦钻研和对词汇的高度重视，成为殷洪元先生语言学大厦建成的诀窍。

对语言学习来说，自然需要有法可依，法即语法也；而形成法之本，则需要可靠的教材。东语系建立之初，人才极为难得，教材更是有限，只能靠印度专家选择语言材料，再凭有限的油印材料维持基本教学。学生学则不易，老师教则更难，这时候如果有一本可以长期置于案头、便于时时参照的语法工具书，其意义不言而喻。然而，习得语法规律可以靠经验积累，用系统语言将语法规律表述出来，则要难上加难，殷洪元先生正是这样迎难而上。他从教学之初就重视对语法规律的总结，并于1957年率先开设语

---

① 姜景奎：《中国的印地语教育》，《外语教育研究前沿》2020年第4期。

法课。从一般语言材料的学习，上升到语法规律的系统化、科学化教学，这是东语系各语种教育发展的惯常道路。但从时间上来看，1957 就开出语法专业课，印地语教研室走在了其他东方语种的前头。这一点上，殷洪元先生实在是厥功至伟。

在语法著作方面，殷先生在 1962 年就编写了《印地语语法》，该书被用作系里的基础教材。在他编写的油印教材和日后主编出版的正式教材中，还十分注意按照印地语语法规律来确定教材结构。这本语法专著后经不断修订，由北京大学在 1983 年正式出版。《印地语语法》作为一本成熟的语法专著，是中国人自己撰写的第一本印地语语法书籍，标志着中国印地语教育的成熟和进步。同时，他还翻译了印度语言学大师迦姆达·普拉沙德·古鲁的《印地语语法》，该书出版历经艰难，甚至手稿一度遗失，辗转多年，最终在 2016 年由商务印书馆正式出版。

试想，按照今天学术生产的一般思路，会有人撰著一本书，同时还翻译一本同名著作吗？这恐怕不是个人撰著是否适合课堂教学，需要借助译著进行结构转换的技术问题，而只能用对语言的高度热爱和最真诚的教育精神来加以理解。

据说，殷先生早年曾向南京金陵刻经处的一位居士请教佛教梵语，获赠一些佛教书籍。那时缺少其他的语言途径，学习梵语字句之间的语法规则自然成了殷先生了解和理解印度语言的不二法门。可以说，梵语语法是殷先生钻研印度语言的起点，加之梵语和印地语的亲缘关系，为他日后刻苦钻研印地语语法打下了知识基础和逻辑思路。1988 年他退休之后，在印地语研究方面仍壮心不已，并坚持梵语和吐火罗语的学习，足见他对印度语言的热爱之情。

3

词汇研习是殷洪元先生取得成功的另一学术领域。除去前文所述语法作品，殷洪元先生的代表作还包括先后由北京大学出版社推出的《印地语汉语大词典》（2000）和《汉语印地语大词典》（2016）。

1975 年国务院召开的全国辞书会议上，制定了要用十年时间编撰 100 多本外语词典的计划，本文开头提到的《普什图语汉语词典》即由此而来，印地语词典的编写也是在那次大会上确定下来的。1977 年，《印地语汉语大词典》的撰写工作正式开始，起初由北京大学东方语言文化系印地语言文化教研室独立承担，1986 年改由与解放军国际关系学院联合编撰。殷洪元先生与马孟刚、刘安武、任恺生、张德福、金鼎汉、彭正笃等先生为主要编写人，唐仁虎、戈富平、薛克翘等 13 位先生参与了词典编写。

《印地语汉语大词典》编撰历经 20 余年，于 2000 年正式出版，其间坎坷不足为外人道。全书 450 万字，收词 9 万多条，有相当多的词条关乎印度哲学、文化、文学艺术、风俗习惯和社会状况等。编者为每个词标出了梵语、印地语等拼写法相同且词源不同的情况。不仅给使用者提供了基本词义，还指出了词汇来源，其内容之丰富，堪称印度百科全书。该书从体例到规模、从范围到深度，都堪称中国人自己编写的东方语言词典中的翘楚。参与编写的人员以殷洪元先生为代表，是中国印地语研究教学团体的大联合，阵容豪华。

此后，按照最初计划，继续编写《汉语印地语大词典》成为殷先生接下来的主要工作。殷先生晚年学术的最大爱好，恐怕就是编撰印地语词典。《汉语印地语大词典》这部 439 万字的巨著，难度不亚于上一部，但参与撰写者只有殷洪元、马孟刚、张德福、陈宗荣和姜景奎 5 位先生。此前的编者或已过世，或者身体条件不允许再参与这么繁重的学术工作。于是殷先生挑起主编重担，承担了其中极为繁重的工作。

《汉语印地语大词典》正式出版于 2016 年，此时的殷先生已年逾九秩。他以毕生印地语研究功力，不仅从语言着手，还从中印文化交往和中国文化融入全球的高度来阐明词典工作的意义。他认为，中、印两国国力增强，文化交往势必渐趋密切。学习汉语的印度人数量也在不断增加，自然需要一本扎实的词典作为基本工具。同时，这本词典"也有利于提高印地语翻译的水平，更好地向中国人民介绍印度，向印度人民介绍中国"。① 殷先生还阐释了词典编撰有益于印度语言文学学科的建设发展。这些观点，既反映出他对印地语的高度理解，对印度文化的充分重视，还反映出他毕生倾心于语言教学研究、努力服务于国家文化建设的极度热忱。

与刘安武先生等以印度文学为主要研究对象不同，殷先生也从事文学翻译，但他是将文学视为文字材料的宝库。他翻译印度作家伊拉金德拉·朱希的《托钵僧的情史》，是把该作品作为出色的印地语语言材料，这反映出语言学家看待文学作品的不同视野。记得十几年前，《摩诃婆罗多》中译本出版之时，姜景奎老师嘱我去社里采购，并第一时间给殷先生送去两套，相信殷先生一定从这部经典中发掘出不少优质语料。

相比之下，当下语言研究中的语料库方法，则过于依赖计算机软件和网络途径，只考虑语言数量和迅速建库，而不考虑语料的丰富多样性。语料库存在的前提，是经科学取样和加工的大规模文库（至于网络化只是为了方便使用者，并非它成其为库的前提，切不可本末倒置），收入其中的是在语言的实际使用中真实出现过的语言材料。现下学者是将语料库视为可以任意生造之技术玩偶，课堂发放点数量有限的问卷，或网络做做调查，语料库就唾手可得。这非为语言之原生态服务，而仅仅为利禄驱使尔。

相比之下，殷洪元先生著语法书，编大词典，将文学作品视为语言材料的丰富源泉，语言为体，文学为用，随时保持着语言学家的敏感。这才是语言学研究的正途，足为后人鉴。

4

国家语言教育水平是国家软实力的象征，国家外语教育水平是国家对外软实力的象征。作为世界人口最大的两个国家，中国和印度的关系将成为这个星球未来人类发展的重要问题。任何稍微具有文化常识的人，都应该重视印度，重视印度语言。

对于印地语，殷洪元先生以日雕月琢的精神倾其一生，终于水滴石穿，大功竟成。

---

① 殷洪元主编：《汉语印地语大词典》，北京大学出版社，2016，第 1 页。

对于印地语研究事业，他从青年时代投身其中，至耄耋之年仍然乐此不疲，这是中国印度学和中国东方学最值得珍重的学术精神，也是疗治当下中国学界为利益而学术之痼疾的一剂良药。

殷洪元先生和近年来相继陨落的中国印地语教育和印度文学研究早期的开创者们——2018 年仙逝的刘安武先生，2019 年先后离开的彭正笃先生、马孟刚先生，2020 年去世的金鼎汉先生——在历史最艰难的时刻几乎白手起家，创造了无数的学术功绩，这些学术成果将长久地滋养着后代学人。

殷洪元先生作为中国印地语教学培养的第一批学生和第一代从教者，不求闻达彰显，默默耕耘，把学术的奉献之根深深扎入了祖国的土地上。他在北京大学 70 年的学术耕耘、他和许多学术前辈的毕生努力，也终于使得北京大学成为中华人民共和国印地语教学改革发展的策源地，将为历史所铭记。

我与殷洪元先生

贾 岩[①]

从研究生时代起，每隔一两年，我都会协助殷先生做些事，先是词典，后是古鲁版《印地语语法》，也就有了许多借"帮忙"之名行"偷师"之实的机会。每次登门拜访，先生家里都收拾得纤尘不染，干净得像他老人家的心。他会坐在客厅的阳光里，先"强迫"我们吃一个橘子或者一支雪糕，然后才像一个尽到待客之道的主人，心满意足地开启每次的话题。

我从来没想过，人在九十多岁高龄，依然可以坚持每天以工作度日。直到见过殷先生，看到那些一笔一画搭成的小山一样的手稿，它们写在方格纸上、写在硬卡片上、写在校医院开具的处方单上。确切地说，这些并不是"坚持"的结果，而是被一种热情驱使的日常。你很难不被这种热情感染，以至于每次踏出先生家门，我都感觉自己的学术理想更纯粹了一些，这个乌烟瘴气的世界更清澈了一点。当然，殷先生给我的影响不都是积极的，他写天城体不加上横线的"坏"习惯，为我写字偷懒平添了一个再硬气不过的理由——"殷先生也这么写"，谁敢反驳？

在先生的著述里，我使用最多、获益最深的莫过于他编写的《印地语语法》，但故事最多的还要属他翻译的古鲁的《印地语语法》——一本原著于1920年问世、汉译于20世纪60年代完成、译本于2016年出版的"世纪之书"。为把先生的手稿转成电子版，师父安排09级印地语的学弟学妹，用不到一年的时间完成了全部打字工作。殷先生对此十分感激，以至于之后的每次拜访，他都会一一细数帮忙同学的名字，并让我转达谢意。每当想到某个同学却一时记不起全名时，他都会用手捶捶自己的头，懊恼得像个丢失了心爱之物的孩子。

在2016年7月3日的拜访中，殷先生给我两本沉甸甸的古鲁的《印地语语法》，一本送我，另一本托我去印度的时候赠予一百年前出版该书印地语原著的天城体推广协会（Nagari Pracharini Sabha）。同年10月14日，我借田野调查之机前往瓦拉纳西，将这本近800页的大书亲手递给时任协会的主席。他在落满灰尘的办公室翻开书，随即被密密麻麻的汉字所震慑，很快又因其中熟悉的印地语例句而激动。听我讲完殷先生与此书的故事，他笑着看看四周，仿佛这所破败不堪的机构，在那一瞬，又焕发了百年前的光彩和生机。

在过去的三四年，中国的印地语界经历了令人瞩目的发展，也经历了群星陨落的时

① 本文作者为北京大学外国语学院助理教授。

代——刘安武先生、彭正笃先生、马孟刚先生、金鼎汉先生、殷洪元先生相继离我们而去。我很庆幸，在刘先生和殷先生生前，有机会向他们当面学习，从而与这个遥远的时代获得了超越书面的联系。我也很遗憾，没有在刘先生仙逝后写点什么，留下什么。这篇小文不仅献给殷先生，也献给那个属于先生们的时代。

刚才从书架上取下殷先生的赠书，翻开他的题字，当年的"贾岩同学"而今已成了人们口中的"贾岩老师"。我突然意识到，变化之中有一种恒定的东西。这种意识，让我在沉重之余，感到富足。

我们与印度有约

——悼念殷洪元先生

何　赟 ①

得知殷洪元先生离世，半日恍惚，非常难过。

2016 年 4 月 20 日，平凡的一日。我从先生家里取回了全新的《印地语语法》，回到宿舍写了这篇文章。今日再刊于此，表达我们的哀思和追忆。

我要介绍一本书的故事，温暖了我整个北京大学求学生涯的故事。

这本书的译者殷洪元先生是中国南亚学界响当当的名字。数日前，老先生给我打电话说《印地语语法》终于出版了，他要送给我们这届本科同学们一人一本，以示感谢。

每次和他打电话都有些惶恐，因为年龄的原因，老先生隔着电话不太听得清楚，需要我们一个字一个字清楚而大声地说话。这与每次拿到他一笔一画改过的手稿时的心情类似，先生不会打字，所有书稿他只能打印出来，然后拿着铅笔比画着看，一个字一个字地写上校对意见，从字迹上就可以看出他握笔的手一直在微微地抖动。

下午在他家，聊起本科时候替他整理手稿的事情。那时，我们读大二，姜景奎先生让我们替老先生把一些手稿整理成电子版，他再三嘱咐我们这群 20 岁左右的毛孩子，殷先生的成果来之不易，要我们班都尽心尽力。没想到这些成果竟然是一大箱子手稿，数十沓已经泛黄发枯的格子纸上，规规矩矩地存着先生工整的字迹。先生说那是他在 20 世纪 60 年代就已经译好、编好的稿子，在"文化大革命"中由于种种原因洒落遗失了不少，后来亏得有其他老师帮忙藏护了起来。90 年代初期，商务印书馆又重新谈出版的事情，他也就继续修订和补充，却因为技术和资金上的原因一再搁置。直到姜景奎先生将延续这些书稿生命的重任交到了我们 2009 级印地语班的手中。

我们班长去先生家把那厚厚的一箱稿子借出来复印，这些和我们父母一般年纪的格子纸中间，夹杂着不少看上去新一些的稿纸——先生说，听说有机会能够出版，他这几年又将以前破损或者手写马虎的稿纸重新誊抄了一遍。我们大二去印度交换学习，每个人的箱子里都放着十几沓复印的稿件。课后的另外一项作业就是将手稿整理输入成电子版，要花很长的时间辨认先生的笔迹——当年学识浅薄，语法书里举例的许多单词都不认识，翻阅词典的漫漫长夜是印度留学记忆里别致的篇章。隔一段时间，当时还在国内的班长就会把我们录入完毕的稿件打印出来，送去给先生校对，先生会在打印稿件上再逐字批改。那些带着红色批改字迹的稿纸陪伴了我们学习印地语的多数时间。

① 本文作者为北京大学印地语专业毕业生，现任职于中国银行总行。

　　这样的来往进行了许久，稿件中后来又加入了另外的一本印地语词典——靠手写完成大半部词典，令人敬畏的功底和耐心。直到前年（2014 年），书稿终于送到商务印书馆。在商务印书馆又遇到了印地语排版方面的技术问题，亏了精通天城文排版的同学帮忙处理；又有先生几易其稿，不停地修改，这份工作一直延续到了我的研究生学习中。

　　付印之前，又过去了两年。

　　幸运的是，这本书在我硕士毕业之前出版了。对我而言，这本书刚好记录了我从入学到毕业的全过程，正是北京大学南亚学系打下的烙印。

　　老先生今天依然客气，照例寒暄问候了我们班的每一位同学。每年他都会做东请同学们吃饭，饭桌上他会颤颤巍巍地站起来和我们说谢谢。每次去和他校稿他都会说很抱歉，打扰了我们的学习、生活。打电话约时间他都会显得很小心翼翼，说十分不好意思，有个事情得麻烦你们。可是，我们每日的忙碌里，又能看见几次"尘封了五十多年的书得以问世"的感动呢？

　　日记本上的"为往圣继绝学"，恰如此时。

　　临别的时候，他执意要给每位同学的赠书上都写上感谢。一笔一画写上每个人的名字，感谢同学们的付出。笔画有些写不直了，但是每个字都是风骨。

　　那日临别，先生问我："请问这些字用印地语写还是汉语写啊？"然后又自顾自地回答："还是汉语吧，毕业之后可能有些同学就不认识印地语了。"说完之后他便哈哈地笑了起来。那天他执意要送我到电梯口，说毕业以后还是要多看看专业，记得我们与印度有约。

　　谢谢先生。我们都会记得与印度的约定，也会永远记住您的教诲。

北大南亚东南亚研究

历史文化
研究

少林禅学与中印文化交流

薛克翘[①]

一、少林寺与"少林学"

（一）少林寺

自公元前后至 13 世纪初，佛教交流一直是中印文化交流的主轴。这一点，有大量的文献资料为证，无可辩驳。这期间，佛寺作为僧人的居住地和修行场所，不仅有中、印等国的佛僧在这里谈禅论道、翻译佛经，还有许多中国在家弟子，包括社会名流，到这里礼佛敬僧、集会参学，这就使一些较大的寺院成为佛教文化的中心和中印文化交流的中心。少林寺就是这样的中心，不仅名僧代出，而且学术精深，不仅有学术体系可寻，而且与印度关系密切，在中印文化交流史上占有重要地位。

（二）"少林学"

随着中国改革开放的到来，少林寺也迎来了香火兴旺的新时期，"少林文化"的概念也被顺理成章地提了出来。的确，无论从中国佛教史的角度看还是从少林寺所拥有资源的角度看，也无论从民间影响的角度看还是从学术研究的角度看，少林寺都担当得起"少林文化"这几个字。至于"少林学"三字，也是一样。正如少林寺住持释永信法师所说："'少林学'概念，最初是由饶宗颐先生、季羡林先生等热情倡议的。我认为，这也符合少林文化历史发展逻辑。'少林学'学术体系的建设，体现了我们对当代社会的担当、对历史的担当、对未来的担当；体现了我们的责任和使命；也体现了少林文化对当代社会的创造性回应。"[②]

（三）"少林三学"

一般来说，所谓"少林学"，是指与少林寺紧密相关的几门学问。笔者以为，"少林学"中最突出、影响最广大最深远的是三门学问，可以称为"少林三学"，即少林禅学、少林武学和少林养生学。这"三学"是少林学的主要内容，而"三学"之间又有着不可

① 本文作者为中国社会科学院亚太与全球战略研究院研究员。

② 释永信主编：《少林学论文集·序》，宗教文化出版社，2015，《序》第 1 页。

分割的内在关联，可以称之为"三位一体"。其中，禅学无疑是最重要、最核心、最精华的学问，起着统摄和纲领其他二学的作用。不仅如此，少林禅学又在很大程度上是中国佛教禅学的代表。

"少林三学"都涉及中印文化交流的问题，而少林禅学与中印文化交流的关系尤为显著，本文要讨论的正是这个问题。

二、印度佛教禅学

少林禅学的形成有一个复杂而漫长的过程，追溯其来源，首先要想到印度佛教禅学，并进而想到印度瑜伽。在少林寺建立（5世纪末）之前，印度佛教禅学已经传入中国。胡适先生是中国现代最早关注并研究禅学入华的学者之一。他于1927年即在上海开讲"中国禅宗小史"课程，次年作《禅学古史考》一文，又于1934年在北平举行"中国禅学之发展"讲座。[①]"中国禅学之发展"分四讲，第一讲即"印度禅"。他说得很清楚："在禅宗未起以前，印度便有'瑜伽'，梵文为yoga……在印度未有佛教以前，即2500年前，已有许多人做这种'瑜伽'。"[②]所以，我们下面要先谈谈印度瑜伽。

（一）印度瑜伽

瑜伽作为一种修行方式，很久以前就在印度出现。在印度河文明的摩亨佐·达罗遗址中，就曾发现有数枚坐禅图案的图章，有学者把这种图案上的人物解释为"兽主"（湿婆），其时间在公元前3千纪。[③]这说明，远古的印度人已经开始了瑜伽修行的实践。正如黄心川先生所说，"在雅利安人没有进入印度次大陆以前，印度已有类似瑜伽术的活动，后来在雅利安人入侵印度河流域并与当地的土著结合以后，印度的婆罗门教中曾吸收了瑜伽作为他们实践的补充"。[④]

印度瑜伽理论的源头一般要追溯到吠陀时代的奥义书。根据黄宝生先生的说法，一般公认的属于吠陀时代的奥义书只有13种，而这13种奥义书又可以按产生年限分早中晚三组，其中第一组产生于公元前8世纪至公元前5世纪间，第二组产生于公元前5世纪至公元前1世纪间。[⑤]也就是说，释迦牟尼通过禅思悟道成佛并创立佛教之时，正当奥义书早中二期之间。这说明，那个时期的瑜伽修行在印度民间非常流行，佛教的禅法理论与印度瑜伽理论在形成时期上具有一定的同步性。其原因在于，奥义书是印度瑜伽理论的源头，如巫白慧先生所说，"奥义书以后的宗教哲学流派，包括印度佛教在内，

---

① 胡适著，潘平、明立志编：《胡适说禅》，东方出版社，1993，第94、166页。

② 胡适著，潘平、明立志编：《胡适说禅》，东方出版社，1993，第169页。

③ 王镛：《印度美术》，中国人民大学出版社，2004，第9页。

④ 黄心川：《印度哲学史》，商务印书馆，1989，第309页。

⑤ 《奥义书》，黄宝生译，商务印书馆，2010，《前言》第4-5页。

几乎都是在继承奥义书禅理基础上发展、建立各自的禅的理论模式和实践方法"①。在早期的《歌者奥义书》中，已经出现"禅"（梵文 dhyana）的概念。徐梵澄先生将它译为"静虑"，并给出注解曰"佛氏曰'禅定'"②；黄宝生先生则将它译为"沉思"，并给出注解曰"或译为禅、禅定"③。

（二）佛教禅学

佛教禅学来自古老的印度瑜伽，这应该是没有问题的。因为释迦牟尼最初的苦行即是一种瑜伽，其导师都是婆罗门教的苦行僧和瑜伽师。只不过他修的那些苦行并未使他获得精神上的解脱，成为他失败的修炼。但他在菩提树下坐禅悟道，则是成功的，这也是印度佛教禅学的直接源头。

关于释迦牟尼菩提树下的禅修，佛经中有多种描述。早期介绍到中国的佛经，如后汉竺大力、康孟祥译的《修行本起经》卷下写道："于是，菩萨安坐入定，弃苦乐意，无忧喜想；心不依善，亦不附恶，正在其中。如人沐浴净洁覆以白氎，中外俱净，表里无垢。喘息自灭，寂然无变，成四禅行，以得定意，不舍大悲，智慧方便，究畅要妙。"④

有了佛祖这成功的禅修的实践，又有其数代弟子们的禅修实践，印度佛教禅修的理论才逐步发展起来：先是小乘禅，后是大乘禅，最后是密教禅（又称金刚禅）。它们都曾先后传入中国，对中国禅学产生过深远影响。

（三）佛教禅法入华

少林寺建立之前，已有很多有关佛教禅法的经典被译为中文。最早的译作出现于后汉时期。也就是说，几乎与佛教传入中国同时，佛教禅法的典籍也传入中国。例如，后汉安世高就曾翻译过多种，依据《出三藏记集》卷二，有《安般守意经》一卷、《大道地经》二卷、《大十二门经》一卷、《小十二门经》一卷、《大安般经》一卷、《思惟经》一卷、《禅行法想经》一卷等（后世经录又有相似而又不同的记载，不录）。几乎同时，竺佛朔、支娄迦谶也译出过《道行经》等有关禅修的典籍。三国时的支谦，西晋时的竺法护、道安，东晋时的鸠摩罗什等，均对禅经翻译有很大贡献。至此，印度禅学向中国传播的翻译介绍阶段已经完成，理论基础已经打下，接下来重点就是修行实践的问题了。于是，从东晋开始，中国中原地区的僧人才有以修禅闻名者。不过，日本学者忽滑

---

① 巫白慧：《印度早期禅法初探——奥义书的禅理》，载释永信主编《少林学论文集》，宗教文化出版社，2015，第 235 页。原载于 1996 年第 4 期《世界宗教研究》。

② 《五十奥义书》，徐梵澄译，中国社会科学出版社，1984，第 221 页。

③ 《奥义书》，黄宝生译，商务印书馆，2010，第 205 页。

④ CBETA, T03, no. 184, p. 470, b18–22。

谷快天先生曾经指出，"达摩渡来之前，正传之禅道未兴。仅修习小乘之禅观而已"[①]。他所说的"正传"，应指达摩菩提从印度直接传来的禅法，属于大乘禅法。当然，他的说法也存在某些争议，因为小乘禅和大乘禅之间很难划出一条清晰的界线。

三、少林寺与印度佛教禅学

少林寺的建立即与印度佛教禅学有关，具体说，与印度禅师佛陀跋陀有关。而中国佛教禅宗也可以追溯到印度高僧菩提达摩。两位祖师都是印度人，正是他们把印度佛教禅学传入中国，后世又在其基础上发扬光大。可见，少林寺既是中印文化交流的产物，又是这一交流的见证。

（一）开山之祖佛陀跋陀

佛陀跋陀（Buddhabhadra，5世纪），北魏时期来华的印度传法僧人，少林寺的开山之祖，简称佛陀、跋陀，尊称佛陀禅师、跋陀禅师。

据《续高僧传》卷十六和《全唐文》卷二七九所载的裴漼的《皇唐嵩岳少林寺碑》等记载，佛陀跋陀为印度人，自幼具有禀赋，慧性天成，且为学勤苦，遂能洞悟佛法，深具道行。因他一向有志于游方，随处弘化，于是在道友的劝说下，他便动身前往中国传教，度化弟子。在游历诸国后，他于北魏太和年间（477—499）到达国都平城（在今山西大同东北）。北魏孝文帝对他礼遇甚隆，除了为他专设禅林外，还命人雕凿石龛作为他的居所。后又有城中富户为他另造别院。太和十七年（493），孝文帝迁都洛阳，他随同前往。由于性好幽栖林谷，屡往嵩山静居，孝文帝便下敕就少室山为之立寺，供他息心安居。寺院处于少室山的林莽之中，故称"少林"，少林寺由此得名。由于跋陀名声很大，故"四海息心之俦闻风响会者，众恒数百，笃课出要，成济极焉"[②]。此后，跋陀度化了沙门慧光，又让弟子道房度化沙门僧稠，教其定业。慧光以明律见长，弟子众多；僧稠则发扬禅学，不仅增光少林，也弘扬了佛教禅法。

我们注意到，《续高僧传》中《佛陀跋陀传》本身就很短，而记载他所传禅法的文字就更短，我们只能根据这少量的文字去推测他修炼和传授的禅法。一般人认为，他传来的是小乘禅。

（二）立宗之祖菩提达摩

菩提达摩（Bodhidharma，？—528或536）又译菩提达磨，简称达摩、达磨，意译道法，传统上被认为是中国佛教禅宗之祖。

菩提达摩是一位颇有传奇色彩的外来高僧。关于他的记载很多，说法纷纭，很难考

① ［日］忽滑谷快天：《中国禅学思想史》，朱谦之译，上海古籍出版社，1994，第1页。

② 道宣：《续高僧传》，郭绍林点校，中华书局，2014，第564页。

证清楚。据《续高僧传》卷十六、《景德传灯录》卷三等，菩提达摩为南印度人，属婆罗门种姓，[①]自幼聪明异常，耳闻之后便可领悟，后皈依大乘佛教，决心阐扬。他尤其对禅定之学有独到认识。南朝宋（420—479）末自印度泛海来到广州，后又渐次北上，进入北魏境内。所到之地，皆悉心传授禅定法门。他在嵩山少林寺独自修习禅定，面壁九年，人称"壁观婆罗门"。当时人们很少见到如此坐禅修炼的，难免有人讥笑，但道育和慧可两位沙门却志向高远，领会到精神，对菩提达摩格外敬重。四五年间，他们用心服侍供养，一丝不苟。达摩为他们的诚心感动，便将自己多年的心法倾囊相授，还将《楞伽经》传与慧可。他认为，此经最适合于中国人学习和遵行。达摩的晚年事迹有各种传说，未有定论。

中国佛教禅宗以达摩为初祖。至于他在印度的师承，实际上已无可考。后人曾努力上推他的师承，直至释迦牟尼座前大迦叶和阿难，有二十七代之多（见《六祖坛经·付嘱第十》等），其实并不可靠。在中国的传承基本可考。其最初六代，依唐代禅僧的观点，为达摩、慧可、僧璨、道信、弘忍和慧能。

达摩的禅法，以教外别传、不立文字，致使后世有各种揣测。但一般都认为他"以壁观教人安心"（唐宗密《禅源诸诠集都序》语），以究明佛心为参禅的最后目的。他传与慧可的《楞伽经》也被认为是"心法"，在前四代传承中被尊为圭臬。但在五祖弘忍时，也许因为庞杂难学，改为简便了许多的《金刚经》，这一变更或许也与唐代的政治有关。从六祖开始又重提《楞伽经》，《金刚经》也受到重视。

四、少林寺与中国禅学

少林学中最精湛、最流行且影响最大的学问是禅学。如前所述，少林禅学来自两位印度祖师的亲传。也就是说，印度佛教禅学是少林禅学的最初来源，自两位印度祖师在少林寺传播禅学之后，中国佛教禅学得到迅速发展，而且逐渐发展出中国佛教特有的以禅命名的宗派——禅宗。

在少林寺两位印度祖师之后，中国汉地的僧人努力学习和发展佛教禅法，使印度佛教禅法在中国中原地区发扬光大。

（一）僧稠的传承

据《续高僧传》卷十六，僧稠俗姓孙，自幼勤学，博通经史，二十八岁方出家。最初从道房禅师学习"止观"修行，而道房即佛陀跋陀的弟子。后修炼有成，前往少林寺拜见跋陀祖师，并呈报自己的修炼成果。祖师曰："自葱岭已东，禅学之最，汝其人

---

① 一说为"波斯国胡人"，"年一百五十岁"，不足信。杨衒之：《洛阳伽蓝记校注》，范祥雍校注，上海古籍出版社，1978，第5页。

矣。"于是，"乃更授深要，即住嵩岳寺"①。僧稠晚年居云门寺，乾明元年（560）圆寂，春秋八十有一，有《止观法》两卷行世。从这些记载看，可以肯定，僧稠是佛陀跋陀的禅学传承人；亦可以肯定，他所传止观禅法主要来自佛陀跋陀及其弟子道房。

据僧稠本传，僧稠的众弟子当中，最著名的当然是北齐文宣帝高洋。天保二年（551），文宣帝下诏征僧稠入邺京（在今河北临漳县境内），帝亲自到郊外迎接。僧稠为帝"广说四念处法。帝闻之，毛竖汗流，即受禅道，学周不久，便证深定"。高洋身为皇帝而修习禅定，这种例子在皇帝中相当罕见。

僧稠的另一个较有影响的弟子为僧人昙询，其传记亦在《续高僧传》卷十六。昙询（520—599），俗姓杨，22 岁出家，23 岁受具足戒。曾住云门寺从僧稠修禅，多有灵异。开皇十九年卒。有弟子静休、道愿、慧方等。

《宋高僧传》卷十《圆寂传》中说，圆寂久居山林，"稠禅师往迹无不遍寻"；卷十一《自在传》还提到王屋山有"稠禅师解虎斗处"②。这说明，至少到中唐元和年间（806—820），僧稠一直在禅学界留有影响。

关于僧稠的著作，如董群先生所说，"僧稠主张止观双修，这是得自道房，但僧稠也有自己的发挥，他专门为黄门侍郎李奖等人撰有《止观法门》一书，讲述禅法要义。一般认为，南北朝佛教的大势是南方重义理之慧而北方重禅学之定，由天台智顗加以统一，而有止观双修。实际上佛陀一系的禅法已经注意到这个问题了，在僧稠这里，这个观点已非常明确了"。③

笔者要强调的是，尽管我们不知道僧稠的《止观法》的具体内容，但其后不久的智顗的定慧双修的止观禅法也一定受到僧稠的影响。也就是说，智顗大师所创立的天台宗，至少在其止观禅法上与少林寺有一定的渊源关系。

（二）慧可的传承

据《续高僧传》卷十六《僧可传》，慧可（487—593），又名僧可，俗姓姬，虎牢（今河南荥阳市西北汜水镇）人，青年时"外览坟素，内通藏典"，年四十时遇到天竺沙门菩提达摩，从学六载，得到达摩的真传。而且，达摩曾将四卷《楞伽经》亲自授予慧可，并说："我观汉地，唯有此经。仁者依行，自得度世。"后来慧可被贼人砍掉手臂，但他"以法御心，不觉痛苦，火烧斫处，血断帛裹，乞食如故，曾不告人"。他因此结识了林法师，二人在周武灭法时共同保护经像。慧可在世时广说佛法，广结因缘，与当时一些僧俗名流交往，在京城（邺）、河洛及相州（今河南安阳一带）等地很有影响。其弟子那禅师、慧满等也总是将四卷《楞伽经》携带身边，四处宣讲。僧璨（又作僧

① 道宣：《续高僧传》，郭绍林点校，中华书局，2014，第 574 页。

② 赞宁：《宋高僧传》，范祥雍点校，中华书局，1987，第 234、245 页。

③ 董群：《少林禅法中的佛陀系统》，载释永信编《少林学论文选》，少林书局，2006，第 160 页；又载释永信主编《少林学论文集》，宗教文化出版社，2015，第 229 页。

粲，？—606）作为慧可弟子、禅宗三祖，在《续高僧传》中未有传，倒是在较晚的文献中略有记载。

另据《景德传灯录》卷三《慧可传》和《菩提达磨传》，慧可原名姬光，自幼志气不群，博涉诗书，尤精玄理，后依宝静禅师出家并受具足戒，遍学大小乘经典后，又自改法名为神光。他听说菩提达摩在嵩山少林寺，便去探访。当时，菩提达摩于嵩山少林寺面壁而坐，终日默然，僧神光得不到达摩大师的教诲，便下决心在那里站立等待。农历十二月初九日，夜里下大雪，神光站立不动，天亮时积雪过膝。达摩大师出于怜悯而和他说话，他得到教诲，却突然取刀自断左臂以示诚心。此举感动了达摩，给他更名为慧可，收为弟子。数年后，达摩认为诸弟子中唯有慧可得到了他的禅法的精髓，并说："当初如来把正法眼藏托付给大迦叶，后来辗转嘱托而至于我。我今天要托付给你，你要好好护持。"同时，他还把袈裟作为信物传给慧可，说："内传法印，以契证心。外付袈裟，以定宗旨。"[1] 最后，将《楞伽经》四卷传给慧可。

关于达摩传给慧可四卷《楞伽经》的问题，历来也很受学界重视。令人疑惑的是，达摩传给慧可的是汉文本还是梵文本？达摩来华后可能立即学习了汉语，这样才好与弟子们交流。但他随身带的《楞伽经》则未必是汉译本，也就是说，他托付给慧可的很可能是梵文本，慧可不学梵文的话，也是读不懂的。所以，笔者以为，慧可当年是听达摩口头讲解过《楞伽经》的，现存的几种汉译《楞伽经》都不是达摩的原本，其原本可能在四祖或五祖时已经失传，所以五祖时只讲《金刚经》，不讲《楞伽经》。这只是一点推测，仅供参考。

慧可的生平带有很强的传奇色彩，数百年后，慧可的故事在传说中有所变异也很难免。《景德传灯录》作于宋代，有些东西显然是后世追记的，甚至是附会的，其真实程度值得怀疑。而《续高僧传》作于唐初，离慧可所处的时代不算太久，故更为真实。但不管怎样，慧可作为禅宗二祖的历史地位已经确立。他在传承达摩带来的印度佛教禅法及《楞伽经》的心要方面做出的历史性贡献是不可磨灭的。

总之，少林禅学由形成到传承发展，都与印度禅学密不可分，都是中印文化交流的生动体现。

---

[1] CBETA, T51, no. 2076, p. 219, c9–10.

批判性对话：中国"东方学"建构

曾 琼 [①]

"东方学"是一个有悠久历史的国际性学科，在萨义德的《东方学》出版之后曾引起学界广泛的关注和讨论。在中国当代批评话语中，讨论得最多的也是与萨义德著作相关的"东方学"理论体系。近几年来，部分中国学者开始有意识反思学界现有"东方学"概念，在此基础上对中国的"东方学"学科进行了深入思考并发表了一系列成果。批判性对话（critical dialogue）作为一种开放、积极、平等的思维方式，在思考和建设中国"东方学"学科方面，具有一定的方法论意义。

一、批判性对话在"东方学"研究中的适用性

有关批判性思维（critical thinking）的系统理论由杜威在20世纪30年代通过对反省性思维的性质和结构的研究首次提出，此后逐渐频繁地被应用于学术文献之中。"批判性思维往往与反思、质疑、否定等认识环节相关联，但这并不意味着批判性思维只具有纯粹消极的意义。事实上，批判性思维与创造性思维有着密切联系：没有对已有认识成果的质疑、批判，没有对新思想、新观点的分析、论证，就谈不上创新。就此而言，批判性思维不仅是创造性思维的前提，而且是内在于创造性思维全过程的一种不可或缺的思维品格。"[②] 对话不仅是人们的日常行为之一，在当代理论话语体系中，对话与理解和解释紧密相关，与解释者和文本之间的阐释与追问相关，也与对话的主体之间的相互承认有关，与相互承认基础之上的发展相关，对话因而可以包含不同的观点，致力于推动不同观点之间的交流。在国际学术界，批判性对话在教育学领域得到了较广泛的应用，从20世纪70年代开始就有不少研究关注批判性对话在教育中具有的价值。E. 路易斯·兰佛德（E. Louis Lankford）在《批判性对话准则》（*Principles of Critical Dialogue*）一文中针对艺术教育中的问题，提出了批判性对话的四条原则：艺术的概念必须确定一个对象是否适合批评；确保有与相关对话有关的语境对有效的艺术批评来说是必须的；在使用这一方法之前必须确立艺术批评的目标；在进行批判性对话之前，必须明确所有参与者的特点。[③] 近年来还有不少学者关注批判性对话对于青少年教育的意

---

① 本文作者为北京外国语大学亚洲学院教授。

② 彭漪涟、马钦荣主编：《逻辑学大辞典》，上海辞书出版社，2010年。

③ E. Louis Lankford, "Principles of Critical Dialogue," *The Journal of Aesthetic Education* 20, no.2(1986): pp.59–65.

义，如利兹·托德（Liz Todd）的《批判性对话、批判性方法论：在评价年轻人的儿童服务时弥合研究中的鸿沟》（*Critical Dialogue, Critical Methodology: Bridging the Research Gap to Young People's Participation in Evaluating Children's Services*）。[①] 在伯克利大学，还开设了专门的批判性对话课程"跨越差别的批判性对话"（Critical Dialogues Across Differences, 2015.9），旨在帮助学生学习倾听、学会自问和提问，并促进族群和文化间的相互理解。近年来，随着对哈贝马斯、伽达默尔、巴赫金对话理论研究的发展，作为一种批评方法的批判性对话又逐渐被应用到国际关系、跨文化批评等研究中。跨文化研究中的批判性对话建立在三个基础之上：在批评他者之前理解他者的价值观；讨论所需的公平条件能实现；培育相互的坦承与信任。[②] 总而言之，批判性对话是基于批判性思维的对话，它具有以下特点：第一，作为对话，它可以同时涉及两个或两个以上的对话主体，实现各主体之间的信息交流；第二，它是一种基于理性的对话，以事实依据为基础，同时对既成结论抱有怀疑精神；第三，它对批评对象和批评者自身所可能存在的偏见和盲区具有清醒的认识；第四，批判性对话具有开放性，对于新证据、新资料、新观点、新解释持开放性态度，同时不断省视自身观点；第五，批评性对话是一种积极的、建设性的对话，它与创造性紧密结合，其目的在于阐明已有观点可能存在的误区，提出和发现新的观点与解释。批判性对话的这些特点，对于厘清原初观念、通过交流理解来实现建构的中国"东方学"，具有方法论意义的适用性。

顾名思义，"东方学"是一门研究东方的学科，其研究内容涵盖东方的历史、哲学、宗教、经济、文学、艺术、语言等。"东方学"中的"东方"是一个变动的、相对的概念。作为地理方位的概念，"东方"与"西方"是一对概念，这两个概念所涵盖的地理范围又由于立足点的不同而不同。以中国为立足点，日本是东方，而印度是西方；以古希腊为立足点，中国、日本、印度都是东方。"东方"这一概念，同时又具有历史文化意义，受国际政治影响，如历史文化意义的东方不但包括亚洲，也包括以埃及为代表的非洲北部。第二次世界大战之后的世界格局中，发达资本主义国家属于西方，曾经的殖民地半殖民地国家属于东方。当今所说的"东方学"之"东方"，主要指亚洲与非洲。"东方"概念的变动性，天然地赋予了"东方学"研究在地理区域上的多样性，不同区域内的多元文化从而进入了"东方学"研究的视野之内。

"东方学"研究发轫于16世纪初，经17、18世纪的发展，在19世纪伴随着一系列考古发现和学界对东方语言文字的研究，趋于成熟，这些成果基本上都由西方学者取得。进入20世纪之后，东方国家和地区的学者开始加入东方学研究的队伍，同时西方学者的研究更加深入。西方的东方学者在早期以传教士、商人为主，后期则有更多的专业学者加入。由此我们可以看到，每一研究者自身内部也随着时间的变化而具有多元性

[①] Cf. Liz Tod, "Critical dialogue, critical methodology: bridging the research gap to young people's participation in evaluating children's services," *Children's Geographies* 10, no.2(2012): pp.187–200.

[②] Cf. Michael Rabinder James, "Critical Intercultural Dialogue," *Polity* 31, no. 4(1999): pp.587–607.

和丰富性，因此对于作为主体的研究者来说，他们自身内部也具有展开批判性对话的基础。比如近年来西方学者对早期西方的"东方学"研究成果的反思，东方学者对西方学者研究的重新审视，都可以看作是批判性对话的结果。

天津师范大学黎跃进教授把"东方学"分为"意识形态的东方学"和"科学的东方学"。"意识形态的东方学"源于近代以来东、西方之间的殖民与被殖民，通过对东方进行整体化、类型化、本质化和符码化，形成关于东方的集体观念、话语体系和社会体制，它是一种想象构造和过滤框架，是对东方的"妖魔化"，是一种服务于帝国主义的意识形态。阿拉伯和穆斯林学者，如阿拉伯学者穆斯塔法·森巴尔的《东方学和东方学家的是与非》、穆斯林学者阿卜杜勒·马利克（Anouar Abdel-Malek）的《危机关头的东方主义》（1963）、提巴威（A. L. Tibawi）的《说英语的东方主义者》（1964）、阿拉塔斯（Syed Hussin Alatas）的《懒惰的原住民神话》（1968）、希沙姆·贾伊特（Hichem Djait）的《欧洲与伊斯兰》（1971）都对意识形态的"东方学"提出了尖锐的批评。西方学者也有类似看法，美国学者爱德华·W. 萨义德的《东方学》（1978）、《文化与帝国主义》（1993），英国学者齐亚乌丁·萨达尔的《东方主义》（1999）等著作也都对这种"意识形态的东方学"的成果和其中的思想进行了梳理和反思。"科学的东方学"则源于一批真心热爱东方知识、投身于东方知识研究的学者，如英国的威廉·琼斯、法国的安格迪尔－杜贝隆（Abraham Hyacinte Anquetil-Duperron, 1731—1805）、德国的格罗特芬德、英国的罗林逊、法国的商博良等。这些学者以近代的科学方法研究古老的东方知识，为更好地理解东方文化、加深不同文化之间的相互理解做出了卓越贡献。[1] 由此可见，"东方学"的研究者，既有来自东方区域自身之内的学者，也有来自东方区域之外的学者，这些研究者本身也具有多元性。"东方学"所涵盖的东方文化自身内部的多元性和"东方学"研究者的多元性，是以批判性对话进行"东方学"研究的基础，它确保了对话所必需的多个主体。

在"东方学"研究中，客观地存在着东方与西方、东方多元文化内部之间的对话与交流关系，这也正是作为一种方法论的批判性对话适应于对"东方学"研究进行思考的基础所在。

二、中国"东方学"研究的批判性对话基础

西方的英、美、法、德等国均有"东方学"，日、韩也有"东方学"，中国学界目前并没有明确的"东方学"学科，但存在丰富的"东方研究"。就"东方学"涵盖的地域范围来看，中国对东方文化和东方民族，如印度、波斯等的记载可追溯至汉晋文献，玄奘的《大唐西域记》是国际学界研究印度文化和中印文化交流的重要文献资料，诞生于

---

① 以上关于"意识形态的东方学"和"知识的东方学"的论述，参见黎跃进：《"东方学"与"中国东方学学术史"构想》，《江淮论坛》2016年第2期。

明朝"郑和下西洋"的"三书一图"（《瀛涯胜览》《星槎胜览》《西洋番国志》及《郑和航海图》）是研究当时南亚、东南亚乃至非洲的珍贵资料。如果说以上的记载均是以中国为立足点，那么清末民初以来，中国学者逐渐开始对世界整体中的"东方"具有了自觉意识，并进行了相关研究，如康有为、梁启超、苏曼殊、柳无忌等人对印度的研究，黄遵宪、梁启超等人对日本的研究。20 世纪之后，"东方""东方文化"这样的概念在中国学术文化界被大量使用。"20 世纪 20 年代，中国学术文化界展开了一场关于东西方文化优劣问题的大论战，也推动了此后人们对东西方文化分野的重视。20 世纪，我国学术界出现了一批有成就的堪称'东方学家'的学者，如章太炎、梁启超、周作人、陈寅恪、徐梵澄、丰子恺、吴晓铃、饶宗颐等"①。改革开放以来，我国具有严格学术意义的"东方研究"蓬勃发展，其中在地域方面以对日本的研究成果最为突出，在学科方面以东方文学学科的研究成果最为突出。尽管有悠久的历史和丰富的研究成果，但中国的"东方学"并没有由此形成一个系统的学科，北京师范大学王向远教授将之称为"'实'至而'名'未归"。回顾中国"东方学"，可以发现，一方面，由于中国在历史上曾长期以自身为中心立足点来看待周围地区与国家，因此中国研究者在早期并未形成整体的"东方观"。另一方面，当代学术意义上的中国"东方学"从其发端开始，就与"西方"文化和西方的"东方"观念有密不可分的关系。因此，中国"东方学"在其建构的出发点，就必须既辨明自身与"东方"的关系，又厘清"东方"与"西方"的关系。这样，才能真正形成中国"东方学"的"东方"概念之基础。同时，正如上文所言，尽管现在在中国学界并没有"东方学"学科之名，但中国"东方学"所需要的实质性学术研究却已经具有了较厚实的积累。"名"之不辨与"实"之已存，正是中国"东方学"所具有的批判性对话的基础。

近年来，有部分中国学者已经意识到中国"东方学"所面临的这一"名""实"不符问题，并对建构中国"东方学"提出了呼吁和设想。北京大学刘曙雄教授曾回顾以北京大学的东方研究为代表的中国东方学的发展，其中引述了季羡林先生关于在北京大学成立东方学系的一段话："……'东方学系'，却是面对现实而又展望未来，用一句现成的话来说就是'跨世纪'构思的结果。其中有现实主义的成分，也有不同于前一个的浪漫主义成分。这个名称的确定，表示我们系已经成熟，表示'东方学'在我们中国已经正式建立起来了。"②著名学者朱威烈教授早在 21 世纪初也发出了打破欧美"东方学"霸权话语体系、建构中国"东方学"的呼声，提出要建构"与欧美东方学那种霸权话语截然不同的话语体系——平等相待而非居高临下，客观公允而非偏颇武断，进而从历史和社会意义角度确立起我国东方学的地位和特色"③。王向远教授近年来发表了一系

① 王向远：《中国东方学"实"至而"名"未归》，《中国社会科学报》2014 年 4 月 11 日第 A07 版。

② 刘曙雄：《重温季羡林先生关于"东方学"的谈话》，载张晓希主编《比较文学与文化研究丛刊（第 3 辑）》，中央编译出版社，2016，第 8 页。

③ 朱威烈：《建构中国"东方学"》，《文汇报》2002 年 11 月 02 日第 008 版。

列关于中国东方学的文章，如《中国"东方学"：概念与方法》《中国东方学"实"至
而"名"未归》《被误解的"东方学"》《"一带一路"与中国的"东方学"》，不但辨析
了"东方""西方""东方学""东方主义"等概念，指出了中国东方学具有丰富的成果，
并且提出了中国东方学的研究方法："我认为，中国的东方学研究，应该采用三种基本
方法：第一是翻译学的方法；第二是比较研究的方法；第三是区域整合和体系建构的方
法。"① 此外，他还对"一带一路"与"东方学"的关系做了深入剖析，指出对古代丝绸
之路的研究在本质上属于中国"东方学"的研究范畴，"东方学"可以为"一带一路"
人才培养提供学术理论支持，"一带一路"是中国"东方学"发展的新契机。② 广西师范
大学麦永雄教授在《东方主义范式的转换与当代中国东方学的建构》（《中国语言文学研
究·2015 年春之卷（总第 17 卷）》）中以当代中国学术立场对学界的"东方主义"话语
范式进行了历时性梳理，并在《全球化与数字化语境：审视中国东方学的三重视野》中
提出可以从跨语境诗学的三重视野审视中国东方学的梳理与建构问题，三重视野即强调
从东方文化内部、以东方话语讨论问题的内文化视野，重视东西方之间文艺思想互为参
照的交叉文化视野，以及寻求一种新型的、包容差异的宏阔视界的跨文化视野。③ 黎跃
进教授还提出了对《中国"东方学"学术史》的构想，指出这部学术史的内容应该包
括：第一，中国学术史上"东方"概念的演变；第二，中国"东方学"的确立；第三，
中国"东方学"的纵向发展；第四，中国"东方学"分支学科的学术成果研究；第五，
中国著名东方学家的"东方思想"研究；第六，中国"东方学"的学科审视。④ 此外，《东
方文学学科的东方学渊源初探》（杨建，《东方丛刊》2007 年第 2 期）、《东方学观念的历
史回溯》（张思齐，《大连大学学报》第 36 卷第 1 期，2015 年）、《"东方文学"术语探析》
（刘研，《中国语言文学研究·2015 年春之卷（总第 17 卷）》）、《关于"东方文学"几个
深度问题的思考》（刘建军，《东北师范大学学报》2016 年第 6 期）等文章都从不同角度
对中国东方学的渊源、特质、建设等方面进行了思考与探讨。除了长期从事东方研究的
学者，还有一部分从事西方研究的学者也加入到了对中国东方学的研究之中，如北京大
学外国语学院孙凯副教授致力于梳理法国东方学与中国东方学的关系，他在《季羡林先
生与法系东方学》（《法国研究》2016 年第 1 期）中考证了季羡林先生在学术渊源和学术
路径上与法系东方学深厚的关系，并在相关研究中发掘了在中国学界长期被忽视了的东
方学家林藜光先生。

除相关学术成果，近年来我国学界还召开了不少以"东方学"命名的大型学术会
议，对中国东方学进行了集中研讨，如 2014 年 5 月 15 日至 17 日在北京大学召开的"对
话·视野·方法：东方学国际学术研讨会"、2014 年 6 月 17 日至 19 日在天津外国语大

---

① 王向远：《中国"东方学"：概念与方法》，《东疆学刊》2013 年第 29 卷第 2 期。

② 王向远：《"一带一路"与中国的"东方学"》，《广西师范学院学报》（哲学社会科学版）2016 年第 37 卷第 5 期。

③ 麦永雄：《全球化与数字化语境：审视中国东方学的三重视野》，《东疆学刊》2014 年第 31 卷第 4 期。

④ 黎跃进：《"东方学"与"中国东方学学术史"构想》，《江淮论坛》2016 年第 2 期。

学召开的"'东方学'视野下的东方文学研究全国研讨会暨中国东方文学研究会第十四届年会"、2015 年 11 月 27 日至 29 日在广东外语外贸大学召开的"'东方学'学科建构与中日韩印阿文学之关联学术研讨会——暨中国东方文学研究会第十五届年会"。此外还有一系列以东方文化研究为主题的会议，其中最有代表性的是 2014 年 6 月 7 日在北京大学启动的"21 世纪东方文化论坛"，该论坛在 2015 年 6 月 6 日在北京大学举办了首届国际学术研讨会。2014 年度，中国国家社科基金重大项目中，出现了两个与中国"东方学"直接相关的研究课题，分别是北京师范大学王向远教授主持的"'东方学'体系建构与中国的东方学研究"（14ZDB083）和北京大学王邦维教授主持的"中国'东方学'学术史研究"（14ZDB084）。北京大学刘曙雄教授从 2012 年 4 月至今主持着一个长期研究课题"东方学研究方法论"，该课题旨在汇集优秀的中国学者，自觉思考中国东方学的学科建设，已出版两部直接以东方学命名的论文集——《认识"东方学"》（北京大学出版社，2014）和《探索"东方学"》（北京大学出版社，2015），并将在三至四年内持续出版一系列与中国东方学直接相关的学术著作。

三、批判性对话在中国"东方学"研究中的应用与价值

纵览目前的中国"东方学"研究，明显具有以下几个特点。第一，呼吁中国"东方学"的学者都对辨析西方的"东方学"和中国的"东方学"、辨析"东方"与"西方"、辨析"东方学"的内在含义等概念具有明显的自觉意识。我国的东方学研究大体上经历了一个师从西方、模仿西方、反思西方的过程。清末民初的学者的"东方"概念和对东方的研究得益于西方文化在当时中国学界的影响，早期近代学术意义上的"东方研究"滥觞于西方的东方学研究，萨义德的《东方学》在中国当代学界几乎成为"东方学"的代名词，20 世纪之前我国东方学研究者的治学思路和方法几乎完全受制于西方的学术话语体系。20 世纪之后的中国东方学研究则呈现出不一样的格局。上文提到的所有学者及其研究成果，无论是王向远教授对相关概念的厘清和辨析，还是麦永雄教授从中国学术立场对我国目前东方学相关话语体系的梳理，都体现了对已有"东方学"概念的反思。还有部分中国学者对"东方学"一直以来使用的"Orientalism"这一英译提出了质疑和反思，指出"Orientalism"一词本身即带有浓厚的殖民色彩，不适用于中国"东方学"的英译，并提出使用"Eastern Studies"一词予以替换。虽然以"Eastern Studies"来英译中国东方学仍在继续讨论之中，但这一名词概念的更迭代表的不仅是词语的转换，更是一种内在观点的变化。这种反思不但体现在对整体的"东方学"的质疑，也体现在对其下属二级概念如"东方文学"的思考。这种对已有概念的质疑和反思，正是批判性对话中批判性思维的体现。它既能看到已有研究的成就，承认西方的"东方学"对中国东方学的积极影响和借鉴意义，也对他们固有的局限性，如西方中心、西方学者认识的盲区、西方对"东方"的规定性有清醒的认识，这是批判性对话的第一步。第二，呼吁中国"东方学"的学者都有明确的对话意识。在对已有"东方学"概念，尤其是西

方的"东方学"研究持审慎和怀疑态度的同时，中国学者对西方的相关研究成果也抱着开放的心态，重视这些成果对中国东方学发展的促进和调整作用。"东方文学包括批评话语又不可避免地受到西方话语的影响和制约，于是，围绕东方文学史的研究不断被重写并引发思考。在这一过程中，'东方文学'就成为东西文化交流的一个场域，它既使自身纳入西方文化话语之中，又通过复杂的张力，不同程度地保存、改造自身原有的话语。"① 这种在批判基础上的开放、对话态度，保证了中国东方学具有不断自我审视、自我反思的发展能力。第三，呼吁中国"东方学"的学者均对建构中国东方学有明确要求。建构具有中国文化特质、符合中国东方研究成果实际情况、突显中国学者特有研究方法的"中国东方学"，是当前具有明确中国东方学学科意识的学者们的明确诉求，这也是他们质疑、对话的出发点和目标。对于构建中国东方学，部分学者已有相当深入的思考，并由此提出了全面梳理中国东方学学术史、系统整理东方学各个分支学科、重点研究突出的中国东方学学家、提炼总结中国东方学方法论等各方面的要求，这种立足于建构一个可能的新体系的做法，也是批判性对话的目标。

建构中国东方学还应当注意以下几个问题。第一，"东方"虽然是一个整体的概念，但是在东方内部实际上存在着不同的文化主体，这些文化主体从源头到在历史上的发展，都具有相对的独立性，因而也具有多元性。作为东方学者，在中国东方学的研究中，应充分注意和重视这种东方文化内部的多元性，在这种多元文化内部也应当展开批判性对话，如中国文化与印度文化的对比研究，中国学者不但应当注意同为东方文化的两者的共性，更应注意两者之间的差异性。探讨并研究东方共性之上的差异性，是从根本上厘清西方对东方之建构、探索和还原东方之本来面目的基础。第二，在对东方与西方进行比较研究时，应注意保持两者之间平等的对话关系，这种平等的对话关系应在充分理解和尊重对方文化的基础上展开，同时保持开放的态度，欢迎新的证据和论争。第三，构建中国东方学，需要中国学者对自身的中国立场有高度自觉，这是一种在对话中对自我的自觉反省和定位。这种高度自觉将使得在中国东方学研究中，不但有研究对象之间的多元对话，还有研究者自身内部的自我对话，因此这种对话将不仅仅是多元的，更是多声部的。以在中国最受欢迎的印度作家泰戈尔为例，对其作品和在中国接受的考察在批判性对话视野下进行考察，可以从以下六个维度切入：第一，泰戈尔作品审美特质与中国审美追求的异同；第二，其作品所反映的印度文化特质与中国文化的异同；第三，泰戈尔作品在西方接受情况与在中国接受情况的异同及其原因；第四，中国读者和学界对泰戈尔作品理解的特点和误读；第五，对泰戈尔作品的汉译者，尤其从英文到中文的译者和从孟加拉语到中文的译者的对比研究；第六，中国学者与印度本国学者和其他国家、地区学者相比，在研究泰戈尔作品时所具有的特点及不足。

中国的东方研究已累积了丰富成果，对于国外尤其是欧美的"东方学"研究之研究

① 刘研：《"东方文学"术语探析》，《中国语言文学研究·2015年春之卷》2015年（总第17卷）。

也具有一定规模，建构中国"东方学"不但水到渠成，而且正逢恰当的时机。以批判性对话为建构中国"东方学"的方法论之一，在平等、公平的前提下，在持怀疑、反思、批评态度的同时，在东方内部和东西方之间进行开放、积极的对话，尊重并借鉴已有学术成果，对于建构中国"东方学"将大有裨益。

试论《摩诃婆罗多》中的"苏多"

何　杨[①]

一、问题与背景

《摩诃婆罗多》开篇即点明史诗的叙述者是毛喜（Lomaharṣaṇa）之子厉声（Ugraśravas）。他是一位"歌人"，在飘忽林（Naimiṣāraṇya）向寿那迦大师（Śaunaka）和众仙人讲述自己在镇群王（Janamejaya）蛇祭大会上听到的故事，这也是大史诗最外层的叙述框架。这里的"歌人"在精校本[②]原文中是"苏多"（sūta / सूत），后文中所有的"歌人说"，在精校本中都是"sūta uvāca / सूत उवाच"[③]。汉译本"前言"对"苏多"的注释是："刹帝利男子和婆罗门妇女结婚所生的儿子。他们往往担任帝王的御者和歌手，经常编制英雄颂歌称扬古今帝王的业绩。"[④] 然而《教诫篇》第48章（13.48.10）指出："苏多不属于任何种姓，其天职是称扬其他人的勋业和功德……他们都是不能通过入教礼的。"[⑤] "入教礼"即再生礼，此处给出注释："印度教认为人在一生中有两次获得生命，第一次得自母亲，第二次得自宗教。但四种姓中唯前三种有资格获得第二次的精神生命，成为再生人。"从这里的规定可见，如果作为非再生族，则苏多至少低于吠舍种姓；而如果作为"外种姓者"（outcaste），则苏多成为达利特。那么，对于一部歌颂刹帝利和婆罗门的大史诗，其讲述者为何是一位"低种姓"呢？

由于苏多厉声不仅是《摩诃婆罗多》的叙述者，还是多部往世书的叙述者，学界对其研究由来已久。不过讨论的重点不在于苏多的种姓本身为何，而是由种姓承载着的出身和职业问题。N. K. 西坦德（Nirmal Kumar Sidhanta）在1929年便指出苏多既是职业的宫廷游吟诗人（court-minstrel），又是战车御者（charioteer），还是一个混合种姓（跨种姓通婚的后代）。[⑥] S. N. 达斯古普塔（S. N. Dasgupta）考察《摩奴法论》（*Manusmṛti*）、

---

① 本文作者为北京大学外国语学院南亚学系硕士研究生。

② 指班达卡尔东方研究所（Bhandarkar Oriental Research Institute）出版的《摩诃婆罗多》精校本，汉译本即根据此版译出。

③ 直译为"苏多说"。

④ 黄宝生:《前言》，载［印］毗耶娑《摩诃婆罗多（一）》，金克木等译，中国社会科学出版社，2005，第11页。

⑤ ［印］毗耶娑:《摩诃婆罗多（六）》，黄宝生等译，中国社会科学出版社，2005，第167–168页。

⑥ N. K. Sidhanta, *The Heroic Age of India: A Comparative Study* (London: Kegan Paul, Trench & Co., 1929), p.63.

《摩诃婆罗多》和《风神往世书》（*Vāyu-purāṇa*）中的相关段落，认为在各类文献中，苏多可以是御者、国王心腹、御厨、王仆，也可以负责记录王朝世系与传统，但从未见典籍中提到他是歌功颂德的诗人（bard）或者英雄诗歌的保存者。[1] R. N. 丹德卡尔（R. N. Dandekar）提出，《摩诃婆罗多》和往世书的叙述者"苏多"是一个人名，与表示御者种姓的"苏多"不是一个概念，[2] 但这种说法并没有获得其他学者的支持。洛多·罗切尔（Lodo Rocher）分析《风神往世书》和《莲花往世书》（*Pādma-purāṇ*）中的相似表述，两者都指出苏多负责记录保存神、圣人和伟大国王的家谱世系，罗切尔认为"混合种姓说"可以很好地解释苏多同时具备刹帝利功能（御者）和婆罗门角色（诗人），但往世书中并没有明确指向这一说法，因而可能是后人赋予的。[3]

由此可见，除了罗切尔最后的论点之外，学界目前的讨论多是以一种共时的角度来思考问题，即无论参考的文献之间时间跨度有多大（可能相距超过两千年），它们对于苏多的表述都可以抽出、放置在一起，乃至等而视之。这并不符合印度古代典籍在传诵流传过程中不断扩充、修改的史实。重要的不是我们今天看到苏多有多少种职业，而是苏多最开始作为什么出现、在历史发展中增加了哪些角色、其地位又是否发生变化。《摩诃婆罗多》是一部被公认经不断扩充才逐渐定型的史诗，因此内中概念也包含了不同时代的杂糅，本文将梳理"苏多"在其中不同的指向，并借此探索该概念在历时上的不同层次。

二、"御者"全胜

全胜（Sañjaya）是持国（Dhṛtarāṣṭra）的大臣和御者。《初篇》第 57 章（1.57.82）中交代："御者全胜，与仙人等同，系伽婆尔伽纳所生。""御者"一词在精校本原文中便是"苏多"（sūta）；在史诗研究者 J. A. B. van 拜特南（J. A. B. van Buitenen）的英译本中，正文保留"suta"，而在注释中说明是"持国的御者、诗人"（charioteer-bard）。[4]

全胜在《摩诃婆罗多》中出现频率非常高，因为他的文本地位特殊：他是史诗的内层叙述者。在《初篇》最开始时，叙述者是"歌人"，即厉声，他向寿那迦等仙人讲述听到的历史故事，这是外层叙述。而其实由厉声直接讲述的除了介绍性质的《序幕篇》

---

[1]　S. N. Dasgupta, *A history of Sanskrit Literature: Classical Period, Vol.1* (Calcutta: Calcutta University Press, 1947), pp.xiii-xvi.

[2]　R. N. Dandekar, "Gleanings from the Shiva Purana" (Paper Presented at Conference on the Puranas, University of Wisconsin, Madison, August, 1985).

[3]　Ludo Rocher, *A History of Indian Literature, Vol.II: Epics and Sanskrit Religious Literature, Fasc.3: The Puranas* (Wiesbaden: Otto Harrassowitz Verlag, 1986), p.56.

[4]　J.A.B. van Buitenen, ed., *The Mahabharata, Book 1: the Book of the Beginning* (Chicago: University of Chicago Press, 1973), p.447.

和《篇目总章篇》外，就是由婆利古族后加或修订①的《宝沙篇》《布罗曼篇》《阿斯谛迦篇》。从《原始宗族降生篇》（1.55）开始，直接叙述者转为护民子（Vaiśampāyana），史诗叙事由镇群王和护民子在蛇祭大会上的问答展开，这是中层叙述。而从《毗湿摩篇》第 5 章（6.5）开始到《夜袭篇》结束（10.9）（即从大战开始到十八天结束后马嘶夜袭坚战军营），叙事主要由全胜向持国讲述前方大战的情形来推动，这是史诗的内层叙述。也就是说，不仅史诗的外层叙述者是苏多，讲述俱卢之野大战（史诗最核心也最原始的故事所在②）的内层叙述者也是苏多。而从全胜向持国讲述战事可见，这里苏多的功能就是记录、传诵国王（刹帝利）事迹。

同时，由于持国并没有亲临战场作战，所以全胜其实并未驾驭战车。他在史诗故事中的"职业"或者作用可以归纳如下：

1. 顾问参谋。比如《森林篇》第 48 章（3.48.1），持国忧心于两族关系破裂无可挽回，而且般度族战力超群，于是"和他的御者③ 全胜商议"④。

2. 国王使节。比如《斡旋篇》第 22 章（5.22）中，持国派遣全胜为使者到般度族那里去讲和。

3. 处理家事。持国凡事皆要与全胜分析，且交给全胜处理。比如《森林篇》第 7 章（3.7），持国曾因认为维杜罗偏向般度族兄弟，赶他出走。而在维杜罗前往森林与般度族兄弟生活后，持国深感后悔，于是又派全胜前往森林召回维杜罗。

4. 处理外事。比如《大会篇》第 32 章（2.32.4–5）提到坚战将举行王祭时的安排："把受理膳食的事交给难降，把接待婆罗门的事交给马嘶。把款待国王们的事交给全胜……"⑤

由此可见，全胜作为苏多，地位很高，相当于国王的心腹大臣和外交人员，还记录土族大事，但总之在为王族服务，而非王族本身。

三、"苏多之子"空竹

空竹（Kīchaka）是摩差国（Matsya Kingdom）毗罗吒王（Virāṭa）的国舅，也就是王后妙施（Sudeṣṇā）的弟弟。他被称作"苏多之子"，这个称呼在汉译本《毗罗吒篇》中出现了三十次，精校本原文为"sūtaputrā"。该篇背景是般度五子和黑公主在流亡的第十三年来到摩差国隐匿，其中《诛空竹篇》（4.13–23）讲述了空竹色迷心窍，想要霸占

---

① Mahesh Mehta, "The Problem of the Double Introduction to the Mahābhārata," *Journal of the American Oriental Society* (1973): pp.547–550.

② 黄宝生：《前言》，载［印］毗耶娑《摩诃婆罗多（一）》，金克木等译，中国社会科学出版社，2005，第 9–11 页。

③ 与全胜搭配使用的"御者"的精校本原文均为"sūta"。

④ ［印］毗耶娑：《摩诃婆罗多（二）》，黄宝生等译，中国社会科学出版社，2005，第 95 页。

⑤ ［印］毗耶娑：《摩诃婆罗多（一）》，金克木等译，中国社会科学出版社，2005，第 563 页。

黑公主，最后被怖军杀死。这一篇中关于苏多的表述有两方面值得注意。

一方面，空竹的职位是"毗罗吒的军队统帅"①，他作战勇猛，"曾经率领大军征服三穴国"，三穴国国王善佑（Suśarmā）"一次又一次成为摩差国苏多之子空竹的手下败将"②。空竹也因此得到毗罗吒王的宠信，在朝中势力极大。《毗罗吒篇》第15章（4.15.7）描写黑公主被空竹欺侮时，他"抓住逃跑的黑公主的头发，当着国王的面把她摔倒在地，用脚踹她"。但毗罗吒王对此只能忍着，毫无作为，引起了黑公主的指责："国王啊！你在空竹问题上的所作所为全然不像一位国王。"③而当黑公主请他主持公道时，毗罗吒王竟然宣称自己"没有目睹"，可见他忌惮、放纵空竹国舅。而当善佑得知空竹已死，激动地判定"毗罗吒王无依无靠，失去锐气，无法骄傲"④。可见空竹对摩差国影响之深。

另一方面，空竹手下还有一群小空竹（Upakīchaka），这些是他的亲属，也被称为"苏多之子"（其实精校本中指称这些人时，交替使用"sūtaputrā"和"sūta"）。他们看到空竹死后要为其报仇，于是把黑公主抬到火葬场，想把她一起火化，结果怖军赶到，将其全部杀死，共计一百零五人。可以推断，这些人和空竹属于同一个地方族群，而这个群体的名字很可能就是苏多。

空竹的例子说明，有的苏多已经属于王族，成为刹帝利的一员，而且其势力足以左右一国，同时其原始群体在所居住的国家仍然保持着苏多的身份标识。

四、"车夫"升车

升车（Adhiratha）是迦尔纳的养父。贡蒂婚前与太阳神生子迦尔纳，遗弃河中，他被收养的情况在汉译本《初篇》第104章（1.104.14）中是这样描写的："那时候，有位车夫之子，是罗陀的丈夫，素享盛誉，他和妻子把那个弃婴当成了儿子。"⑤此处"车夫"在精校本原文中便是"苏多"（sūta）。迦尔纳多次被称为"车夫之子"，在精校本里都对应"sūtaputrā / सूतपुत्र"（苏多之子）。显然汉译体现了一种价值判断或者等级判断，因为"车夫"和"御者"给人的感觉是不同的。这提示我们与原文比较，考察文本中是否有这种区分。

《初篇》中《火焚紫胶宫篇》的开始是诸王子们学成武艺，校场比武，迦尔纳也来参加。第127章（1.127.1）中，升车走进校场，此处对他的描写是："他衣衫歪斜，汗

---

① ［印］毗耶娑：《摩诃婆罗多（三）》，黄宝生等译，中国社会科学出版社，2005，第20页。

② 同上书，第41、45页。

③ 同上书，第24页。

④ 同上书，第45页。

⑤ ［印］毗耶娑：《摩诃婆罗多（一）》，金克木等译，中国社会科学出版社，2005，第266页。

水泫泫，颤颤巍巍，全靠一根拐杖支撑着。"[1] 这样的细节描写，在一众王公贵胄聚集的场合，目的确实是表现出其地位的低下。作为升车的第一次出场，这样的形容不似全胜或空竹一般威风凛凛，这或许是汉译本选择将后文所有对升车的称呼都译为"车夫"的原因。但原文的精妙之处恰恰体现在接下来的几句中对其不同的指称。

迦尔纳见到养父进来，一番行礼后，"老车夫连忙用衣衫的下摆遮住双脚"[2]，这句话在精校本原文中使用的并不是常见的"sūta"，而是"sārathi / सारथि"，这也是一个表示战车驾驭者（charioteer）的词。接下来（1.127.5-6），怖军看见升车之后，"便明白迦尔纳是一个车夫的儿子，当时他似笑非笑地说道：'车夫的儿子！你不配战死在普利塔之子的手下！'"[3] 此处两个"车夫"在原文中就都是"sūta"了。对比可知，前一处的"车夫"是陈述事实，而后一处的两个"车夫"则带有贬损意味。而原文为了区分特意使用了不同的词，且"sūta"带有贬义。

这里不讨论汉译的恰当与否，而是关注这一对比说明了"苏多"至少在这一段落的作者看来地位较低。而考虑到迦尔纳作为车夫之子（也就是"苏多之子"）在史诗中大量出现，这一地位判断不可谓不重要。

五、"苏多"在古代典籍中的流变

上述梳理显示出"苏多"这一概念在《摩诃婆罗多》中具有不同地位，这些叙述显然不是在同一时代、出自同一创作者的。为了理清发展脉络，需要根据史诗之前与之后的文献典籍进行推断。

根据梵语学者 A. A. 麦克唐纳（Arthur Anthony Macdonell）和 A. B. 基思（Arthur Berriedale Keith）编撰的吠陀文献名词索引，"苏多"（sūta）一词在吠陀文献[4]（尤其是梵书）中是官员名称，且常与"村落头领"（grāmaṇī）一并被提到。[5] 在《阿闼婆吠陀》（Atharvaveda）第三卷第 5 歌（iii.5.7）中，"苏多"是"拥立国王者"（Rājakṛt）[6]。由此可见，"苏多"最开始的地位很高。

对于在吠陀文献中是否明确出现"御者"的含义，学界目前仍有争议。[7] 但可以肯定的是，到公元前 6 至 4 世纪前（史诗成书之前），"苏多"已经不仅指御者，而且指国

---

① ［印］毗耶娑：《摩诃婆罗多（一）》，金克木等译，中国社会科学出版社，2005，第 317 页。

② 同上。

③ 同上。

④ 包括吠陀本集、梵书、森林书、奥义书和吠陀支。

⑤ A. A. Macdonell, A. B. Keith, *Vedic Index of Names and Subjects, Vol.II* (London: John Murray, Albemarle Street, W., 1912), p.462.

⑥ 英译为"Kingmaker"。See Ibid.

⑦ Ludo Rocher, *A History of Indian Literature, Vol.II: Epics and Sanskrit Religious Literature, Fasc.3: The Puranas* (Wiesbaden: Otto Harrassowitz Verlag, 1986), p.54, especially in footnote 7.

王的心腹和使者了。① 然而"苏多"的跨种姓出身，直到《摩奴法论》（公元前 2 世纪至公元 3 世纪）中才被明确提到。《摩奴法论》第十章第 11 条规定，"依种（Jati）而论，刹帝利与婆罗门姑娘所生的是苏德"②，这里的"苏德"注释称梵文就是"sūta"。到了往世书阶段，苏多较低的种姓地位已经定型，在《薄伽梵往世书》（Bhāgavata-purāṇa）第一卷第 18 章（1.18.18）中，苏多甚至自我"剖白"：

> "啊，多么幸福的惊喜啊！我们这些出生在较低的混合种姓的人，通过为（在年龄和知识方面的）尊者服务，实现了我们的人生目标。这种联系，甚至在与最伟大的人交谈时，便消除了出生在低等家庭的痛苦与自卑。"③

这无疑是婆罗门创作者借苏多之口强化种姓意识。

此外，往世书中对于"苏多"的职责也有了具体界定。《风神往世书》第一卷第一章（1.1.26–27）中提道："由过去的圣人授命，苏多有义务保存神、圣人和最伟大国王的家谱，以及由精通吠陀传说的人（婆罗门）在早期的历史和往世书中记录的先贤传统。"④ 从过去记录刹帝利国王的世系到主要记录神和圣人（婆罗门）的家谱，这一转变也耐人寻味。

而更值得关注的是，尽管往世书的修改编订一直持续到近代，但"苏多"却过早隐匿了，甚至在笈多时期（4—6 世纪）便完全消失。⑤ N. 穆克吉（Nilmani Mukhopadhyay）指出这是由于往世书传诵者的地位逐渐被婆罗门取代了。⑥

六、对"苏多"在史诗中不同地位的解释

参与精校本编订工作的学者 M. 温特尼茨（Moriz Winternitz）曾表示："即使是基于非常合理的内在理由而被怀疑的段落，如果在所有版本和手稿中都能找到，就必须保留在构成的文本中……剔除这些段落不是编订的工作，而是必须留待对史诗的批判性研

---

① Ludo Rocher, *A History of Indian Literature, Vol.II: Epics and Sanskrit Religious Literature, Fasc.3: The Puranas* (Wiesbaden: Otto Harrassowitz Verlag, 1986), p.54, especially in footnote 7.

② 《摩奴法论》，蒋忠新译，中国社会科学出版社，2007，第 206 页。

③ 译自英译本。J. L. Shastri and G. V. Tagare, trans., *The Bhagavata Purana* (Delhi: Motilal Banarsidass Publishers, 1950), p.139.

④ 译自英译本。G. V. Tagare, trans., *The Vayu Purana: Part 1* (Delhi: Motilal Banarsidass, 1987), p.6.

⑤ Ludo Rocher, *A History of Indian Literature, Vol.II: Epics and Sanskrit Religious Literature, Fasc.3: The Puranas* (Wiesbaden: Otto Harrassowitz Verlag, 1986), p.56–57.

⑥ Nilmani Mukhopadhyay, ed., *The Kurma Purana* (Calcutta: Girisa Vidyaratna Press, 1890), p.x.

究。精校版只是一个起点，也是唯一安全的基点。"① 因此，本文的设问方式不是指责史诗中的前后矛盾，而是以矛盾为契机，探索今天看来已经扁平的史诗中概念背后立体、纵深的建构过程。

无论是汉译本《摩诃婆罗多》还是拜特南的英译本，译者都注意到了"苏多"的不同"职业"。汉译本中对苏多的注释是"一种宫廷诗人，由于学识渊博，有时会具有参与政务的臣僚地位。他们同时还是国王的驭者"②。拜特南给第一颂的注释是"歌人"：他首先是英雄的御者，因此见证了他的壮举，最终成了颂歌者和家族传说的记诵者。③然而这也只是"苏多"这一内涵丰富的概念的一个方面。除了出现并不多的"歌人"厉声外，本文分析了"苏多"在史诗中的其他角色。通过梳理，我们发现这些角色的地位并不相近：有毗罗吒王的国舅空竹，一人威震一国；有老车夫升车，被怖军借以羞辱其养子迦尔纳；有俱卢族御者全胜，被持国视若心腹，操劳国内外大小诸事。如果置于共时的层面来解释这种多样性，那可简单地以种姓制度尚不严格来解释；但如果考虑到史诗文本不断扩充修订、被各派势力拿来为己所用的特点，情况就变得复杂起来。

通过纵向拓宽、把概念纳入更广阔的时间跨度中考察，我们发现，"苏多"本身就经历了一个地位由高到低、最后消失的过程。参考这一演变，可以对史诗中不同的"苏多"做出如下解释。

苏多是在吠陀时代晚期随着国家诞生出现在次大陆的。雅利安人来到这里后保有半游牧特点，但随着流动性降低，他们逐渐在特定地区定居。这使得防御和战争的必要性增加，促使氏族结成以刹帝利将领为首的军事同盟。苏多最初便是作为将领的御者存在的，由于征战带来的持续需要，御者的地位很高，如《阿闼婆吠陀》和梵书中显示其甚至优于一般的氏族领袖，在整个同盟中处于核心地位。

军事联盟最终演变为政治单位，即早期国家形态。此时，国土不必每次都亲自出征，苏多也成为高级官员。有的代国王打仗，作战勇猛的地位愈加凸显，甚至成为王族，比如空竹。有的代国王与他国开展交往，成为王使，比如全胜。

随着一批国家逐渐建立，各自在原先定居点上稳固下来，随意换地而居不再现实，而这一时期也处于印度铁器时代，这些因素都使得农耕社会彻底取代游牧社会。国王不再需要御者，而是带兵打仗的将领们需要车夫，升车的形容其实反映了进入农耕社会之时或之后，御者的地位下降了。

"苏多"概念的另一条线索是记录史事。无论是作为最贴近领袖的御者，还是国王的心腹大臣，都是作为王室历史记录者的最佳人选。正如前述 S. N. 达斯古普塔的发现，在文献典籍中并未有直接提到苏多作为"游吟诗人"的记录。现实条件决定了他只能

---

① M. Winternitz, "The Critical Edition of the Mahābhārata: Ādiparvan," *Annals of the Bhandarkar Oriental Research Institute* 15, no.3–4(1933): p.174.

② ［印］毗耶娑：《摩诃婆罗多（六）》，黄宝生等译，中国社会科学出版社，2005，第388页。

③ J.A.B. van Buitenen, ed., *The Mahabharata, Book 1: the Book of the Beginning* (Chicago: University of Chicago Press, 1973), p.435.

口头记诵，但这并非"游吟"，就算其本身是诗人，也是应王室征召，一直跟随国王的"战地诗人"。

与国家一道形成并稳固的是种姓制度。在早期的四瓦尔那（Varṇa）制度中，苏多显然是刹帝利的追随者与歌颂者。随着婆罗门地位的确立，一切语言、思想性质的事物都要由其掌控，于是传诵历史的苏多成为其必须争取或取代的对象。因此，正如前述罗切尔的观点，苏多的所谓混合种姓是后来所加。在《摩奴法论》中对混合种姓的贬低也是对苏多的一记重拳，体现了婆罗门抢夺话语权的倾向。在往世书中将记录圣人家谱也纳入苏多的所谓"义务"，与其说是争取，毋宁说是强加。而苏多最后较早地消失也意味着婆罗门完成对"知识—语言—历史叙事"的绝对垄断。

印度史诗中的仙人诅咒研究

张译尹 [①]

"咒语""诅咒"是古代巫师或祭司在举行祭祀仪式时,以歌或颂的形式念诵出来,用以与自然或某种信仰的神秘力量进行交流的特殊语句。其伴随着古代文明而产生,代表了生产力低下的时代,人们敬畏自然又想要通过巫术手段与自然沟通、控制自然力量的愿望,是早期宗教信仰和自然崇拜的表现。古代印度信仰"万物有灵论",诅咒正是言灵力量的重要体现。早在《梨俱吠陀》《阿达婆吠陀》中就记载了许多祭祀用的咒语;到了史诗时代,《摩诃婆罗多》和《罗摩衍那》中更是出现了大量的诅咒的情节,其中由仙人,即婆罗门发出的诅咒是其主要形式。从当时的社会背景来看,仙人诅咒的力量正是婆罗门种姓至高地位的象征。在史诗的人物形象塑造和各种插话故事中,大量的诅咒情节的出现,不仅推动了史诗中故事情节的发展,更是直观地表现了当时早期婆罗门教所宣扬的"正法观"和因果报应观念。

作为《摩诃婆罗多》和《罗摩衍那》两大史诗中的一个重要的主题,学界对于"诅咒"这一主题的研究颇丰。比如在《印度文学与中国文学比较研究》中,刘安武先生就将诅咒作为其中一个专题,对其从吠陀时代产生到史诗时代的发展,以及在梵书、奥义书中的表现进行了详细的叙述,并列举和总结了《摩诃婆罗多》中的许多诅咒情节和运行规律;《摩诃婆罗多的故事》中也对"仙人"群体和"祭祀""诅咒"等概念进行了阐述,提出了《摩诃婆罗多》中的很多诅咒情节是作为编纂者的婆罗门思想的体现的观点等。除了作为史诗综合研究的一环,学者们也从各个角度对史诗中的诅咒现象进行了探讨,主要分为两个方面。其一是对史诗中"诅咒"主题本身的研究。如印度学者罗曼古迪(P.V. Ramankutty)所著的《〈摩诃婆罗多〉中的诅咒母题》,对《摩诃婆罗多》中的诅咒现象及其母题作了归类;王鸿博的《〈摩诃婆罗多〉"咒祝"主题研究》一文则是将诅咒归纳为(设禁)—违禁—惩罚—解除(或实现)的具体结构,探讨诅咒的实现途径;此外,S. Krishnamoorthy Aithal 的文章 "Prayers/Insults, Blessings/Curses, and Conditional Clauses in the Mahabharata" 和 N. C. Kelkar 的文章 "The Riddle of the Curse in the Mahabharata",分别从诅咒的发出者、诅咒的实现手段及哲学的角度探讨诅咒在史诗叙事中的意义。其二是从文学或叙事学的角度对"诅咒"情节功能的探讨。如张冬梅的《印度古典梵语文学作品中的咒语》和余杰的《诅咒的情节功能:史诗〈摩诃婆罗多〉叙事艺术研究》等,主要是结合史诗文本,从文学角度分析诅咒在史诗情节发展中

---

① 本文作者为北京大学外国语学院南亚学系硕士研究生。

的重要作用，通过诅咒形成的故事结构，对仙人诅咒进行叙事学的分析。此外，郑苏淮的《仙人诅咒的文化内涵——对诗剧〈沙恭达罗〉矛盾转折的阐释》和刘建树的《诅咒情节在戏剧中的魅力——〈沙恭达罗〉诅咒情节的文学人类学解读兼与〈窦娥冤〉的比较》，则是针对大史诗的衍生剧《沙恭达罗》中诅咒情节的具体研究，关注诗剧中诅咒情节的文化意义。

综上，这些研究成果更多关注作为印度古典文学作品的史诗中，诅咒对于推动故事发展所起到的叙事功能和文学意义。本文则将在收集整理前人对于"仙人诅咒"的研究的基础上，结合史诗中具体的"仙人诅咒"的情节，分析仙人地位、婆罗门独有的诅咒力量与当时的社会发展和历史的关系，深入讨论"仙人诅咒"作为婆罗门阶层维护统治的重要手段体现的社会和宗教意义，进而探究史诗中大量诅咒情节背后婆罗门教所倡导的正法、业报等社会观念。

一、仙人：婆罗门阶层的代表

中国的仙人信仰早在春秋战国时期就已经产生，《说文解字》曰："仙：长生仙去。从人从山。"《释名》对"仙人"这一概念的解释是"老而不死曰仙。仙，迁也。迁入山也。故其制字人旁作山也"，即长生不老且在山中修行的人。中国传统语境中仙人属于对神仙的泛指，这一概念与印度古代在林中苦行的"仙人"有相似之处，但也有很多不同。在印度传统信仰中，仙人有更具体的指称。一般来说，仙人指的是修道的人，分为王仙和梵仙，通过在林中苦行获得种种超自然力量，甚至可以拥有超过神的法力，诅咒是其主要实现力量之一。"仙人"往往生活在高山上或森林里，采集野果和根菜，养牛、饮牛奶，祭火，修炼瑜伽，念经、著书、传道，他们属于真实存在的人，但是法力是想象出来的，[①] 这些方面与佛教的"罗汉""菩萨"及中国道教的神仙都有异曲同工之妙。但印度的"仙人"不受严苛的出世戒律的要求，可以随意介入世俗生活，娶妻生子，甚至可以与凡人结合，并且印度仙人的形象并没有被神话化，他们会犯错，有欲望，经常会表现出和普通人一样的贪婪、暴躁、妒忌等负面的性格。例如，贞信与福身王的两个孩子都没有留下子嗣就死去了，贞信就找来自己婚前与破灭仙人生下的私生子毗耶娑与奇武的两个遗孀生下持国和般度，并且肯定了他们的继承权；在《摩诃婆罗多》的插话故事中，行落仙人娶了芦箭王的女儿美娘；[②] 鹿角仙人被毛足王派去的妓女引诱，帮助盎迦国获得雨水后，娶了毛足王的女儿和平公主。[③] 甚至仙人还会因为没有成婚留下后代

---

① ［印］拉贾戈帕拉查理改写：《摩诃婆罗多的故事》，唐季雍译，生活·读书·新知三联书店，2007，第12页。

② ［印］毗耶娑：《朝拜圣地篇》第122–125章，载《摩诃婆罗多（二）》，黄宝生等译，中国社会科学出版社，2005年。

③ ［印］毗耶娑：《朝拜圣地篇》第110–113章，载《摩诃婆罗多（二）》，黄宝生等译，中国社会科学出版社，2005年。

而使得祖先受到惩罚：投山仙人为了解救在洞穴中头脚倒悬的祖先决定繁衍后代，选择与毗达尔跋国公主罗芭慕德拉成婚。① 由此可见，印度古代的"仙人"虽然威力强大，但并没有被塑造成高高在上、不食人间烟火的形象，而是更加体现"人"的特点。在史诗故事情节发展的过程中，很多仙人作为主角的老师或祭司引导主角们遵循正法，走向正确的道路，但他们往往都有自己的立场，并不能始终代表真理或正法。很多描述仙人故事的插话中都着重表现了仙人善恶混合的一面，可见作者在刻画人物时有意体现史诗时代社会和人性的复杂性。

仙人的主要工作为修行传道、朝拜圣地和祭祀。最初的时候人们把吠陀经典的作者称为仙人，后来这一概念被婆罗门扩大化，凡是传授经典的、修道的都被称为仙人，包括在森林中建立修道院之人和游行传教之人等。一般而言，仙人是不承担世俗职务的。但随着社会的发展，婆罗门为了巩固自身地位，宣扬"吠陀天启""祭祀万能"，垄断祭祀的权利，很多仙人通过各种形式参与到世俗生活中，其中一部分通过为统治者举行祭祀仪式获得丰厚的报酬，另一部分则接受国王的供养，成为国王的祭司。比如，《摩诃婆罗多》中极裕仙人是在林中苦行的仙人，到了《罗摩衍那》中则是十车王王族的祭司和国师；② 坚战兄弟赌博失败前往森林的十二年间，烟氏仙人作为他们的祭司始终追随引导他们，其间还有毗耶娑仙人、巨马仙人、摩根德耶仙人等为般度族兄弟讲述婆罗门教教义、古代国王英雄的传说故事，带领他们朝拜圣地，获得功德，指引他们得到天神法宝和各个部落的支持，为夺回国家做准备，这些仙人不仅是般度族兄弟复仇路上不可或缺的智囊，更为推动整个故事情节的发展起到了至关重要的作用。

仙人是印度特有的婆罗门阶层的代表，从史诗中可以看出仙人在史诗的世界观中具有超凡的地位。一方面，由于史诗时代社会生产力逐渐提高，由奴隶社会渐渐过渡到封建社会，社会分工出现了阶级固化，婆罗门教蓬勃发展，掌握武力和知识的阶层上升为社会的主导阶层，通过职业和出身将人们区分为高低种姓。为了鼓吹婆罗门生来就具有高贵的地位，"一出生便为天下之尊；他是万物之主，旨在保护法库"（《摩奴法论》13），垄断知识的婆罗门推出仙人作为他们的代表，利用神话和宗教的影响力，向人们灌输婆罗门至上的思想，使得人们在潜移默化中承认婆罗门的力量，认可苦行的方式。另一方面，史诗的编纂和修订的权利掌握在高种姓的婆罗门和刹帝利的手中，他们必然会为自己辩护，书写、传播他们所关心、所需要的东西。因此对于史诗中的情节设置需要跳出文学作品本身，放在历史的语境下看待，仙人在史诗中的超然地位是婆罗门推崇自身地位、教化世人臣服于他们的体现。

印度古代文学作品中，仙人可以移山填海，甚至可以打败军队，念诵咒语是他们最主要的施展法术的手段，这正是婆罗门种姓垄断知识和祭祀权力的文学化的表现。学习

① ［印］毗耶娑：《朝拜圣地篇》第94-108章，载《摩诃婆罗多（二）》，黄宝生等译，中国社会科学出版社，2005年。

② 刘安武：《印度文学与中国文学比较研究》，中国国际广播出版社，2005，第317页。

语言的最初目的就是学习吠陀经典，婆罗门拥有对吠陀经典的最终阐释权，不仅掌握了社会上升的渠道，还在宗教活动中牢牢把持着与神交流、传递神的旨意的权利，既可以祈求风调雨顺，也可以发出诅咒惩戒对方，从而维护正法和婆罗门的统治地位。

二、诅咒：从吠陀时代到史诗时代

"诅咒"或"咒语"的产生，最早可以追溯到《梨俱吠陀》，其中有二十多种具有巫术性质的咒语，主要涉及祈福、禳灾、预卜未来、保护孩子不受疾病与恶魔的侵犯等主题，咒语体系尚未成型，反映了当时先民对于自然界的愿望和比较天真的幻想，基本偏向于正面意义的企盼，但也有少量邪恶之人会被诅咒或被恶魔撕碎的记载。此时的雅利安人定居在印度河及其支流地区，经济上尚以畜牧业为主、农业为辅，生产力低下，种姓制度还未正式成形，但专业的祭司已经存在，其中的"婆罗门"一词有时表示祭司，有时表示任何具有才能和品德的人。[①]

四部吠陀中《阿达婆吠陀》定型时间较晚，处于早期吠陀文明和晚期吠陀文明的交替时期（公元前 1000 年前后）。当时的雅利安人已经定居恒河流域，与印度本土人发生融合，种姓制度已经十分明确。"阿达婆"本身有拜火祭司、巫师的意思，"阿达婆吠陀"意为"禳灾明论"，《阿达婆吠陀》中多为咒语巫术类诗歌，带有原始巫术的特征。咒语不仅用来治病驱邪、祈福消灾，还被赋予神力，可以用来抗拒敌对的伤害行为，如第 6 卷第 37 首就是反诅咒的咒语：

> "不得伤害我们，
> 诅咒！就像烈火绕过湖；
> 去打击那咒我们的人，
> 就像雷电击毁树。"[②]

此时诅咒已经被赋予了向外攻击别人的能力，但其实施方式一般是将咒语拟人化，直接施加在诅咒的物上，如战鼓、流水等，或者通过咒语驱使雅利安神，仙人尚不是诅咒的主体。在《阿达婆吠陀》和梵书中，将婆罗门抬高到了神的地位，如《百道梵书》声称："确实有两种神：众神是天上的神，有学问的婆罗门是人间的神；祭品供给众神，祭祀酬金供给婆罗门。"[③]婆罗门祭司为了独揽祭祀大权，维护自己的特权地位，将祭祀仪式烦琐化，使得"咒语"的力量被大大提升。

到了史诗时代，政治经济剧烈变革，印度逐渐进入封建社会，婆罗门垄断知识引起

---

① 季羡林：《印度古代文学史》，北京大学出版社，1991，第 14 页。

② 林太：《〈梨俱吠陀〉精读》，复旦大学出版社，2008，第 58 页。

③ 季羡林：《印度古代文学史》，北京大学出版社，1991，第 34 页。

其他种姓不满，刹帝利首先站出来在知识领域发展哲学思辨，如森林书和奥义书中就出现了对内在的、精神的祭祀而非烦琐仪式的重视。[1] 婆罗门为了维护自身的特权地位，转而宣扬"苦行"和"诅咒"的力量。作为由婆罗门和刹帝利阶层共同编纂和修订的成果，史诗的主线为刹帝利英雄颂歌，但史诗的大部分篇幅都是由次要的故事、传说、轶事和说理等内容组成的插话，其中"仙人诅咒"这一主题无疑占据了主导地位。一方面，出于祭祀的巨大消耗，婆罗门依然牢牢掌握着祭祀大权；另一方面，刹帝利的力量源自婆罗门，国王的安全和繁荣全靠祭司保障，婆罗门仙人可以通过诅咒惩罚亵渎婆罗门或违反正法的神或人间的国王，这种历史化叙述本身就具有神化婆罗门威力和提高婆罗门地位的目的，也在客观上推动了命运的齿轮和故事情节的发展。

与吠陀时期相比，史诗时代的诅咒不仅运用的范围更广，诅咒发挥作用的方式也发生了变化，吠陀时期的咒语更像是一种主观的意愿，不一定会实现，而在史诗中，诅咒是一定会实现的，可能不会立刻出现效果，但无论中间经历了多长的时间、多么艰苦的斗争，最终都会走向诅咒的结局。诅咒往往是向着坏的方向发展的一种预言，但诅咒应验的期间并不需要诅咒者和监督者去实施，[2] 婆罗门所宣扬的仙人诅咒的力量就包含在语言之中，受诅咒的人无法摆脱诅咒的结果。继绝王为了消除独角仙人的诅咒，寻求了各种力量的帮助作为补救，最终还是被大蛇杀死；般度为了活命不再与妻子同床，甚至让妻子向天神祈祷生下了几个孩子，但最终还是没能避免既定的命运：可见宿命是既定的。

此外，由于诅咒的不可逆转性和不可避免性，就不得不对诅咒的发出者和内容进行约束，如果任何人都可以发出诅咒，就会扰乱人间的秩序；诅咒的内容如果没有限制，随意发出，就会导致社会的不公和正法的失效，婆罗门的权威也会被质疑。因此，诅咒的发出必须合情合理。首先，规定了诅咒的发出者是经过苦行得到法力的婆罗门仙人，他们发出诅咒后法力也会受损，并且没有随意撤回诅咒的权利，只能酌情减轻诅咒或施加具体条件来挽回损失；其次，"实施诅咒主要指向冒犯、亵渎或伤害婆罗门，或道德行为失范，或触犯生殖禁忌及家长权威等行为，诅咒的内容必须是符合正法的，诅咒不能与被诅咒者的终极命运相悖"[3]。

根据史诗中诅咒的触发原因对诅咒的类别进行归纳，我们会发现不敬婆罗门和触犯婆罗门所推崇的道德行为准则是受到诅咒惩罚的主要原因。比如，友邻王因命令天国梵仙为他拉车，还脚踢投山仙人的头，被投山仙人诅咒剥夺了天帝的地位，罚做蛇一万年；芦箭王的女儿美娘无意中冒犯了仙人，行落仙人就诅咒国王及军队众人大小便不通；继绝王打猎时将死蛇挂在了沙弥迦仙人的肩上，被仙人之子独角诅咒第七天夜里被大蛇多刹迦缠死；等等。这些故事也暗示着文学加工背后的历史事实——婆罗门与刹帝

---

[1] 季羡林：《印度古代文学史》，北京大学出版社，1991，第 37 页。

[2] 刘安武：《印度文学与中国文学比较研究》，中国国际广播出版社，2005，第 341 页。

[3] 余杰：《诅咒的情节功能：史诗〈摩诃婆罗多〉叙事艺术研究》，《外国文学》2020 年第 3 期。

利常常会因为争权夺利产生摩擦，并非理想的合作关系；婆罗门虽不争夺世俗权力，但如果刹帝利势力膨胀，怠慢婆罗门，婆罗门会通过诅咒压制甚至废除刹帝利统治者，从而保证婆罗门至上的地位。此外，因触犯婆罗门教所推崇的道德行为准则，欺骗、贪婪、对妇女施暴或者伤人等行为往往会受到严厉的诅咒惩罚。"行为—诅咒—报应"三个阶段的诅咒运行程序正是史诗情节展开的主要实现手段。如甘蔗族世系的祖先摩诃毗奢因冒犯恒河女神被梵天诅咒下凡成为福身王；婆薮神八兄弟因为偷盗极裕仙人的神牛，被仙人诅咒降生人间成为福身王和恒河女神的儿子；等等。这些以"下凡"作为惩罚的诅咒主要是为了满足作者安排众天神下凡铲除阿修罗做铺垫。当然，更多的诅咒遵循因果报应的原则。如般度因误射与母鹿交欢的仙人被诅咒交欢时死亡，最终果然在接触玛德利时身亡；《朝拜圣地篇》三个牟尼的故事中，两个哥哥因贪图牲畜、嫉妒弟弟，加害于弟弟，被诅咒变成了自己最害怕的野兽；罗波那受到再对妇女施暴就要头破身亡的诅咒；等等。这些例子都显著体现了婆罗门教所宣扬的因果业报观念和道德行为准则。

三、仙人诅咒背后的业报与正法观

史诗中有很多经受多重诅咒的人物，他们的行为中往往既有正义的一面，又有非正义的一面，因此他们的故事比一般插话中的诅咒情节更为复杂，经历的时间也更长，往往要在最终的结局回溯才会发现其背后所蕴含的诅咒的效力和正法的力量。无论他是神还是凡人，是否站在所谓的"正义"的一方，一旦有了触犯正法的行为，就会受到应有的报应，从而达成最终的结局。史诗作者们似乎在通过这些诅咒故事，暗示我们每个人都是善与恶的混合体，会因为善行或者正义得到恩惠和宽恕，但也一定要为自己的罪恶付出代价。

迦尔纳的一生就是重重诅咒之下的典型悲剧。迦尔纳本质上是太阳神与贡蒂的私生子，是一位刹帝利武士，但只能以"车夫之子"的身份生活在社会中，饱受歧视。尽管在这样的逆境之中，他始终坚守着刹帝利武士的精神，出于难敌的知遇之恩，始终拥护难敌，即使在大战前得知了出身的秘密，也不愿背信弃义；面对母亲贡蒂的恳求，他向母亲保证只与阿周那决战，让贡蒂能继续保留五位儿子；明知因陀罗乔装成婆罗门，仍然坚持履行施舍的义务，将天生的耳环和铠甲给他。然而，这样一个重情重义的人始终不被命运垂青，最终还是为自己触犯正法的行为付出了代价。他为了向持斧罗摩学习武艺乔装成婆罗门，然而，为了不惊醒师父，他忍受了一条小爬虫吸血的疼痛，被持斧罗摩断定他不是婆罗门，蓄意欺瞒，因此诅咒他掌握的梵天法宝会在作战的生死关头不起作用。此外，他还因为无意中射杀了一位婆罗门的奶牛，被诅咒将来与对手作战时，车轮会陷进地里。这两个诅咒看似都不是立时发作的或者特别严重的惩罚，却在大战中发挥了致命的作用。在大战中，他先失去了自己的护身法宝，又经历了法宝失效、车轮陷地的困境，而阿周那则趁着迦尔纳拼命拖拽下陷的车轮时，一箭射中了他的头颅。与其说他的死亡是由于自己所犯的微不足道的过失导致的诅咒，倒不如说他是种姓社会中等级观念的牺牲品、般度族非正法行为造成的悲剧，他与兄弟们命运的对比也隐隐透露出作者对于史诗中打着正义旗号却为了胜利不择手段的群体的不满与批判。

史诗中黑天所属的雅度族的灭亡也被设计成仙人诅咒的结果。一次众友仙人、敝衣仙人、那罗陀仙人等到雅度族做客，雅度族的一些首领把黑天的儿子桑巴打扮成一个怀孕的妇女戏弄仙人，仙人们就诅咒他们说他将生出一根铁杵，消灭雅度族。后来桑巴果然生出一根铁杵，他们将其磨成粉末洒进了大海，海里便生出了带尖的草。一次雅度族族人们喝醉后发生内讧，就用这尖草刺死了对方。黑天也无法逃脱诅咒，最后被当作野兽射中了脚踝死去。这个故事中还有另一个来自凡人的诅咒：《妇女篇》中甘陀利指责黑天对大战负有责任，并诅咒他的家族在三十六年后也将遭到与俱卢族和般度族同样的悲惨结局。甘陀利代表的是在战争中无辜失去亲人的广大妇女的抗议，她的诅咒能够应验也从侧面表现了史诗作者们对于黑天行为与战争伤亡的强烈不满与不认同。黑天及其家族的灭亡是仙人诅咒惩罚的结果还是凡人诅咒报复的结局呢？或许二者皆有，雅度族的灭亡是必然的结果，仙人在其中起到的只是预见和推动的作用。黑天作为雅度族的最高领袖，在战争中玩弄阴谋诡计，使得战争双方损失惨重，最终获得了灭族的报应，这正是婆罗门教宣扬的因果报应观念的体现。

四、结　语

诅咒自吠陀时期出现，到史诗时期逐渐发展到高峰，反映了印度古代生产力低下时人类对于言灵力量想象的变化过程。史诗时代是正法泯灭的时代，也是重新建立正法秩序的时代，史诗反映了婆罗门教法体系成型，并逐渐在社会上推广，成为社会道德规范的历程，业报和正法观构成了史诗叙事的基本逻辑。婆罗门在史诗编纂中加入大量的仙人诅咒的故事，强调仙人作为婆罗门阶层的代表所拥有的苦行的威力，将仙人诅咒塑造为公认的社会惩罚力量和婆罗门统治教化世人的工具，引导大多数社会成员接受婆罗门教的种姓制度和宗教规范。同时，也借助诅咒故事宣扬婆罗门教所倡导的对于苦行、祭祀、解脱等生活方式的追求，维护婆罗门的统治地位和社会权威。

Moral Education as Value-based Education in India and China: A Comparative Perspective

Rajiv Ranjan[①]

1. Introduction

Education is the key to society, and the value of education is deep rooted in human civilizations. Education is not only a change agent but also through education we can transfer the cultural heritage of a nation from one generation to the next one. It is obvious that value-based moral education is a major part of education system. Every country has developed an education system for imparting the value based learning to the younger generations. First social institution is the family but outside the family the other important and influencing institution is school. Therefore, the family and the school both play important role in imparting moral values in the children.

Its significance can't be denied in developing and transforming the nations. Every nation has its own values, norms, customs and traditions which form its moral system.

The very basis of education has been the good conducts, morality, and dharma in India since the beginning. The importance of moral education has been recognized by Chinese, Greek and other western thinkers also. Confucius recognizes the moral values and Plato and Socrates also value the morality in education. Education defines the character of society, and this character is shaped by moral education

China and India are the two ancient civilizations continuing in the world. They are not only the pillars of Asian identity but the global scholarship also. China and India are the two continuing civilizations which has been the center of philosophical knowledge and also the center of science and technology. Their contribution to the global scholarship has been significant. In the modern world also, the contribution of Indians and Chinese are well accepted in the world.

Sharing thousands of years of history of growth, development and mutual co-operation these two countries have recognized the importance of the need of value-based moral

---

①　The author is assistant professor (Chinese Language and Literature) and coordinator, Department of Chinese Language and Literature, School of Humanities, KR Mangalam University, India.

education. The two countries have the history of great Masters and their disciples.

Since the beginning, India is considered the origin of knowledge in the world. Their historical periods are divided in the name of Vedas. Vedic period is considered from 4000 B. C. to 1000 B.C. Vedas are considered the most ancient scriptures in the human civilization. India has also been the home for the earliest schools in the form of 'Gurukulas' where the students practice high values, stays with the teachers and gain the knowledge. India is also the land of the earliest universities of the world like Takshshila, Nalanda and Vikramshila, etc. The seekers of knowledge from the whole world travelled to India to quench the thirst of the knowledge. In the modern world where the knowledge economy is considered as important path for human civilizational growth, India has been the model as the center of knowledge economy from the beginning.

Chinese society is also well aware of the importance of the knowledge since the beginning. Laozi (571 B.C.) and Confucius (551 B.C.) have been great philosophers in the ancient China. They advocated the importance of knowledge and peace to the Chinese people and the whole humanity during the warring state period. Because of them Chinese were considered peaceful in the world. Despite being a strong community, the Chinese did not colonized any other country in the ancient period. There is a big historical account of Chinese travellers who were knowledge seekers. Including India, they travelled the other parts of the world in search of knowledge. There are many foreigners who travelled to India in the medieval and modern historical period. The Mongols, Greeks, Dutch, French, British, Turks, Arabs, etc. they all traveled to India to conquer and to invade. They damaged the prosperity of India. Besides this, there are other group of travellers who traveled to India for knowledge. The Chinese travellers traveled thousands of kilometers though land and maritime both to receive the knowledge. They didn't want to conquer or kill people but they were the seeker of knowledge who wanted to gain the knowledge of Philosophy, languages, Buddhism, etc. Ancient Chinese considered themselves as middle kingdom, when they came to know about India also as heaven then they gave a new name to India as 'Xitian' (西天) . They had profound respect for India and they traveled to India in search of knowledge and the original scriptures. Hence, we find that importance of education has been the foundation of the two countries. In the Indian and Chinese society morality and education has never been separate. The basic requirement of education has been the 'moral values and good social conduct'. Respect for parents, teachers, nature and have been the part of early childhood education at home. It has been considered traditionally more important than academic education or physical education. In the modern Indian and Chinese education system is different from their traditional cultural glory. As a nation in the post-colonial period they are facing different Challenges and its impact on the education is also there. In the current history the decline of moral values has caused many serious social problems in the world like corruption, crime, intolerance, poverty etc. On the individual level the virtues like patriotism, patience, mutual co-operation, respect, family values, relationship values are also reducing. It causes problems in development of the nation.

2. Moral Education in India

The aim of education is to make a harmonious society. And this can only be done by making a society with moral values. India has been the land of highhuman values and character building. The importance of character building can be derived from these verses: "Vidya Dadati Vinayam, vinyat dadati patrtam, Patrtam dhan vapnoti, dhanad dharmah tatah sukham."

It moved from success to successin ancient India until the foreign invasion started during the 10th and 11th century from the Central Asian invaders. From 11th century to 18th century India was ruled by these Islamic rulers. Partially it was ruled by others rulers like Rajputana, Ahom, Cholas, and Marathas, etc. Therefore, the education didn't remain centralized, it become very much religion centric education. Moral education was given through these religious models of education. In this period the universities and gurukuls were destroyed. After the Great Nalanda University was burnt in the 12th century by Bakhtiyar Khiljee, a serious damage was done to the Indian knowledge which could never be regained.

Since then the education of India has been under serious problems. Under the British colonial period the Gurukulas tradition came to an end on the broader level and the Western education system replaced it in the form of modern education system. Gurukulas were replaced by the modern schools. These schools could never get uniformity in Indian education system.

After getting independence in 1947 against the British colonial period, India have their own constitution which advocates the secularism, quality, and morality. Article 29 and 30 advocates 'No religious instruction in state funded institution' and 'all the religious minorities and linguistic minorities given the right to have the institution of their choice'. Citizens provided the liberty to follow their faith, own ideology, thoughts, etc. without any discrimination in the interest of the national integration. It gave the wider sense of spiritual growth with human values in the core with all the practices of one's own Dharma or religion. After independence many commissions and committees advocated the value based education as provided in the constitution.

In 1948, the University Education Commission commonly known as Radhakrishnan Commission reviewed the Indian educational values, constitutional position of the state and the other education systems of the world. They gave due importance to Gandhian values and stressed on own Indian value system. The commission states: "The fundamental principles of our constitution call for spiritual training. There is no state religion. The state must not be partial to any one religion. All the different forms are given equal place, provided they do not lead to corrupt practices. Each one is at liberty to approach the unseen as it suits this capacity and inclination. If this is the basis of our secular state, to be secular is not to be religiously illiterate. It is to be deeply spiritual and not narrowly religious". They advocated the virtues like good conduct, high principles of morality, self-sacrifice, courage, etc. It also suggested silent meditation in the morning before the class work can be the part of daily life. It also emphasized the study of good books for the spiritual or moral growth of individual maybe through religious scriptures being followed for thousands of years in Indian tradition. Knowledge about all the religions should be given to the students and they should be given high moral values of religious tolerance to keep harmony in a multi-religious country like India.

In 1959, A committee was appointed by the Government of India on the Religious and Moral Education. The purpose was to find a suitable value-based moral education for the citizens of India. This committee was led by SriPrakasa. This committee states: "Moral values particularly refer to the conduct of man towards man in the various situations in which human beings come together in the home, in social and economic fields and in the life of the outside world generally. It is essential that from the earliest childhood, moral values should be inculcated in us. We have to influence the home first. We fear that our homes are not what they ought to be. Habits, both of mind and body, formed in the early years at home, persist, and influence our life afterwards".

It advocates good manners against all the impression of suppression by the British government and a sense of bondage in the society for hundreds of years. Good manners many not be self-motivating but it should be inculcating in students through moral and spiritual values. It should be provided within the limitations by the educational institutions which develops the values of social service, patriotism, good conduct, etc. It also advocated the importance of meditation, observing silence, prayers, etc. which may not be religious but spiritual and may lead to self-discipline and devotion towards the ideal life. The committee states: "Occasionally in these Assembly Meetings inspiring passages from great literature, religious as well as secular, and pertaining to all important religions and cultures of the world, could be read with profit. Community singing of inspiring songs and hymns can be most effective at the school stage".

This committee also put stress on good books, teaching of great leaders, saints philosophers and national heroes. Collection of poetries and verses from the Sanskrit scriptures, English, Persian and Arabic, etc. to be made the part of common learning for young students. This should help them to serve the nation and society. There are some common practices found in the modern schools such as prayers etc. recommended by this committee.

In 1964—1966, The Indian Education Commission, popularly known as Kothari Commission was led by Dr D. S. Kothari, is considered as a landmark in the Indian Education system. It recognizes the defects of the curriculum related to the social, moral and spiritual values. They point out that for majority of Indian Citizens, the religion and religious values are the great motivating force for character building, good practices and moral values. The national system of education can't ignore this fact. Therefore, a conscious and organized effort is required to inculcate these social, moral, and spiritual values to make a purposeful life.

In 1973 National Council of Educational Research and Training (NCERT) published a document about the value-oriented School Education. In this document they emphasize about the understanding of the rights and duties given in the Indian constitution, realizing the importance of morality for the sustainability and progress of society, understanding the criteria which make an action moral (related to social aspect) and about practicing the values such as courage, truth, universal love, dignity of manual labour, service, cleanliness, purity, courtesy, peace and joy. This document also advocates the norms of conducts as: respect and obedience, affection and consideration for others, discipline and civic sense, honesty in work and dealing with others, cooperation and observance of proper manners. The NCERT document conveys the message of high values inculcation with a precise manner. It also suggests some activities to achieve desirable goals. These are: community prayer programmes, health and cleanliness activities, classroom teaching, productive manual work-oriented activities, activities for training in citizenship and other cultural and recreational activities and social service activities.

In 1986, the government of India introduced the New Policy of Education (NPE). This was a new uniform policy for the whole nation. The NPE document also emphasizes on the value based education as moral education. The document recognizes the concern over the erosion of essential values and increasing cynicism in society. It advocates the need for a readjustment in curriculum in order to make education a forceful tool for the cultivation of social and moral values. It suggests that in a culturally plural society, education should foster universal and eternal values. It advocates further about the orientation towards the unity and integration of the people. It also recognise the need of value education to help eliminate obscurantism, religious, fanaticism, violence, superstition and fatalism. It also recognize the wider role of value education to have a profound content based on Indian heritage, national goals and universal perceptions.

Along with this policy document the Plan of Action of 1992 and the National Curriculum of Framework 2005 also recognizes the value of moral education and emphasizes the role of it in nation building. The current education system is combating with many challenges. A harmonious environment for the cultural and economic development can only be ensured by value based education in India. On every platform the need of value education is recognized and advocated by the government, social organization and the people of the nation.

The moral values also continued to be diverse in the whole nation. Though it is the foundation of the educational institutions of India but there is no subject based teacher training as moral education separately. It starts from the family and continues in the school and society. Moral education is imparted by different means as the story telling from Ramayana, Mahabharatas, puranas, Guru Granth Sahib, Jataks, etc. to the children. The values of character building are shared by the stories of ancient heros like Rama, Krishna, Sita, Anusuya, etc. For the patriotism the stories of Shivaji, Maharana Pratap, Laxmibai, etc. are the part of the curriculum in different forms. There are the other stories of our freedom fighters against the British colonial periods like Mahatma Gandhi, Subhash Chandra Bose, Bhagat Singh, Chandrashekhar Aazad, etc. are also given to the students to motivate them to patriotic values and to push them towards nation building based on the learnings from these great people. Poetries and stories in different regional or national languages which is the part of 3 language policy of most of the government are also the important source of imparting moral values and character building to the students. These are the part of the history text books, civics, literature, etc.

3. Moral Education in China

Moral Educationis termed as Deyu（德育）in Chinese. It has been the part of traditional Chinese society and the education system. It is an important part of Modern Chinese Education System also. The modern Moral Education of China is not completely a moral education in the traditional form. Deyu refers to a broad concept, which includes more than just moral values, but also political ideology, mental health, citizenship education, courses in law, and so on (Li et al, 2004). Moral education is given through subject based moral education teaching. There are different kind of teacher training was given to the teachers. There is two-year normal university training for primary school teachers. The three-year normal university teacher training for Junior high school teacher and a four-year teacher training for High school teacher training.

Other than pre service teacher training the subject based teachers can also take in service teacher training and teach the moral education. There are three levels of in-service moral education teacher training institutes. There is provincial level teacher training institution, city's educational institution and the district level teacher training institution.

These teacher training institutions are named as 'Shifan'（师范）University. Shi（师）means teacher and fan（范）means model. So these institutions were opened to create model teachers.

The Communist Party of China (CPC) keeps the control on these institutions to some extent. Their policy is to create a moral code of conducts which suits the political system of China. These are also considered as the National ethical code of conduct.

In these textbooks, the CPC requires there to be incorporated ten virtues, which are considered the national ethical code of conduct. They are patriotism (爱国，aiguo), law-abidingness (守法，shoufa), courtesy (明礼，mingli), integrity and honor (诚信，chengxin), solidarity (团结，tuanjie), friendship (友爱，youai), diligence and frugality (勤俭，qinjian), self-improvement (自强，ziqiang), professional dedication (敬业，jingye) and devotion (奉献，fengxian) (Tse, 2011). The moral education in China is more organized as an overall system of the nation. There are three main parts of education which impacts on moral education in children. It includes subject-based teachers, Class Teachers and Chinese Communist Party ideology.

4. Conclusion

Ethical values and moral education have different in the two countries. Where China has a centralized education system following one ideology as communism, India has a diverse society with many different education systems.

China has developed a uniformed education system after the demolition of empirical system in the post-colonial era under the leadership of Communist Party. Chinese have adopted the western education system with their own characteristics though communism itself is a foreign ideology against the native philosophy of Confucianism, Daoism or Buddhism. The value system or character building is effective but it is based on the modern Chinese thoughts and ideas led by the Communist Party of China.

The Indian education system and the indigenous values have been struggling after the British colonial period. Indian languages, clothing, etc. are still far away from finding their glory in the education system. India also has a diverse education system. It is run by the central and state governments, different organizations, religious groups, etc. Their value system is not same. Though moral education is the base of education in India and is accepted by everyone but the formal moral education is not compulsory for the students as a subject matter.

In the modern time when the horizon of education is more widened and several new fields of study are there into practice moral education is struggling in the developing countries. Human values and ethical values which is originated in India and other ancient civilizations of the east, are often preached by the western countries. India and China both the glorious ancient civilizations are struggling between the value systems of their own and the colonial effect. 21st century is called as the century of East, it is not only about economic development but also the value-based ethical society. Both the countries are trying to move ahead with the economic and strategic challenges and balancing with the values in the education.

北大南亚东南亚研究

语言文学
研究

宗教冲突书写中的虔信宗教思想

——试论毗湿摩·萨赫尼《黑暗》的双重叙事进程①

何　宁②

　　"隐性进程"是与情节并行的贯穿文本始终的叙事暗流，不同于以往批评家所探讨的情节发展的各种深层意义，因此一直被聚焦于情节发展的批评界所忽略。③ 申丹教授提出，隐性进程与情节发展的双重叙事进程并列运行，在一显一隐的双规叙事中相互补充或相互冲突，表达出作品复杂而丰富的内涵意义。④ 本文通过对印度当代小说《黑暗》中双重叙事进程的解析，尝试说明毗湿摩在书写宗教冲突主题时对虔信宗教重要性的强调。在小说中，他似乎将虔信宗教作为印度社会中宗教冲突的解决之道，表现出了强烈的现代性意识和人性关怀，正是这种复杂而深刻的思想内涵使得《黑暗》成为当代印度最为优秀的作品之一。

1. 毗湿摩·萨赫尼与《黑暗》的情节概述

　　毗湿摩·萨赫尼（भीष्म साहनी）是印度当代一位十分具有影响力的"进步主义"作家，曾担任过印度进步作家协会主席，被誉为印度"最优秀的进步主义作家"⑤之一。他一生在印地语创作上成绩斐然，共发表了 120 多篇短篇小说、7 部长篇小说、4 部戏剧及其他作品，曾获得"卓越作家奖"（1975 年）、"莲花奖"（1980 年）、"印度文学院终身成就奖"（2002 年）等诸多奖项。

　　《黑暗》（तमस）是毗湿摩·萨赫尼长篇小说的代表作之一，小说的故事原型来自他的亲身经历。小说共有 21 章，按照情节发展大致可分为 3 个部分。第一部分为第 1 至第 13 章，以皮匠纳度（नत्थू）受穆拉德·阿里（मुराद अली）指使杀猪开篇，主要描述了别有用心者将死猪置于拉瓦尔品第市的清真寺门口，从而引发印度教徒和穆斯林之间的

① 本文为中国人民解放军战略支援部队信息工程大学校级基金项目"独立后印度语言政策与规划的动机分析"（2017KYYJS03）的阶段性成果。

② 本文作者为中国人民解放军战略支援部队信息工程大学洛阳校区硕士研究生。

③ Dan Shen, "Covert Progression Behind Plot Development: Katherine Mansfield's 'The Fly'," *Poetics Today* 34(2013): 147.

④ 申丹：《反战主题背后的履职重要性——比尔斯〈空中骑士〉的双重叙事运动》，《北京大学学报》（哲学社会科学版）2015 年第 52 卷第 3 期。

⑤ डॉ विवेक द्विवेदी. *भीष्म साहनी*. उपन्यास साहित्य वाणी प्रकाशन. 1998:11.

冲突矛盾，导致拉瓦尔品第市内爆发教派仇杀的悲剧故事；第二部分为第 14 至第 18 章，讲述了拉瓦尔品第市周边农村中锡克教徒和穆斯林之间发生的暴动骚乱，短短 15 天内无数人丧生，103 个村庄化为灰烬；第三部分为第 19 至第 21 章，描绘了冲突平息后政客、商人及普通老百姓的种种表现。毗湿摩在小说中从历史、宗教、政治等多个层面对此次宗教冲突进行了详细的描述，将当时席卷全印度的、惨烈的、黑暗的宗教冲突凝结成一个缩影，呈现在我们面前。

《黑暗》一经问世，就在印度引起强烈反响和广泛关注，获 1976 年的印度文学院奖，前后再版 10 余次。部分学者认为毗湿摩在《黑暗》中主要批判了宗教冲突和教派主义，继承了普列姆昌德、耶谢巴尔、介南德尔等印度现实主义作家的传统，被赞为"具有普列姆昌德传统的作家"。[①] 维什沃纳特伯勒萨德（विश्वनाथप्रसाद तिवारी）认为，《黑暗》中生动地描绘了"狂热的教派主义"；乌博德亚（उपाध्याय）认为，《黑暗》揭露出教派主义的丑陋面庞；[②] 希沃古马尔（शिवकुमार）认为，毗湿摩·萨赫尼因《黑暗》在进步主义作家中声名鹊起，《黑暗》是继耶谢巴尔《虚假的事实》之后又一重要的分治小说。[③]

但值得注意的是，小说虽然记录的是 1947 年发生的宗教冲突事件，但是《黑暗》成稿于 1972 年。在这 20 多年间，毗湿摩的创作受到了 20 世纪五六十年代所兴起的"新小说运动"的影响，体现出明显的"现代主义意识"。[④] 他本人吸收借鉴了许多西方现代小说的创作经验和叙事技巧，加之受到格莫勒希沃尔、莫亨·拉盖什等新小说创作的很大影响。[⑤] 因此，毗湿摩在《黑暗》中除了对宗教冲突这种大环境的批判，还表现出他对印度社会中人性的深刻思考，体现出强烈的人性关怀。正是小说中深刻超脱的人性关怀，才使得《黑暗》在当代印度文学史中熠熠生辉，而不仅仅是《虚假的事实》的"仿制品"。纵观全书，小说在书写宗教冲突的背后表达着虔信宗教的重要性，通过这种双重叙事进程，呈现出毗湿摩对印度社会和宗教冲突更加深刻的认识，对我们今天了解和研究印度的印穆问题依旧有借鉴意义。

2. 城市情节部分的双重叙事进程

《黑暗》的第一部分主要发生在拉瓦尔品第市内。开篇描述了纳度（贱民种姓）受穆斯林老爷穆拉德·阿里委托杀猪，此事成为引发印度教徒和穆斯林之间的导火索，此后受激怒的穆斯林杀掉一头母牛丢到印度教寺庙前作为报复。从故事情节来看，此处为日后爆发的宗教冲突埋下伏笔，表现出作者对教派主义狂热情绪的批判。若考察全书，

---

① सुरेश बाबर. *भीष्म साहनी के साहित्य का अनुशीलन*. अन्नपूर्णा प्रकाशन. 1997:261.

② निर्मला जैन&नित्यानंद तिवारी. *हिंदी उपन्यास: 1950 के बाद*. नैशनल पब्लेशन हौस. 1983:82.

③ नंदकिशोर नवल. *बीसवीं शती: हिंदी की कालजयी कृतियां*. रेनबो पब्लिशर्स. 2004:198.

④ सुरेश बाबर. *भीष्म साहनी के साहित्य का अनुशीलन*. अन्नपूर्णा प्रकाशन. 1997:384.

⑤ भीष्म साहनी. *तमस*. राजकमल प्रकाशन प्रा. लि. 1996:98.

会发现作者在批判的同时还强调对宗教的虔诚信仰。作为穆斯林的穆拉德·阿里竟然悄悄地雇人杀猪并扔到清真寺门口！这是极大的冒犯，甚至是对宗教的背叛。作者批判教派主义，同时也批判着这种背叛宗教的行为。受到穆拉德·阿里蒙骗杀猪的皮匠纳度都无法相信高高在上的穆拉德·阿里老爷居然要杀猪，不断安慰自己此举是"出于医学目的""兽医需要"，这何尝不是作者对背叛宗教的极大讽刺？在纳度忐忑不安，心神不宁时，他一脚踏入半坨牛粪中，却觉得心情舒爽。听到路边穆斯林乞丐唱"真主赞歌"，作为印度教徒的他反而感到"一丝甜意"。从情节发展来看，这是通过纳度心理描写制造文中的紧张氛围，为后文杀猪事件激化宗教冲突做铺垫。但在隐形叙事中，则表现出作者对遵从宗教习俗的肯定。

英国地区专员查理德（रिचर्ड）是殖民者的代表。他作为该地区当时的实际管理者却对该地区的冲突暴乱置之不理，任由宗教仇杀不断扩大，甚至有意引导当地人民的对立，认为这"有利于统治者"。但与此同时查理德也被塑造成一个印度历史和文化的爱好者，他既尊重印度教文化，也知晓穆斯林习俗，还明白锡克教的传统。他在教导对印度一无所知的妻子丽萨（लीज़ा）时说道：

> "锡克教徒有五个标志，除了包头还有四个。印度教徒有发辫，而穆斯林也有自己的标志。他们的饮食习惯也不同，印度教徒不吃牛肉；穆斯林不吃猪肉，要吃按照伊斯兰教规宰杀的羊肉；而锡克教只吃快速宰杀的羊肉。"[①]（P45）

这是查理德对妻子说的话，同时也是作者借查理德之口表达的观点。如果只从情节需要来看，查理德只需表达冷血无情即可。查理德的冷血对宗教冲突的爆发与扩大起到推波助澜的作用，由此体现出作者对殖民主义的批判。但查理德却痴迷于印度的历史与文化，强调宗教习俗与宗教法规的重要性，认为不同宗教的信徒应该保持各自的宗教信仰。

同样能凸显这一隐性叙事的还有此地国大党和穆斯林联盟的部分官员，如巴克西（बख्शी）、什恩格尔（शंकर）、梅哈达（मेहता）等。这些所谓的官员老爷平时只知政治作秀，冲突时却如缩头乌龟早早地藏匿起来。他们在晨诵时对甘地、尼赫鲁等领袖恪守宗教职责的行为嗤之以鼻，随便篡改宗教经典中的颂词。作者安排他们出场时将地点设定于小巷内一条常年无人清理的垃圾沟旁边。充满"淤泥""脏水"和"恶臭"的垃圾沟表现出作者对这些官员老爷的讽刺与批判。同时作者在文中多次通过他人之口表现出甘地带领印度教徒前往恒河朝圣的圣洁与伟大。两相对比可以发现，作者不仅在情节发展中讽刺了部分官员的无能与愚蠢，还隐藏着对其不尊教义的指责。

小说中的青年任威尔（रणवीर）自幼接受婆罗门师傅教导，学习《吠陀》和《摩诃婆罗多》的知识，本来是一个善良的、不杀生的印度教徒。宗教冲突来临时，原本熟知

---

① 文中对小说《黑暗》的引用均出自भीष्म साहनी. *तमस*: नई दिल्ली. राजकमल प्रकाशन प्रा. लि. 1972.

教义和经典的师傅却逼迫任威尔亲手杀鸡，在任威尔无法痛下杀手的时候指责他软弱无能，"连鸡都不敢杀怎么能杀人"。从情节推动来看，此处为之后任威尔转变为宗教狂热分子做下铺垫。从隐性叙事来看，作者表达着宗教狂热分子是对宗教的背叛。在印度教中，作为最高种姓的婆罗门不能（亲手）杀生。而杀鸡宰羊的工作通常由最低种姓的贱民承担。婆罗门杀鸡应该说是对印度教教义和种姓极大的背叛。作者设置杀鸡的情节作为任威尔的转变，实际上也是对宗教狂热分子背叛教义的指责，甚至表达着宗教狂热情绪就是对宗教的背叛。

除此之外，作者在行文安排中多处引用宗教经典，如形容大火为"十胜节焚烧魔王塑像的圣火"；反复出现"神同情世人""无病无灾，友爱常在""真主保佑"等颂词。而宗教经典出现时小说情节也多是表现赞扬之情，环境描写多使用"安宁"（शांति）、"愉悦"（आनंद）、"幸福"（सुख）等字眼。可见作者在安排情节发展的同时，表现出对宗教虔诚的赞扬和对宗教背叛的批判这一隐性叙事进程。

3. 乡村情节部分的双重叙事进程

小说的第二部分主要发生在城市周边的村庄，主要情节为锡克教徒赫尔那姆·辛格（हरनाम सिंह）和妻子班多（बन्तो）逃命、儿子伊克巴尔·辛格（इकबाल सिंह）改宗和女儿杰西比尔·高尔（जसबीर कौर）投井。赫尔那姆本是穆斯林村庄中一位富裕的茶铺老板，平时与乡亲和睦相处。但宗教仇杀的大环境使得赫尔那姆一家与同村反目成仇，他不得不带着妻子奔波逃命。在逃命途中，穆斯林老妇人拉佐（राजो）对其伸出援手，为他们提供食物和藏身之所，使得赫尔那姆夫妇最终逃过一劫。穆斯林老妇人拉佐可以说是全篇中少数几个正面形象。作者在拉佐护送赫尔那姆夫妇出村逃命时写道：

"月光皎洁，照得大地光影斑驳，有恐怖的黑影，也有明亮的银辉。"（P203）

此处环境描写一方面凸显出宗教大屠杀的可怕，另一方面也是作者对拉佐仁慈与包容的欣赏。毗湿摩将其比作月光，可以说是对穆斯林的极大赞扬。而拉佐的仁慈与包容来自其虔诚的宗教信仰。她坚信"真主不会拒绝上门求助的人"，也认为丈夫"崇拜真主""不会伤害他人"。从整体情节发展来看，拉佐一家表现出宗教冲突中的人性之美，作者以此批判宗教极端情绪让原本和睦友爱的乡亲朋友刀兵相见。但从隐性叙事来看，作者通过此处情节再次强调了虔信宗教的重要性。作者在这里展示出虔信宗教并不一定会导致极端情绪，反而能使教徒规范行为，滋养无私善良的美好品质。

与此处情节相对应的是穆斯林老妇人拉佐儿子热木扎·阿里（रमज़ान अली）带领宗教狂热分子强迫伊克巴尔改宗伊斯兰的情节。伊克巴尔在逃亡的路上被宗教狂热分子追击而身受重伤，为保住性命他答应热木扎·阿里等人的要求成为穆斯林，并改名叫什恩格尔·伊克巴尔·艾哈迈德。而伊克巴尔改宗的过程也异常简陋而荒诞，热木扎问他是否愿意读《古兰经》，伊克巴尔点了点头，喊了句"真主伟大"。尽管过程十分仓促，但瞬间"敌意"和"仇恨"就变成了"友爱"和"善意"，"所有穆斯林的大门都愿意为他打开"。在情节发展里，此处不长的篇幅只是通过荒诞滑稽的场景描述了宗教冲突中个体的可怜可悲和朝不保夕，同时讽刺了狂热分子的滑稽可笑。但在隐性叙事中，这一情节却意义深刻。与拉佐虔信宗教的仁慈和平相比较，荒诞的改宗过程及热木扎等人所表现出的暴烈与残忍是对伊斯兰教义的极大不敬。作者通过这一情节，表达出对印度宗教问题的深刻思考。毗湿摩并不认为宗教狂热情绪是对宗教的热爱，反而是对宗教的践踏和背离，他认为这些狂热分子对宗教的认识和理解仅仅停留在某些简短而无用的形式上。这一荒诞滑稽的情节反映出热木扎·阿里等人亦与仓促改宗的"异教徒"伊克巴尔并无分别，仅仅是借着宗教的幌子，做着背离宗教教义的事情。

杰西比尔所住的锡克教社区是穆斯林进攻的主要目标。面对极端穆斯林的进攻，锡克教的男人在外顽强抵御。最终锡克教一方弹尽粮绝，所有女人带着小孩盛装投井，践行着古老的牺牲仪式，将小说情节推向高潮：

> "……队伍像着了魔一样不断地涌向井边。她们中没人在意要去哪儿，以及为什么要去那儿……杰西比尔·高尔第一个跳了下去。她没有喊任何口号，只是叹了句道：'祖师啊！'就跳入井中。她跳下去后，又有很多女人爬上井台……戈雅恩·辛格的老婆把那个孩子推了下去，让他同自己的母亲团聚。眼看着，村里的几十个女人带着自己的孩子，全都跳进了井里。"（P247）

从全文情节发展来看，此处作者通过锡克教妇女的牺牲仪式塑造出凄美的悲剧效果而使人深思。"微闭的眼"（अधमुँदी आँखें）、"赤足"（नंगे पैर）、"晕红的脸"（तमतमाता चेहरा）、"月光"（चाँदनी）、"身披盛装"（उजले कपड़े में）等字眼塑造了优美神圣的审美体验，但此刻的场景越光辉神圣，此处所表达的悲剧效果越强烈。同时在隐性叙事中，此处也表达出作者对锡克教妇女恪守宗教习俗的肯定，形容她们为"如下凡的女神"（अप्सराएँ）。毕竟，在印度社会中，女性的贞洁是十分宝贵的。而此时穆斯林即将冲破防线，这群手无寸铁的锡克教妇女的命运可想而知。即便是幸存下来，往后也无法得到丈夫、父母和周围亲戚朋友的接纳和原谅，比如文中被穆斯林马夫掳走的印度教婆罗门少女最终只能委身于侮辱她的暴徒。作者在此处所塑造出的圣洁氛围，也许同样是对她们遵从宗教经典而宁死不屈的赞扬。小说的情节发展与隐性叙事相互交织，丰富了文本背后的深刻内涵，使读者的感受愈加复杂，既心痛不已，同时也敬佩万分。

4. 结尾部分双重叙事的内在统一

结尾部分主要讲述了宗教冲突平息以后不同人的反应与状态。作者以更加深邃的目光剖析了宗教冲突中的教派矛盾、政治矛盾、民族矛盾及社会矛盾，批判了社会中政客的软弱无能、殖民者的冷血无情以及受难者的愚昧与可怜。值得注意的是，作者在这一部分的创作中没有延续前两部分较为完整的叙述模式，采取了一种更加碎片化的写作手法，从全知叙述视角展现了殖民者、政客以及受害者的情形。

地区专员理查德在冲突爆发时袖手旁观，任由当地教徒互相残杀，直到事态恶化才出手制止，充当平息灾祸的"救世主"，象征性地组织各机构进行灾后的救援工作，不仅达到了扩大印度内部矛盾从而加强英国统治的政治目的，而且塑造了"明智"和"有同情心"的形象，使"社会各界改变了对其的印象"。而他的妻子丽萨却由于见证了丈夫的冷血与冲突的残酷而疯癫。作者通过理查德和丽萨这一对夫妻的形象表现出了深刻而丰富的认识与思考。英国人并不只是残忍冷血的剥削者与压迫者，其中亦有如同丽萨一般的善良且富有同情之人。作者不仅批判殖民者作为管理者的冷酷无情，而且书写出残酷暴力的宗教冲突对人性的冲击与伤害。更有意思的是，小说中的理查德十分珍视印度的文物并痴迷印度文化，而丽萨原本对印度一无所知。但在冲突来临时二人表现与对印度人民截然不同的态度所形成的反差，极大地彰显了文本的张力与作者的嘲讽。

巴克西、什恩格尔及整场冲突的始作俑者穆拉德·阿里等国大党、穆盟的官员在冲突来临时销声匿迹，冲突结束后则利用此机会大肆侵占房屋田产发人民的灾难财。当着地区专员的面溜须拍马，背后又在人民面前将一切罪责推给英国人的政府博取同情从而争取选票。各社会组织（如救助委员会）的官员将救助工作视为烦琐且冗长的工作，只想快点结束数据统计，多次叫喊道："我只需要数字""我不想听故事"。这些本应救死扶伤、关怀群众的官员对这些经历冲突的受害者内心中真正的创伤与痛苦置若罔闻，反而指责受害者不配合工作的开展。

作者笔下的受害者形象也同样具有意义上的丰满。妻子投井自尽的锡克中年男子丝毫不为妻子的逝世难过，只埋怨妻子赴死居然不将身上的金项链和金镯子留下，试图贿赂清理尸体的官员拿回饰品（却对妻子的尸身不闻不问），未果后大闹办事处。婆罗门少女被穆斯林马夫掳走后失身于他，但碍于宗教和社会的压力无法归家，只好主动讨好暴徒，最后反而"成就"出一段姻缘。而该少女的父母听说女儿被掳走不仅不去寻找，反而希望将此事隐瞒起来。

作者在最后一部分的创作中颠覆了前两部分中一显一隐的叙事进程，以片段化、碎片化的方式表达了对宗教冲突中种种问题的批判。笔者认为，正是结尾部分的碎片化叙事手法，统一了文本中一显一隐的双轨叙事，达到深化小说思想内涵的目的。如果只关注到小说批判宗教冲突的显性叙事，那么读者可能认为《黑暗》仅仅是一部优秀的现实主义分治题材小说，作者极尽讽刺地从宏观角度批判了印度社会中的种种矛盾；但如果考虑到小说的隐性进程，读者可以感受到《黑暗》能够从诸多相同题材的小说中脱颖而出，除了辛辣的批判，还有微观层面上对人性的深刻理解与关怀。毗湿摩注意到在宗教冲突中以往可能被忽视的对各自信仰的虔诚与敬畏，正是这种虔诚与敬畏的情感往往使人保持了内心的平静、善良与富有同情心的美好品格，远离制造冲突和暴乱的非理性与宗教狂热。在结尾部分中，作者更加平面化、平板化地弱化政治、教派、民族等矛盾因素，直面复杂而黑暗的人性，所寄托的不仅是指责和批判，还在双重叙事中探讨着印穆对立的出路及人性的救赎。虔信宗教，似乎就是他的答案。

5.《黑暗》双重叙事进程的现代性意识

纵观全书，毗湿摩以双重叙事的手法在《黑暗》中批判了宗教冲突与印度社会的矛盾，同时强调了虔信宗教的重要性，为印度社会与个人生活探寻解决之道。毗湿摩的探索对理解当今的印度社会仍具有可资借鉴的价值。独立以来，印度社会中以印穆冲突为主的宗教矛盾屡见不鲜，给社会造成不小的动荡与骚乱，也给无数的家庭与个体带去了无尽的痛苦与折磨。社会各界亦对宗教矛盾进行反思，往往指责政府的无能、宗教的狂热和落后及人性的扭曲，甚至将宗教妖魔化，认为要铲除宗教影响。但毗湿摩的《黑暗》却提出了虔信宗教的解决之道，肯定了真正的宗教信仰所带来的积极作用。这种平和慈悲的宗教情感也使读者进行反思，宗教问题的根源是否是由于脱离信仰的教导而走上歪路？是否是由于对宗教情感的误读才使得教派间愈发对立，逐渐忘记了过去印度教徒、穆斯林与锡克教徒比邻而居、和谐相处的日子？不可否认的是，毗湿摩在继承进步主义批判性思想的同时，寻找着宗教冲突问题的解决之道，表现出了强烈的现代性意识，颇具先锋性。以往的文学批评中，大多关注《黑暗》对现实的描摹，在一定程度上忽略了其中的现代主义思想。

同时，《黑暗》在记录宗教冲突中表达出的虔信宗教思想也颇具文学史意义。印度书写宗教冲突的作品大致可以分为两类：一类为持教派主义观点的，作者既有穆斯林也有印度教徒，二者在作品中相互指责；另一类作品为比较超脱的，此类作品的作者或将冲突的缘由归结于英国人，或以阶级的观点来分析与思考。[①] 通过双重叙事可知，毗湿摩在《黑暗》中既脱离了狭隘的教派主义思想，又扬弃了阶级批判的观念，着眼于时代大背景下个体的复杂性与非理性，强调宗教冲突下个体主体性意识的缺失（即背离宗教），从而才造成种种惨剧。这一思想意识在一定程度上摆脱了过去文学作品中印穆之间或阶级之间的二元对立关系，试图找寻多元并存的和谐之道。因此，《黑暗》既是作者对宗教冲突问题的再思考，同时也是印地语当代文学作品中的一个重要突破。

这种思想根源可能与毗湿摩的家庭环境和生平经历息息相关。毗湿摩的父亲赫尔本斯拉尔·萨赫尼（हरबंसलाल साहनी）是一位虔诚的圣社成员，而母亲致力于社会改良运动。毗湿摩在回忆家庭时曾说："我的家庭有着虔诚的宗教信仰，但却并不极端。"他的父母保持着宗教虔诚，同时关注着社会问题，这种平和且慈悲的宗教情感对毗湿摩的思想产生了很好的影响。之后，毗湿摩接受英语教育，获得英语文学的硕士学位。当时西方现代主义的思想可能也影响着他未来的创作。加之后来兴起的"新小说运动"也为

---

① 邓兵：《对教派主义的深层思考——简评皮湿姆·萨赫尼的长篇小说〈黑暗〉》，《印度文学研究集刊》（第六辑），2003 年。

《黑暗》中所体现的现代性思想与创作手法提供了养料。

他的这种现代性意识投射到其作品《黑暗》中，既扩大了其关注个体生活、探索出路的思想深度，也形成了颇具亮点的创作风格。除了双重叙事进程，小说还具有现代美学特征。毗湿摩将"丑"作为了小说的审美主体，使得"美"成了"丑"的烘托和陪衬，通过"丑"与"荒诞"的交织以一种超越的、怀疑的、深刻思考的眼光重新审视分治前夕的印度社会现状，另辟蹊径地呈现了一个"意义丰满"的印度惨状。毗湿摩在《黑暗》中通过内容与形式高度统一的创作技巧表达了其深刻而清醒的思想见地，由此成为当代印度文坛中极具影响力的作家。

小说名"तमस"（Tamas）一词在印地语中既有"黑暗"的意思，表现小说批判的主题，同时也指"愚昧"，能强调作者对社会中个体的关切。此小说名或有意或无意地结合了小说的现实主义与现代意识的双重含义，更为这篇极为出色的当代小说增添了几分意蕴。

弗洛伊德人格理论视角下《罗摩功行录》中的女性形象

陈乃铭 [①]

《罗摩功行录》是印度中世纪的著名诗人杜勒西达斯以梵语史诗《罗摩衍那》和《神灵罗摩衍那》为蓝本，用印地语加工改写而成的长篇叙事诗。史诗《罗摩衍那》问世后的两千多年间有多种改写本、编译本问世，杜勒西达斯的《罗摩功行录》则是其中最为成功、影响最大，也是流传最广的，且在印度中部和北部等印地语地区的流行程度不亚于《罗摩衍那》本身。虽然其核心故事与《罗摩衍那》相同，但在对罗摩故事的剪裁、情节的取舍及人物的刻画方面两者有很大差异。[②] 虽然史诗作品《罗摩衍那》从宗教文学角度来讲更加经典，流传范围更广，但改写后的《罗摩功行录》对原诗冗长繁复的情节进行了删改，使故事更加精练，且丰富和完善了人物形象，使人物性格特点更为鲜明，也更加符合印度教徒的宗教文化心理。

《罗摩功行录》主要讲述的是阿逾陀王国的王子罗摩受小王后吉迦伊陷害，在妻子悉多和弟弟罗什曼那的陪伴下被流放森林十四年的故事。整部作品反映了印度封建社会时期的社会生活面貌，表达了当时古代印度人民的美好生活愿望和对理想王朝"罗摩王朝"（太平盛世）的向往。该作品取得了巨大的艺术成就，对印度人民、印度语言和印度文学都有着极为重要的影响。印度现代著名作家耶谢巴尔评价道："在印度文学领域里，人们研究和评论最多的是杜勒西达斯的作品。在这方面，他超过了其他任何诗人。很多思想家和研究工作者对其作品的艺术性、思想性及其他方面发表了很多看法。因此，现在想要提出什么新的、独特的简介是十分困难的。"[③] 几百年来，《罗摩功行录》被当作印度中世纪文学的典范，宗教的经典，伦理道德的宝库和生活的百科全书，对印度人民社会生活的各个领域都有着重要影响。

与《罗摩衍那》相比，《罗摩功行录》的人物形象塑造尤其是女性形象塑造更加生动。该长诗成功塑造了众多的女性人物形象，其中较为突出的女性形象有：悉多、罗刹女舒班迦、吉迦伊等。她们拥有不同的身份、职责、性格、命运，在史诗的悲欢离合中发挥着独属于女性的力量。但目前关于《罗摩功行录》书中人物形象的作品分析较少，女性人物形象分析更是寥寥无几。作者为何要设置这些性格不同、命运不同的女性人物？在塑造人物的过程中又是怎样去挑选不同心理、性格特征的代表呢？《罗摩功行录》

---

① 本文作者为中国人民解放军战略支援部队信息工程大学洛阳校区助教、硕士研究生。

② 刘安武：《印度印地语文学史》，中国大百科全书出版社，2016，第 75 页。

③ 金鼎汉：《罗摩功行之湖》，人民文学出版社，1988，第 4 页。

作为印地语文学史上影响最大的作品，其本质是宣传印度教，宣扬毗湿奴的化身罗摩崇拜的宗教文学作品。宗教和宗教文学的目的即是培养人对宗教的信仰和虔诚，使人具有一定的宗教所要求的思想和品质，最终在精神上得到净化和升华，而其净化过程正与弗洛伊德人格理论相吻合。因此本文将借助弗洛伊德的人格结构理论探寻人格系统中的本我（id）、自我（ego）、超我（superego）在女性人物形象中的体现、冲突与调和，进一步探讨女性人物形象的深层含义，挖掘这部作品更加丰富的文学价值。

一、本我：罗刹女舒班迦

弗洛伊德在《精神分析引论》一书中阐述了人的心理人格，他认为人格由本我、自我和超我三部分构成。"本我"是人格结构中最原始部分，是"一团混沌，云集了各种沸腾的兴奋"。它是人格系统中最原始、无意识的结构，从出生日起算即已存在，位于人格结构中的最底层，主要由本能和欲望构成。在弗洛伊德看来，"本我"即"原我"，是指原始的自己，不受任何逻辑、理性和道德习俗约束，遵循"快乐原则"，试图尽自己最大的努力去满足人的原始本能欲望和冲动，追求个体的舒适与快乐。[①]

《罗摩功行录》中最典型的"本我"形象是罗刹主罗波那的妹妹罗刹女舒班迦。罗波那本是大梵天与罗刹的后代，生来就神勇无比，加上大梵天的许诺获得不死之身，因此烧杀淫掠无恶不作，搅得天界人间民不聊生，最后逼得众神去乞求毗湿奴大神化身罗摩下凡惩治罗波那。罗刹女舒班迦也是个凶蛮、任性、报复心极强的角色，在她的"本我"人格中潜藏了各种欲望，如性欲望、占有欲望、权力欲望等。书中第三篇《森林篇》这样描写她："罗波那的妹妹舒班迦，犹如毒蛇一样凶狠，有一次来登德迦，见到两位王子，顿起淫心。"（乌鸦插话道："啊！大鹏，你看这些淫荡的女人，当她们见到英俊男人的时候，就会顿起淫心。不管这男人是她们的父亲、兄弟还是儿子，她们的淫心如苏甘德[②]见到太阳，无法制止。"[③]）（431）正是因为她对罗摩和罗什曼那有结为伴侣的欲望才会对他们主动示好："我找遍三个世界，也未见到一个如意郎君，今天见到你才动了芳心，愿与你结为秦晋。"然而罗摩和罗什曼那都没有接受，先是罗摩告知自己已有妻室，后去找罗什曼那，罗什曼那又百般夸赞自己兄长比自己强过千百倍，她便再去对罗摩示好，结果又一次被罗摩推到罗什曼那旁边，还被罗什曼那嘲讽道："只有无羞耻的人才会娶你！"（432）于是她恼羞成怒扑向罗摩，却被罗什曼那割掉了鼻子和耳朵。求爱不成的舒班迦恼羞成怒去寻找罗波那替她出头，刻意夸大罗摩兄弟与罗刹的矛盾，搬弄是非道："他知道我是你的妹妹，才开此玩笑，让他的弟弟把我的鼻子割掉"

---

① Sigmund Fread. *The Complete Introductory Lectures on Psychoanalysis* (New York: Norton), 1966.

② 一种想象中的宝石。据说这种宝石遇到阳光后会从里面不断产生出火来。

③ 文中凡引用杜勒西达斯的《罗摩功行之湖》一书的，均出自金鼎汉翻译的人民文学出版社 1988 年版本，文中只注页码，不再另注出处。

（438），并添油加醋大肆宣扬悉多的美貌吸引罗波那的兴趣和征服欲望，"这女子国色天香，赛过千万个罗蒂"。（438）罗波那才会燃起兴趣对抗罗摩抢走悉多，因此引出罗摩在猴王哈奴曼的帮助下去楞伽城营救悉多的主线剧情。

根据弗洛伊德的理论，"本我"可以分为两类，即"生存本能"和"死亡本能"。前者是同维持个体生存及绵延种族有关的最广义的性本能，它追求自我满足，不顾社会和他人。后者是一种回归无机状态的倾向，常常表现为破坏和毁灭的冲动。当它转向机体内部时，导致个体的自责，甚至自伤自杀，当它转向外部世界时，导致对他人的攻击、仇恨、谋杀等。生本能和死本能都是人类动物性的表现。[①] 舒班迦在"本我"欲望驱使下的种种行为在书中起到了推动剧情发展的重要作用。追求罗摩兄弟是舒班迦的"生存本能"，追求合适的异性并结为伴侣是她为了个体生存及绵延种族的性本能。但舒班迦不受理性和道德习俗的约束，她性格层次中的"本我"得以凸显，只想满足自己的"本我"欲望，满足自己对于罗摩兄弟的爱欲，并且在求爱不成后便采取打击报复的手段对付罗摩和罗什曼那，先后寻找杜纳什和罗波那为她复仇，间接造成杜纳什为首的一万四千罗刹被杀和罗波那的罗刹大军覆灭。而诱使罗波那去劫掠悉多是她的"死亡本能"，她将求之不得的怨愤向外发泄在无辜的悉多身上，甚至认为如若没有悉多的存在罗摩才会接受她的爱意，因此将悉多视为"眼中钉""肉中刺"，甚至故意设计陷害悉多被劫，企图毁掉悉多的清白名誉。

舒班迦只考虑本我欲望的实现，"本我"完全占据主导地位，"自我"和"超我"对于她的约束此时已经不起作用，因此她无所畏惧，随心所欲。在她的行为中我们看不到社会道德的存在和影子，她不是传统的维护封建秩序和封建道德的女性，遵守封建礼教传统，被动接受父母长辈的婚姻安排，对待丈夫百依百顺。反而展现出破坏封建礼教、过于自由开放、大胆自主求爱、肆意妄为睚眦必报的特点。诚然她在当时的社会中实属是与众不同、标新立异的。但是如若一个人的心中缺少"道德"的约束，那便与混沌未开灵智的走兽无异。舒班迦性格内的"本我"体现为这种原始的、冲动的、没有理性的行为模式。

二、自我：吉迦伊与门多德利

自我是个体出生后，在现实环境中由"本我"中分化发展而产生，由"本我"而来的各种需求，如不能在现实中立即获得满足，就必须迁就现实的限制，并学习到如何在现实中获得需求的满足。从支配人性的原则看，支配"自我"的是现实原则。此外，"自我"介于"本我"与"超我"之间，对"本我"的冲动与"超我"的管制具有缓冲与调节的功能。

在《罗摩功行录》这部长诗中，吉迦伊和门多德利这两个角色处于"自我"的位

---

① 弗洛伊德著，车文博编：《弗洛伊德文集》，长春出版社，2004年。

置，她们主要体现封建女性的传统美德和当时社会对女性的道德规范。以女性自我价值的体现，展示古代女性的道德风范、高尚品格和道德情操。吉迦伊对王位的渴望已经超出了由"本我"的原始欲望，升级为在现实中因为自己的王后身份地位和为自己儿子婆罗多获得王位继承权的需要所产生的权力满足欲望，因此她的所思所行在文中起到了推动剧情的重要作用，正是她对十车王提出的两个要求才导致了后文中罗摩三人流放森林的主线剧情。另一方面，罗波那的妻子门多德利作为"自我"，受到现实原则的支配，在充分考虑现实条件之后决定帮助"超我"悉多，对同样身为"本我"的罗波那和舒班迦的野蛮行为起到一定的抑制缓冲作用。

（一）吉迦伊

　　吉迦伊是十车王的王后之一，她原本是个宽容仁慈，爱护孩子，忠于丈夫，体恤仆人的正面形象。在刚得知十车王欲立罗摩为太子的消息时她也是衷心为罗摩感到高兴的，"罗摩对待所有的母亲如同对待乔什丽雅，他对待我的孝心曾经受到考验，一点不假"，"我爱罗摩胜过爱自己的生命，他要当太子，我怎么能不高兴？"（246）驼背女仆曼陀萝刚开始挑拨离间她并未轻信，还以罗摩对自己的尊敬濡慕之情反驳她，但是在曼陀萝一环接一环的洗脑引诱下她渐渐听信了谗言，误以为罗摩和他母亲会对自己和罗什曼那造成威胁，曼陀萝恶意揣测的一句"乔什丽雅将折磨您，使您境况凄凉。罗什曼那将会成为罗摩的左膀右臂，您的亲生儿子会被关进监狱里"（249）使她惊惧不已。此时，曼陀萝看准时机提出了"完美"的解决方案——让婆罗多继位并将罗摩流放到森林里14年。吉迦伊完全听信了她的话并对她感恩戴德："世界上没有别人像你这样对我关心，我很高兴，在落难之时遇到你这好心之人。"（250）

　　吉迦伊便去向十车王强硬无理地提出这两个请求，十车王先是震惊、再苦苦哀求她收回要求，可吉迦伊愈发怒火中烧，坚信罗摩继位会给自己带来劫难。面对她的不依不饶，十车王伤心欲绝人事不省。全城的百姓听闻此事后都责怪吉迦伊："她在放火，在烧自己的家！""罗摩孝顺她，对她如同自己的生命，她为什么恩将仇报，做出这种事情？"（265）吉迦伊的要求直接导致全城百姓悲痛欲绝，罗摩、悉多与罗什曼那三人在森林中14年的流亡生活，婆罗多与母亲吉迦伊的离心离德，并间接导致十车王心生郁结撒手人寰。十车王死后人们齐声咒骂吉迦伊，说她使世界失去眼睛，让太阳王朝的太阳降落，从而失去光明。吉迦伊在曼陀萝的引诱下"本我"的权力欲望疯狂膨胀，她为了攫取权力甚至不择手段，以过往的恩情对十车王苦苦相逼，同时又利用罗摩坚持正法、纯良孝顺的性格特征逼他主动放弃王位。却不料她只顾着"本我"权力欲望的满足，无视全城百姓的骂声和十车王的怒斥责骂，将王位不顾本人意愿地献给了婆罗多，而婆罗多本人并无争夺王位的想法，听闻噩耗后大骂吉迦伊是"罪恶的女人"，愤怒指责道："既然你的思想如此邪恶而可耻，为什么在生下我时不将我溺死？"（328）他立誓与吉迦伊断绝母子关系并急忙跑去寻找罗摩向他表示自己的衷心和虔诚，在罗摩拒绝返回阿逾陀城后他也没有直接继位，而是取了罗摩的一双鞋子摆在王位上，表示整个王国仍然是罗摩当政，自己不过是代为执政。吉迦伊的百般算计伤害了十车王、罗摩、悉多、乔什丽雅和阿逾陀的百姓等人，却最终什么都没有得到手，只落得个众叛亲离万人唾骂的下场。

由于"自我"权力欲望的膨胀，吉迦伊生生把自己变成一个狠毒、自私、挟恩图报、为达目的不择手段的恶妇。吉迦伊本身作为一个封建社会中标准的王后或者贤后的形象，却在小人的挑拨下逐渐展露出对现实的王位的渴望和为自身谋取利益的不择手段的面目。她对权力的渴望已经超出了由"本我"而来的饥、渴、性的原始欲望，升级为在现实中因为自己的王后身份地位需要获得的权力满足，面对更为复杂的环境和需求产生出更多的"自我"生存欲望，因此她才做出逼迫十车王将王位传给婆罗多和流放罗摩这种恶毒行径，也充分体现出"自我"对环境的适应能力和为了适应复杂环境而努力做出的改变。

（二）门多德利

罗波那的妻子门多德利主要协调罗波那与外界的关系，其中最主要的是规劝罗波那不要和罗摩作对并释放悉多。哈奴曼火烧楞伽城时，罗波那的妻子门多德利得知哈奴曼是罗摩的使者，在没有外人的时候规劝自己丈夫不要跟罗摩作对，告诫丈夫罗摩的实力和身份及那些曾经跟罗摩作对的人都有什么下场，劝他看清时局衡量武力放走悉多，却反遭嘲讽说女人优柔寡断不懂武力和军事。她本是难得在罗刹群中保持冷静、温柔、贤惠等品德的人物，为丈夫谏言还要小心顾忌场合和丈夫的面子，是一个传统的封建社会贤妻形象。可她的种种努力并没有唤醒罗波那的理智，只能一步步看着他走向自我毁灭的道路。她明白罗波那是受死神支配，不听劝告，执迷不悟才导致了自身的悲剧，而罗摩仍然仁慈地宽恕他人的过错，门多德利感念罗摩的仁爱也成了罗摩的信徒。在人格动力系统中，"自我"充当调节者的角色，周旋于"本我""超我"和"现实"三者之间。"自我"的任务是遵循现实原则，调节"本我"的冲动和各种非理性活动，以避免和社会道德规范产生冲突。如果这三者平衡，则人格处于一种稳定状态。在文中"自我"门多德利在充分考虑现实条件之后，决定帮助"超我"。门多德利虽然未能成功放走悉多，但是她在挽救悉多的过程中做出了努力，作为"自我"帮助了"超我"悉多抑制罗波那，也充分体现出"自我"的价值所在。

三、超我：悉多

超我是人格结构中居于管制地位的最高部分，是由于个体在生活中，接受社会文化道德规范的教养而逐渐形成的。"超我"有两个重要部分：一为自我理想，是要求自己行为符合自己理想的标准；二为良心，是规定自己行为免于犯错的限制。因此，"超我"是人格结构中的道德部分，从支配人性的原则看，支配"超我"的是完美原则。弗洛伊德认为，"超我是一切道德限制的代表，是追求完美的冲动或人类生活的较高行动的主体"。①"超我"主要用道德和良心来压抑人类的原始欲望和冲动，每时每刻为他人着想，站在人性的制高点审视自我与他人身上的不足，控制和引导个体的思想和行为遵循"至善原则"走向善与美之路。

在《罗摩功行录》一书中女主角悉多是印度女性纯洁美好的完美标杆。作为公主的她外貌出众美若天神，如天鹅般圣洁高贵，音似杜鹃，眼如幼鹿；更重要的是她具有忠贞、善良、温柔、博爱、虔诚、自尊、自爱等种种为人称赞的品德美。书中说她是"美德的宝库，品貌双全，忠贞圣洁"。（445）因此悉多是罗摩故事中最为典型的"超我"女性形象。

（一）自愿陪伴罗摩流放，极具牺牲精神

悉多与罗摩成亲回到阿逾陀城后本在皇宫中过着无忧无虑的富贵生活，没想到罗摩突然遭受吉迦伊陷害被流放。起初他和王后乔什丽雅曾劝阻悉多不要与他同去，不忍心娇生惯养的悉多承受流放之苦。然而悉多却坚定拒绝罗摩和王后乔什丽雅的请求，苦苦哀求道："我怎能借口自己身体柔嫩而在城中享受，却让自己的丈夫独自到森林中长期苦修？哪个女人能忍受如此痛苦，与丈夫离别？"（277）她炽热的情感和坚定的决心打动了罗摩，他便允许悉多与自己同去。于是她跟随罗摩去静修林流放，睡在无忧树下，吃果子、喝露水，穿树皮、着草裙，曾被罗刹伤害，还被罗波那抓走，经历了许许多多的磨难，但她在流放期间从未抱怨过生活的苦，并尽心尽力服侍罗摩，这种在危难时刻与丈夫不离不弃的牺牲精神是印度教贤妻的典范。约成书于公元前2世纪的《摩奴法典》就要求妻子必须忠于丈夫，视丈夫为自己的神灵，此后妻子为丈夫牺牲奉献的精神渐渐成了印度教传统美德。

（二）抵死不从罗波那，誓死捍卫贞洁

十首魔王罗波那受舒班迦挑衅前去劫掠悉多，他让摩里遮扮成一头金鹿引开罗摩，又假装罗摩呼救支开罗什曼那，再扮成苦行者前去与悉多交谈，趁机劫走悉多。悉多本是温柔善良的人，但遇到危险时也会破口大骂："你这大混蛋，太无自知之明，好像一只卑贱的小兔子向母狮表示爱情。"（443），话语里全然是对自己丈夫的信任、坚守贞洁、不畏强权的执着。因此罗波那听了这话虽然十分生气，但心里却对悉多的品德表示敬意。他将悉多劫掠到楞伽城后也是以礼相待，没有直接强占悉多，也给了悉多在楞伽城虔诚等待罗摩前来解救自己的机会。

（三）自愿从烈火中洗去冤屈，极其自尊自爱

哈奴曼受罗摩之托前去楞伽城看望悉多，回来禀报罗摩悉多一切安好并传递悉多的思念之情和忠贞守节的行为，"您的名字守卫着她，好比大门。她的眼睛看着脚下，好

---

① 弗洛伊德：《精神分析引论新编》，高觉敷译，商务印书馆，1987，第52、60、61页。

比铁链将大门紧锁。她无时无刻不默念着您的名字，遇到危险也能万无一失。"（502）后来悉多从哈奴曼口中得知罗摩率大军击杀了罗波那，便精心梳妆等待他，在猴子大军的簇拥中来到丈夫身前。本应是夫妻团聚的欢乐温馨场面，但罗摩为了能够见到隐藏在大火里的真正的悉多，故意说了一些怀疑她贞洁的难听话语。坚持正法、忠贞的悉多毫无畏惧地向火神发誓，"心中想着罗摩，口中念着：胜利归于罗摩！安然走进来犹如旃檀一样清凉的烈火，她的影子和世人加在她名声上的污垢，都一齐在这熊熊的烈火之中化为乌有"。（613）从这段话中可以看出悉多是一个将个人道德和社会道德放在首位，并时刻将其作为自己的行动准则的人。她生怕名声有损的自己会给丈夫和国家带来不利影响，因为她不仅是罗摩的妻子，更是王子的妻子，未来国家的王后，因此主动选择走进火海让烈火灼烧自己名节上的污垢，还给自己清白的名誉。在她心中国家利益、公民责任要高过个人，个人的得失是应当为国家利益让步和服务的。她对名誉和尊严的看重是作为"超我"站在人性的制高点审视自我与他人身上的不足，控制和引导个体的思想和行为遵循"至善原则"走向善与美之路的重要体现。

悉多在流放生涯中体现出的忠贞、坚定、执着、贫贱不离、荣辱与共的形象是古代印度女性的道德标准，其与舒班迦的形象形成了鲜明的对比。而舒班迦和悉多的形象对立，根源在于"本我"和"超我"的对立。社会对女性的要求守礼守节，而不是肆意妄为；女性择偶的标准应该是忠贞不一，而不是三心二意。所以"自我"和"超我"精诚合作，一起抑制"本我"。在《罗摩功行录》中体现为欲望化的"本我"得到压制，人格系统三部分重新形成平衡，社会恢复稳定。

虽然《罗摩功行录》的诞生时间远远早于弗洛伊德人格理论提出的时间，但这本书中的女性形象却巧妙贴合了弗洛伊德人格理论中的思想。在书中"本我""自我""超我"并存，最后社会重新稳定下来，罗摩与悉多回归阿逾陀城励精图治构建罗摩盛世，在"超我"的带领下再次焕发生机。这也从另一个侧面反映了古代对女性的要求：社会需要的是庄重典雅、温柔内敛、忠贞专一、坚韧不拔的贤妻形象，而肆意妄为、三心二意、搬弄是非的女性是不被认可、不符合社会要求的。我们通过此书不仅可以窥见当时人们的真实生活面貌，还能分析体悟当时的社会环境对女性的要求和标准，对印度封建社会对女性的审美要求有更深的了解。《罗摩功行录》作为印度教的重要宗教文学作品，在宣传印度教和罗摩崇拜的过程中发挥了重要作用。书里塑造的种种女性形象除了给人艺术享受之外，还具有宗教文学使人能够达到精神升华的功能。因此，对《罗摩功行录》进行弗洛伊德人格理论视角的解读，无疑有助于我们从整体上加深对这部史诗的了解，对在印度流传深远的罗摩故事的了解，甚至对印度教的教义和宗教精神的了解。

文化被抛状态下的选择与焦虑

——裘帕·拉希莉《同名人》的存在主义解读[①]

靳文鑫[②]

存在主义（existentialism）一词来自拉丁文"exsistentia"，起源于19世纪末，在20世纪中前期风行于欧美世界，形成一种国际性的思想潮流。存在主义原本是一个哲学思潮。19世纪上半叶，丹麦存在主义先驱克尔恺郭尔就提出每个人在其存在中都要对自己进行自由选择，可是不知其选择结果如何，故人处于不安与焦虑之中。1927年，德国哲学家海德格尔的《存在与时间》一书问世，标志着德国存在主义的形成。20世纪四五十年代，存在主义蔓延至法国，诸如萨特、加缪、波伏娃这些存在主义思想家，不仅发表了诸如《存在与虚无》《第二性》等哲学著作，还通过小说、戏剧等文艺形式传播、诠释存在主义哲学思想。存在主义主张的"存在先于本质"、自由选择与承担责任、生之荒谬、"他人即地狱"等哲学主张，不仅对当时的思想界产生了极大的冲击，也对日后的文艺创作产生了深远的世界性影响，法国的荒诞剧、美国的黑色幽默派、中国的先锋文学，都受到存在主义哲学之影响。

当代印度英语移民文学，书写印裔移民在异国他乡的独特存在状态，这些跨文化移民面临的无根、异化、疏离，以及身份与文化的冲突，某种程度上是存在主义有关生之荒诞、他人之地狱、自由选择与承担责任等哲学命题在后殖民语境下的变体。在印度世界，早已有不少学者从存在主义的角度切入印度英语移民文学，也有博士生将其选作博士论文选题，而在中国学界，鲜有研究者从该视角切入，探讨存在主义与印度英语移民文学之关系，从存在主义角度思考跨国移民处于两种或多种文化中的独特生存状态。美籍印裔作家裘帕·拉希莉（Jhumpa Lahiri）曾以短篇集《疾病解说者》（*Interpreter of Maladies*）荣获普利策奖，作为"第一代印裔美国人"，"在最初的作品《疾病解说者》和她第一部小说《同名人》中，她关切到移民的流散经历与存在主义式痛苦"，"以理性的方式处理这些问题，力图提出对策以解决移民的存在危机"[③]。而"裘帕·拉希莉的《同名人》能够从存在主义视角予以审视，它涉及主人公对身份的不懈寻求与对存在的

① 本研究受国家留学基金委资助，项目编号：202209370029。

② 本文作者为意大利威尼斯大学亚非研究博士生，中国传媒大学比较文学硕士。

③ Renuka Devi Jena, "Existentialism in the novels of Arun Joshi Anita Desai and Jhumpa Lahiri" (PhD diss., Shri Jagdish Prasad Jhabarmal Tibrewala University, 2012), p55.

探求"①。本文以裘帕·拉希莉的长篇小说《同名人》(*The Namesake*)为例,从存在主义角度切入印度英语移民文学,从存在主义哲学的角度解读跨文化移民独特的存在状态。

一、移民的文化"被抛状态"

"存在先于生存。"② "人的本质特征在于他是'在世界中的存在'。"③ 在存在主义哲学看来,人是被抛入其所处的世界中的,人所存在的世界,是无法选择的,当人认识到自己的存在之后,已然存于斯世,人对于其所处的世界,已然处于一种"被抛状态"中。所谓"被抛状态",德国哲学家海德格尔曾在《存在与时间》中指出:"此在的何所来何所往遮蔽不露,而此在本身却愈发昭然若揭——此在的这种展开了的存在性质,这种'它存在着',我们称之为这一存在者被抛入它的此的被抛状态(Geworfenheit)。"④ 人在认识到自己的存在之前,对自己的何所来何所往并不知晓,当他已然认知到自己存在于容纳自我之存在的具体时空之中,他早已被抛入他所存在的时空中。法国哲学家萨特亦指出:"即使自由的人也不能选择他在其中显现的那个历史世界……而只能在任何一个世界中被选择!"⑤ 纵然萨特主张人就是自由,人不可逃避自己的自由,而对于其所处的世界,容纳这存在的具体的时空,人是无法选择的,而只能被偶然、无情地抛入其所处的具体的时空、具体的世界,只能面对其所处其中的具体的时间与空间。法籍华裔学者高宣良对人的存在进一步解释道:"人的存在的现实性,就是表示:个体的人总是存在于世界上的某一个实际状态中,也就是说,个体的人总是现成地存在于这个世界上,他是不以他的主观意志为转移地'被抛弃'(geworfen)到这个世界上。"⑥ 当人认识到自己的存在,人早已被抛入这个世界,人无法选择身处其中的时空与境遇,只能面对这种"被抛状态",通过自由选择来模铸自我的存在,接近自身存在的本质。在移民文学中,移民更显然地处于这种"被抛状态"中,他们或主动或被动,远离自己的原生文化,被抛入一个陌生的、异国的世界之中,被抛入两种或多种文化的交汇地之间,当他们意识到这种存在的荒诞、文化上的冲突与不适,他早已存在其中,被抛入这个世界之中,而这个世界,对于他们是无法选择的,他们早已"现成地存在于这个世界之上","被抛入"到异国世界中。这种移民的生存境遇,可以借鉴存在主义的"被抛状态"的说法,将之称为移民的文化"被抛状态"。

---

① Renuka Devi Jena, "Existentialism in the novels of Arun Joshi Anita Desai and Jhumpa Lahiri" (PhD diss., Shri Jagdish Prasad Jhabarmal Tibrewala University, 2012), p63.

② [美]威廉·巴雷特:《非理性的人》,段德智译,上海译文出版社,2012,第330页。

③ 同上书,第287页。

④ [德]海德格尔:《存在与时间》,陈嘉映、王庆节译,生活·读书·新知三联书店,2014,第157页。

⑤ [法]高宣扬:《存在主义》,上海交通大学出版社,2016,第254页。

⑥ 同上书,第84页。

在裴帕·拉希莉的《同名人》中，虽然第一代移民艾修克·甘古利是自由选择来到美国这块新的大陆上，但他的妻子阿西玛·甘古利却是因为婚姻追随丈夫而被抛入这片陌生的土地上；而第二代移民，他们的儿子果戈理·甘古利，则是出生在这片大陆上，对于出生在哪片土地上、哪种文化里、哪个世界中，他没有选择的权利，是被抛入这个世界上。当他逐步建立其个人的主体意识后，却发现，他早已被抛入美印文化之间的尴尬地带之中，身处自身身份的矛盾与两种文化的冲突和撕扯之中。对此，他没有选择，当他意识到自己的存在之后，他已然处于这种移民文化的"被抛状态"之中。

第一代移民阿西玛原本生存在加尔各答一个艺术家家庭，因为包办婚姻在加尔各答与丈夫艾修克结婚，之后为了追随丈夫只身搭乘飞机前往美国，远离自己熟悉的世界，前往陌生的国度。如果说艾修克选择赴美深造是他发自内心的自由选择，那么阿西玛的这种选择并不是基于自己内心真正的渴望，而是出于人生中外在的偶然因素，远离自己的家乡，隔绝了自己的根，堕入一个陌生的世界，被抛入异质的世界。而初到这片新大陆中的异质世界时，她处于一种不适的状态中。她孤独、不安，思念大洋彼岸的家乡与家人，终日阅读孟加拉文杂志上的小说，沉浸在举办孟加拉人的聚会中，可是怎样也无法学会开车，无法适应美式生活，无法真正融入美式文化中。当她意识到自己在异质世界的存在后，早已存在其中，已然被一列跨国航班抛入陌生的异国世界，是为存在之荒诞，是为移民存在的"被抛状态"。

比起第一代移民阿西玛，第二代移民果戈理则生来就被抛入异质文化的世界，生来就处于两种文化之间，生来就面对着身份的危机。比起孟加拉孩子出生时的热闹，果戈理在美国的出生显得如此孤寂。他的出生仅有父母和三位孟加拉人——南迪夫妇和笈多博士见证，虽然阿西玛"心中十分感谢南迪夫妇和笈多博士的陪伴，但这些熟人却只是一种替代，真正应该围绕在身边的人不是他们。祖父母、父母、叔叔伯伯、姑姑婶婶，一个都不在身旁；于是婴儿的出生，就像在美国几乎所有别的事情一样，总觉得有点草草了之，只有一半是真实的。轻抚儿子、给他喂奶、仔细端详他的时候，她不觉可怜起他来。她不知道有谁来到这个世界时，是如此孤独、如此无助"[1]。果戈理在孤独、无助中被抛入这个世界。他的出生孤独、无助、草草了之，他生来就面对着"命名"的问题，就面对着身份的困境，就面对两种文化的选择。来自孟加拉的命名奇怪地消逝在印度世界与美洲大陆之间，最后情急之下草草取名——以俄国作家果戈理之姓氏命名，这个名字既不属于美国，也不属于印度，而是来自第三世界。正如十四岁时，父亲艾修克跟儿子果戈理讲起俄国作家果戈理：

> "'我觉得跟果戈理特别亲近，'艾修克道，'远远超过别的作家，你知道为什么吗？'
> '你喜欢他的小说。'
> '不但是这样。他一生多数时间都在国外。像我一样。'

---

[1] ［美］裴帕·拉希莉：《同名人》，吴冰清、卢肖慧译，浙江文艺出版社，2019，第27页。

果戈理点头道:'哦。'"①

果戈理的存在境遇,跟移民的生存状态十分相似,他一生多数时间漂泊在国外。果戈理的命名,象征了第二代移民独特的文化、身份处境:既不能融入所在国的主流文化中,生长在美国,却不能成为完全的美国人,也失去了父母的原生国的文化土壤;流着孟加拉人的血,却不是真正的孟加拉人,只能漂浮在两种文化之间,在居于两者之间的第三世界里挣扎、彷徨、困惑、存在。随着果戈理的成长,他深切地意识到自己的身份危机,他更换自己的名字,在学校中、在恋爱中、在生活方式上他竭力融入美国文化,却总觉得自己像一个默尔索似的局外人,不能真正融入其中,他选择跟一个孟加拉女子结婚,但是却因为妻子出轨感情破裂,最终他回到自己的家,重新阅读果戈理的小说。而当他意识到他自己的身份危机、文化冲突,意识到他自己的存在状态(他存在着,果戈理似的存在着,在两种文化洪流的交汇与碰撞中漂泊、挣扎,无法找到自己的归属)时,他早已身处这个世界中,他早已存在了,他的存在是无法选择的,他面对的世界是无法选择的,他生来就注定在两个世界之间挣扎、漂浮,不断去选择,又不断承受自由选择的焦虑,承受移民存在境遇之荒诞。他的母亲阿西玛为了婚姻只身前往美国,虽然不是她自己的主动性选择,但归根结底也是她做出的选择。而果戈理所面临的文化处境、存在状态却是不可选择的,他生来就在这种矛盾之中,他是被"抛入"这个世界的,被"抛入"身份、文化危机之中,他虽然可以做出自由选择——更换名字、选择职业、选择居住的城市、选择与不同的人恋爱,但是他的存在本身、他存在于此的具体的世界是不能选择的。

二、"自由选择"的存在主义式移民

人之存在是矛盾的,"一方面表现为我们在现实世界中生活的无可奈何,我们是注定要'被抛弃'在一定的具体环境中的;另一方面,人的存在又有一种超越一切的性质,它不满足于现实的存在,它时时流露出要越出存在的羁绊的'野心'"②。小说中塑造了一对存在主义式移民,一对自为的存在,甘古利父子,父亲艾修克与儿子果戈理。他们或处于印度世界,或处于美国世界,"被抛弃"在不同的世界,却都不满足于现实中存在的羁绊,怀着越出存在的野心,面对着不同的生存境遇进行着自由选择。

父亲艾修克·甘古利是一个主动改变自己生存境遇的存在主义式移民。他原本生长在孟加拉一个中产阶级家庭,是孟加拉工程学院的优等生。他在孟加拉工程学院读书的时候,曾经在一列去往祖父家的列车上遇到一个商人——戈什,正是这个戈什打开了他的世界,对他说:"你还年轻,自由啊。别亏待了自己。趁现在还不晚,别犹犹豫豫想

---

① [美]裘帕·拉希莉:《同名人》,吴冰清、卢肖慧译,浙江文艺出版社,2019,第86页。

② [法]高宣扬:《存在主义》,上海交通大学出版社,2016,第93页。

得太多，卷起铺盖卷就走，多游历游历。你不会后悔的。到时候就太晚啦。"①戈什引导他挣脱具体环境限制，走上自由选择的道路，去外面看看那更广阔的世界。而后那列列车脱轨翻车，戈什不幸地死在偶然中，艾修克幸运地被救援人员救起，之后"艾修克开始想象起另一种未来了。他想象自己不但能走，还能远行，离开他出生又差一点死掉的地方，离得远远的"，"他没有告诉父母，悄悄地联系了海外的大学，继续他的工程学业"②。后来，他从麻省理工博士毕业，成为一名美国的工程学教授，在另一块大陆上开始了他的新生。艾修克正是通过自己的自由选择去创造自身，去塑造自己，去触及自我的本质，他是"自为的存在"，通过自由选择，离开母国去异国开辟新生活，挣脱具体环境对存在的束缚，开拓自己的世界，在异国他乡获得教职，通过自由选择塑造自我，接近其存在之本质。

作为第二代移民，儿子果戈理·甘古利则处于两难困境中，不得不做出选择。他被"抛入"新大陆，生来就处于身份、文化的冲突与挣扎之中，被摆在两难困境之中，不得不做出选择。诚如作者所言，"果戈里尽管历经生活之中的不顺和落魄"，但"他挣扎着改变自我，他改名字的努力便是一例"③。正如安尼特·夏尔马（Anita Sharma）在《裘帕·拉希莉〈同名人〉中的身份危机》一文中所指出的："果戈理的名字问题象征着他的身份问题。"④果戈理改名字的举动，其实是选择身份的举动，选择如何面对外部的世界。按照孟加拉人的习惯，一个人有一个乳名还有一个学名，乳名是面对内部的，是亲爱的人、家人之间的称呼，而学名则是面向外部世界的。由于美国新生儿必须在医院登记名字才能出院，以及阿西玛外婆起的名字丢失，艾修克情急之下将儿子命名为果戈理——俄国作家果戈理的姓氏。果戈理原本仅仅是个乳名，但却被当作其子的学名使用。等到果戈理去读大学前夕，他选择将名字改成父母给他起的学名尼基尔（Nikhil，意为"完全而包容万有之人"⑤）。改名字是他选择确定身份的一种举动，他厌恶果戈理，他觉得这个名字既不是美国名字也不是孟加拉名字，而选择改回尼基尔这个孟加拉名字，从中寻找某种身份认同。但事实上，作为第二代移民的他，不是一个真正的孟加拉人，也不是一个彻头彻尾的美国人，而是一个第三世界中的人。改名字的举动，是他拒绝漂浮在两种文化中而无所依的生存状态，寻找某种文化、身份认同的自由选择。但这种选择失败了，他终究不是一个纯粹的孟加拉人，就算改回孟加拉名字，也无法像父母一样沉醉在孟加拉人聚会里，当他已然将名字改成尼基尔后，他又怀念起果戈理，感伤这世界不会再有人称呼他为果戈理。他像西西弗斯推石上山的徒劳一样，挣扎在两个名字、两种文化里。

---

① ［美］裘帕·拉希莉：《同名人》，吴冰清、卢肖慧译，浙江文艺出版社，2019，第17页。

② 同上书，第22页。

③ 同上书，第330页。

④ Anita Sharma, "Identity Crisis in Jhumpa Lahiri's The Namesake," *Language in India* 13.6 (2013): 120–124.

⑤ 同上书，第62页。

果戈理的自由选择，也体现在他的婚恋经历上。他与美国女孩麦可欣恋爱，住在她的家里，拒绝自己的家庭，尝试融合在美式的生活之中，却发现自己不过是一个局外人。父亲的突然去世惊醒了他，他回到自己的家参加葬礼，当麦可欣来邀请他一起去新罕不什尔度假时，他拒绝了，他选择留在自己的家，拒绝了所谓的美式生活、美式文化，他不想离开，想要坚持孟加拉的传统、仪式与文化。随后，母亲介绍他认识孟加拉女孩毛舒米，他们由于相似的人生经历与移民感受感同身受，不久两人结婚。而身为第二代移民的毛舒米也像他一样，早已不是一个纯粹的孟加拉人，最终果戈理发现妻子毛舒米与西方男子德米特利婚内出轨，两人的关系走向崩溃。果戈理的婚恋经历，象征了他在两种文化之间的选择，但是无论他选择美国女子，还是孟加拉女子，他都找不到真正的归属。

无论是改名字上还是婚恋上，果戈理都在自由选择着，但是他的选择不像父亲艾修克那样简单，他的选择归根到底是身份与文化认同上的选择，本来就模糊不清，因此果戈理这一人物便颇具西西弗斯的色彩。他的选择虽然没有结果，但促使他认清了自己的本质，像果戈理这个第三国名字所示意的，他是处于两种文化之间的存在，他只能在"果戈理"这里寻求身份认同与调试，"他也像西西福弗斯一样，没有拯救的希望，但对将石头推上山的体力劳动感到满意"①。在求索与挣扎中，果戈理如西西弗斯推石上山一样，靠近其存在之中那不可抵达的本质。

三、移民文化选择的"焦虑"

在当代印度英语移民文学中，移民的自由选择与选择的焦虑不可避免地与其文化、身份的矛盾连接在一起。在小说中，果戈理是一个很复杂的人物，他选择将名字改成尼基尔，但改成尼基尔之后又怀念被人称作果戈理，他拒绝孟加拉文化，采取美式生活，回头却发现自己根本融不到那种生活之中，某种程度上处于存在主义哲学所言"焦虑"中。所谓"焦虑"，在存在主义哲学中"只是一种反省的觉悟，悟到'自己'就是自由，悟到在我的'自己'与我的过去及将来之间只是一片虚无，以致我必须继续不停抉择自己，且没有任何东西能保证我所抉择的价值为有效"②。联系果戈理的移民处境，亦是如此。"果戈理是美国社会的局外人，而他并不觉得与印度人有亲密关系。"③ 他处于第二代移民的文化焦虑之中，面对美国文化与孟加拉文化，面对自己的美国国籍与身上孟加拉人的血，竭力做出抉择，竭力有所归属，不断进行着自己的自由选择，但是不断地失落、怅惘，唯剩虚无，无法保证其所抉择的价值是否有效。他竭力融入美国文化中，却

---

① C. M. Lakshmi, "Coinciding Sisyphean Condition with Expatriation: Exploring the Existential Crisis of Gogol in Jhumpa Lahiri's The Namesake," *International Journal of Linguistics and Communication* 1 (2013): 25–27.

② 李天命：《存在主义概论》，台北学生书局，1976，第 121 页。

③ Anita Sharma, "Identity Crisis in Jhumpa Lahiri's The Namesake," *Language in India* 13.6 (2013): 120–124.

觉得身处其中像一个局外人，但处于自己的孟加拉式家庭中，又极为文化不适，自我排斥，故而处于移民之基于文化选择的焦虑之中。这种焦虑不仅是个人存在抉择上的焦虑，更是与移民独特的文化背景相关，可以将之视为移民在两种或多种文化之间进行自由选择而产生的"文化选择的焦虑"。

极为显著的是他对自己的名字的矛盾态度，因为痛恨果戈理的名字，他将之改成尼基尔，改名一开始他十分厌倦别人喊他果戈理，可是之后当人们不再喊他果戈理的时候，他又怀念被称作果戈理了。"这世上没人再叫他果戈理了，不管他自己生命延续多久，果戈理·甘古利会彻底从爱他的人嘴上消逝，以至于不再存在了。这个名字最终会消亡，但并不能使他感到遂愿，并不能使他感到安慰。一丝安慰都不会有。"①果戈理和尼基尔意味着两种不同的文化选择：果戈理来自两种文化之外的第三世界，其以果戈理长期漂泊异国的经历，象征着移民的漂泊状态；而尼基尔则是一个较能为美国人接受的孟加拉名字。对于名字的选择与怅惘，其实展现的是第二代移民文化选择、身份认同的文化焦虑。他不愿处于局外人这种奇怪的存在状态，想要有所归宿却又不得，而属于何种单一文化都令他不适，他不知道叫尼基尔还是果戈理是对的，不知道是承认、接受自己的移民身份及其存在境遇还是拒绝、否定，他对此游移、焦虑，没有任何东西能保证他所抉择的价值是有效的。最终，在小说结尾，他在选择的"焦虑"中读起果戈理的小说，回到果戈理，审视自我之存在。

选择什么样的女人就是选择何种生活方式，实质上就是在做出文化选择。是同化于美国文化与美式生活，还是待在自身的族裔内部，坚持孟加拉的文化传统？这令果戈理焦虑不堪。小说中果戈理的婚恋沉浮展现了其对美－印文化的复杂态度。在他与美国女孩麦可欣的恋爱中，果戈理虽然"心里清楚，投身到麦可欣的家庭里，即是背叛自己的家庭"②，热切渴望融入麦可欣家的美式生活中，却在麦可欣家中却觉得自己像个局外人，"夜复一夜，成为拉特利夫家的世界受欢迎的附加之人"③，而能做的仅止于默坐静陪。果戈理努力地美国化，但却不能真正融入美式生活、美国文化中，最终只能与麦可欣分道扬镳。后来他选择跟孟加拉女孩毛舒米结婚，虽然二人有着基于移民生存境遇的共鸣，但最终毛舒米出轨，二人离婚，去往法国，在美国与印度之外的第三世界安放自己的存在。美国化的生活和远走第三国都不是果戈理的归途。无论选择美国女人还是孟加拉女人，无论是自己的孟加拉家庭的印式生活还是拉特利夫家的美式家庭，他都无法与之适应，无法真正加入其中，无法归属于其中任何一方。他不清楚自己在美、印文化之间的自由选择是否正确，也没有其他人能够给予他的个人选择以价值评估，不确定其所抉择的价值是否有效，他深陷于文化选择的焦虑之中，最终读起果戈理的小说，靠近、审视自己的存在。

---

① ［美］裘帕·拉希莉：《同名人》，吴冰清、卢肖慧译，浙江文艺出版社，2019，第 326 页。

② 同上书，第 159 页。

③ 同上书，第 159 页。

"存在先于本质"，果戈理身处于两种文化力量的撕扯、两个世界的夹缝之中，不知哪种选择是有效的，只能像西西弗斯推石上山一样，面对存在，不断地选择、焦虑，焦虑、选择，在选择与焦虑中一步步靠近自我不可企及的本质，在选择中模铸自我。这推石上山的荒谬本身就是人生的意义所在。"人们应当想象西西弗斯是快乐的"①，人们也应当相信果戈理的挣扎最终不是徒劳的。

---

① ［法］加缪：《西西弗斯神话：英汉对照》，张清、刘凌飞译，中译出版社，2012，第104页。

《番石榴园的喧闹》中"圣人"形象论析 [①]

李姿毅 [②]

2006 年，印度女作家基兰·德赛（Kiran Desai）凭借其作品《继承失落的人》夺得第 40 届"布克文学奖"，从此跻身于印度英语文学优秀作家行列。拉什迪称赞"德赛是个了不起的作家。从第一部作品起就让人期待……"这里被拉什迪赞赏的德赛第一部作品，也即其处女作长篇小说《番石榴园的喧闹》（*Hullabaloo in the Guava Orchard*）。或许由于《继承失落的人》获得布克奖，从而引起了学者趋之若鹜，相比之下，《番石榴园的喧闹》获得的关注还很有限，以致英语和汉语文献中的论文数量寥寥无几。从该小说的主题、人物塑造及全球化书写的跨文化姿态来看，小说的艺术价值还是颇可赞许的。德赛曾在访谈中提道："我 15 岁离开印度，但我在德里有家人，每年都会探亲，所以与故土的联系从未中断过。我的第一本小说《番石榴园的喧闹》里充盈着一切我所热爱的印度的事物，而我知道这些东西都在逐渐离我远去。这本小说也是我初拾对写作的热爱的产物。" [③] 这部作品是德赛的创作起点，饱含着她对写作和对母国印度的热爱。

基兰·德赛的作品大都反映出她眼中的印度社会现状及危机。虽然她从小远离故土，与母亲定居于国外，但其浓厚的思乡和爱国情怀是不可否认的。德赛也通过自己的视角描绘了母国印度，抒发了她对印度的情感态度和文化认识。

小说《番石榴园的喧闹》有着令人称奇的情节设计：主人公桑帕斯放弃公务员的优越身份，走上大树生活，从此被称为"圣人"。在精神之邦的印度，只有那些虔信宗教、弃绝凡尘、林栖而居、悠游四方，并且具有高尚品德和高超智慧的人，才可获此殊荣。在宗教氛围极其浓厚的文化环境中，几乎每一个印度人都是虔诚的信徒，为了精神需要，他们追求圣人，信奉圣人，对神圣行为充满着感知和尊奉。对大多数人而言，身边的"全知者"，就会成为追随、信奉的对象，并成为个体情感的投射对象。

同时，除了宗教信仰，小说中也有对社会政治的书写，面对饥荒、干旱等天灾，小镇官员无所作为；平日里，小镇生活乏味空虚，民众内心嘈杂，精神上追求的莫衷一是，需要选择逃离或净化内心的办法。小说中，桑帕斯由喧嚣热闹的小镇转移到了宁静的乡村的番石榴树上，这种典型的城乡结构也正是传统印度社会的现实写照。同时，若

---

① 本文是国家社会科学基金一般项目"中国印度文学学科史研究"（19BWW034）阶段性成果之一。

② 本文作者是北方工业大学文法学院外国语言文学专业 2020 级硕士研究生。

③ Lindsay Pereira：《"人情的温暖是印度根深蒂固的一部分"——印度女作家基兰·德赛访谈》，《良友书坊》2017 年 5 月 18 日，https://www.sohu.com/a/141637116_263413，访问日期：2021 年 11 月 20 日。

用另一种眼光来看也可以将小镇生活比作世俗，乡村生活比作神圣，而桑帕斯的逃离也可视作对世俗生活的逃离。这部作品既有对印度广大城镇之中芸芸众生生活之"喧哗"予以讽刺，又是一部试图解说印度人民精神实质的奇思妙想之作。

本文旨在分析桑帕斯"圣人"形象的塑造，意在从桑帕斯心理变化、家庭因素和公共精神的需求，以及社会环境等几个方面进行解析，进一步揭示其作品的重要性及影响力。

一

小说的男主人公桑帕斯·乔拉（Sampath Chawla），因个人举动的反常，出人意料地奉以"圣人"之名。然而，其神圣既非某种坚定的宗教信仰，亦非其人静观自身的精神超越。在小说中，桑帕斯的"圣人"成长历程，体现出一种强烈的象征意义：一方面，人们需要一种生活的物质性，也即安于某种生活。当这种生活因为某种力量无法继续之时，无论是传统方法，还是现代科学，无论是精神力量，还是物质驱动，只要能让人们能够继续生活下去，那就是最好的选择，在小说中人们宁愿将其理解为一种神的安排。另一方面，当人们沉浸在这种安稳生活中，又需要一种精神的方向，在这种世俗之中获得一种短暂的超拔的力量，去安慰或者纾解生活的平庸。在作者那里，印度的生活就是那种神圣和平庸的奇妙组合。于是，在小说中，"圣人"形象便是那种为大众所需的精神对象，于是被"制造"了出来。于是，逃避生活的个人之举被视为超凡脱俗的精神超越。也许可以这样说，圣人就是俗世凡尘的产物，而这种俗世凡尘又需要圣人的眼光去反躬自省、反复打量，从而让自身显得不那么平庸。这在小说中被表征为一种印度的精神逻辑。

桑帕斯正是这种印度色彩浓厚的观念的形象产物。他一出生便带有与众不同的吉兆。小说伊始，描写印度小镇夏考特被闷热笼罩，天地大旱，作物减产，小镇居民在酷热和饥饿的双重折磨中苦苦挣扎。正是因为长期的干旱，人们采取了各种各样的求雨计划——桑帕斯之父乔拉先生（Mr. Chawla）建议按照复杂图案种植、割伐草木；军方建议按照几何图形飞行驱赶云雨；警方建议僧侣主持操办印度传统求雨习俗——蛤蟆婚礼；沃尔玛先生请求供电局提供充足电量以供他发明的用于招引南方季风雨云的巨扇进行试验；等等。这些情节的想象构建，正是小镇精神状况的体现，亦可以体现为印度社会生活的精神象征。长时间的炎热甚至使夏考特出现了严重的干旱，"旱情严重到红十字会甚至在夏考特的西边搭起了饥荒救援营"[①]，然而就是在这样令人痛苦绝望的天气下，主人公桑帕斯与绵密浩荡的季风雨一同降临人间。除了"救命的"季风雨，一同到来的还有邻居们求而不得的一箱红十字会救援物资，邻居们认为这一切都必定是神的安排，从季风雨到红十字会救援物资，种种预示着这个刚降临的小生命不平凡的人生："邻居

---

① Kiran Desai, *Hullabaloo in the Guava Orchard* (New York: Grove Press, 1998), p.3. 本篇译文为笔者译，下同。

们用自己的热情感染库菲，告诉她她的儿子自命不凡，那个包罗万象、神秘莫测的，比夏考特庞大的多的上苍已经注意到他了。"①

有此天兆而生的桑帕斯果然在其后人生中不同凡响。成年后的桑帕斯通过父亲安排做了一个邮政所职员，对于这样一个种姓地位和社会地位较为平凡的印度人来说，能够在邮局上班已然是个很好的工作了。在独立后的印度，能够进入政府机关工作，实在是最好不过的工作了，更不要说乔拉先生一家这样的小镇居民。泰戈尔在其短篇小说《邮政局长》中对邮局工作有生动的描写，对知识分子改造地方精神予以厚望，然而桑帕斯却有另一条解脱路径。桑帕斯通过他的父亲轻而易举得到了别人渴望的工作，家里人还为他预选了未来的媳妇。好的教育、好的工作、好的老婆，这本应是青年桑帕斯用心珍惜的美好生活，但是他却偏偏不这么想。在邮局工作中，在与同事和其他众人的社会交往中，他将生活比作监狱，而他一心想的则是怎么逃离监狱，怎么摆脱尘世；对于父母给予的一切，桑帕斯选择了逃避，他爬上了一棵番石榴树。

> "在他的周围，果园被十一月下午的阳光照得闪闪发光，浮动着婆娑明灭的树影，阳光与树影错综陆离。温暖像动物的唇一样贴在他的脸颊上，随着他的心跳变得安静，他可以听到周围的植物在暖流中发出的轻柔的爆裂声和沙沙声。这里是多么的美丽，它本应该是这样的美好。这个果园符合他一生的想象……这美景充满了他的整个脑海，他觉得自己永远都不会满足。这就是富人的派头，这就是国王的生活，他想……他恨不得把它整个吞下，大口大口地吞下，使他永远成为自己的一部分。"②

小说这部分文字赋予了生动的描写。面对这位突然上树而居的桑帕斯，家人们极力反对，想尽办法诱导他下树回家。面对家人及闹事者再三的烦扰，桑帕斯无意间透漏出别人信件中的秘密——他曾利用职务之便偷看别人的信件，被人误认为是无所不知的圣人，父亲乔拉先生却从中发现了商机。于是，他用尽自己的力量将桑帕斯打造成一个"圣人"，开始四处宣传桑帕斯，母亲库菲（Kulfi）和艾玛婆婆（Ammaji）、妹妹小粉妞（Pinky）则负责照顾好"圣人"的饮食起居。从此桑帕斯便开始了他犹如一场闹剧般的"圣人"人生，他以一种"神秘"的魔力与魅力在树上为辗转百里、前来谒见的信徒布道。桑帕斯最开始面对生活的喧闹而选择逃离到番石榴园中，而在这里被接踵而至的膜拜者打破了最后的宁静，全家也只能在番石榴园内长期居住。

至于小说结尾，采取了众人找寻桑帕斯的开放式结尾。有学者曾说小说结束过于草率，但不得不说这种开放式结尾留给了读者无尽的想象空间。

---

① Kiran Desai, *Hullabaloo in the Guava Orchard* (New York: Grove Press, 1998), p.12.

② Kiran Desai, *Hullabaloo in the Guava Orchard* (New York: Grove Press, 1998), pp.50–51.

二

小说中桑帕斯的"圣人"特质,与桑帕斯性格与心理的变化、家庭因素和公共精神的需求,以及社会环境等几个方面息息相关。

首先,桑帕斯的性格反映出印度世俗生活与精神世界的一种对映与张力。桑帕斯的日常生活空虚无聊,他的生活环境缺少生机,工作环境也十分压抑。身为邮局职员,桑帕斯利用自己职务之便随便翻看别人的信件。"他读过家庭不和、恋爱小事、婚姻安排、婴儿出生、活人去世、鬼魂归来、悲欢离合……他获得了各种有意思的信息。"① 在乔希娜小姐(Miss. Jyotsna)与古朴塔先生(Mr. Gupta)的婚礼上,他本被安排全权负责倒饮料和洗杯子这种极为简单的事务,但桑帕斯走进了堆满婚礼细软的屋子,为自己量身打造一身"华服",甚至最后将自己完全暴露在众人之中。一场继承传统,也是循规蹈矩的婚礼仪式,成了他精神蜕变的奇妙场景。"他的观众发出了惊恐的尖叫声。然而,就在这害羞的时刻,他却误以为他们是赞美的呼喊声。以他自己的风格,一件一件地让披在身上的纱丽和杜帕塔掉下来。"② 最怪异的莫过于他为了逃离生活的种种烦恼而选择树上栖居,"他多么讨厌自己的生活。这是一种永无止境的痛苦流。那是他出生的监狱。有一次他玩过了头,就受到了限制和惩罚。他生来不幸,就是这样"③。

桑帕斯的种种行为异于常人,反映出人物心理的潜在变化,也可借用弗洛伊德后期理论加以看待。弗洛伊德在20世纪20年代后对其无意识理论进行了修正,提出了三重人格结构学说,即本我(伊德)、自我和超我。"伊德完全是无意识的,基本上由性本能组成,按'快乐原则'活动;自我代表理性,它感受外界影响满足本能要求,按'现实原则'活动;超我代表社会道德准则,压抑本能冲动,按'至善原则'活动。"④ 如果说桑帕斯在婚礼前都是自我占据主导地位的话,那么在婚礼后,他压抑许久的心理则发生了质的变化。他从装扮自己中得到了快乐,甚至不顾他人看法将自己暴露在众人之下,这一刻理性、家庭与社会的种种束缚突然失去,成了他个人的嘉年华,他完全享受着自由带来的快感。小镇上的人不明所以,以为桑帕斯的精神得到了神的"点拨"成了无所不知的至善圣人。在这种戏谑式的书写中,桑帕斯的内在精神回归到了本我,放弃了一时的理性、准则和责任,而一心追求自己的自由和快乐,因而桑帕斯的"圣人"形象是荒唐的。但不得不肯定的是,在这个现实的社会中,桑帕斯能够抛弃一切去成全自己追求的快乐与自由,也是一种勇敢的精神释放。

其次,桑帕斯的怪诞也与他的出身及家庭脱不开关系。在他出生时与他一同到来的救命的季风雨和红十字会的救援物资,让虔诚信教的人们认为这是神的旨意,不禁为这

---

① Kiran Desai, *Hullabaloo in the Guava Orchard* (New York: Grove Press, 1998), p.34.

② Kiran Desai, *Hullabaloo in the Guava Orchard* (New York: Grove Press, 1998), p.41.

③ Kiran Desai, *Hullabaloo in the Guava Orchard* (New York: Grove Press, 1998), p.43.

④ 朱立元主编:《当代西方文艺理论》,华东师范大学出版社,2014,第45页。

个婴儿带上了"圣婴"的光环，于是从小就对桑帕斯给予特殊对待，不管遇到什么事情都会认为他好命，甚至当时为他起的这个名字都寓意着好命。长大后的桑帕斯更是非同寻常，他爬上番石榴树，讲着人们信中的秘密，说着没头没脑的胡话，就被信徒捧为圣人，一心一意的追随着、信奉着。

印度教认为种姓制度就是起源于神的创造，"印度的四个种姓是由生主（创世者，也被说成是大梵天）创造的，生主死后，他的嘴和头部化成了婆罗门，他的双臂化成刹帝利，他的双腿化成了吠舍，他的双脚化成了首陀罗"[①]。在种姓制度影响颇深的印度社会，只有婆罗门种姓才拥有解释宗教经典和祭神的特权及享受奉献的权利，而桑帕斯仅仅是行为乖张，则意外地享有了这些本不属于他的特殊权利。

桑帕斯的父亲受过高等教育，但其对桑帕斯的掌控欲是十分强烈的，从工作到娶妻，再到后来为他的圣人儿子四处奔波，种种行为都使得桑帕斯想要逃离"父爱"的枷锁。桑帕斯的怪诞和母亲库菲的疯病也息息相关。库菲的一生无疑是可怜的，像印度千千万万的母亲那样令人同情。库菲曾有梦游之症，以致精神恍惚。她的日常生活总是离不开食品和做饭，她总觉得在家里的小厨房里自己无法得到发挥，心灰意冷的时候，看到了儿子爬上了果园里的番石榴树上，自己灰暗的心又开始生动明朗起来，终于在果园这个广袤的空间开始了新的尝试。同时，这一疯癫形象使得传统印度叙事中被压迫的妻子与默默承受的母亲形象系列被予以新的精神构造。也许因为遗传的原因，桑帕斯的情绪带有不稳定因素，使得桑帕斯自我战胜了本我、感性战胜了理性，番石榴树成了他的精神图腾。

同时，桑帕斯的"圣人"之路自然依赖印度人对宗教的虔诚信仰。印度是世界上受宗教影响最深的国家之一，印度最早的宗教经典可追溯到公元前15世纪的《梨俱吠陀》。吠陀赞歌是最早印度人们用来记录有关神、超人及超自然现象等宗教观念的赞歌或祭词，用于给人们带来信念。经过近代印度宗教改革和启蒙运动的发展，印度的宗教派别与古代发生了很多变化，由最初的婆罗门教信仰，向着后来的印度教、佛教、伊斯兰教、锡克教、耆那教和基督教共存的多元宗教格局转变。印度宗教之多，甚至被称作"宗教博物馆"。宗教的影响深入到印度社会与文化的每一部分，宗教深深影响着印度的每一个人，在印度及印度人民的生活中都扮演着中心性和决定性的角色。主流的宗教思想和日常生活的耳濡目染使印度人对信仰产生了依赖，他们自觉地将神智归结于超凡的神力，甚至信奉到从不去怀疑、从不去探寻，且这种神智只有圣人才会拥有。

于是，当桑帕斯坐在树上"布道"时，他就成了人们心中的"圣人"，而这个身份可以说是人们给予他的。为了满足人们的信仰需求，当人们心灵需要得到洗礼时，当人们需要有一个"圣人"可以追随时，人们就自然而然地将他捧起，为他封上一个神圣的职位。尽管桑帕斯只是为了寻求宁静的生活而爬到树上，并且凭借着之前做邮局职员之便偷看过他人隐私而变得"无所不知"，但他并不能算得上是一个圣人，他能被冠上

---

① 巫白慧：《印度哲学：吠陀经探义和奥义书解析》，东方出版社，2000，第49~54页。

"圣人"这一神职可以说是被这些把宗教信仰深深烙刻在心里的信徒建立起来的。有些研究论文对此有所发现，王荣珍在其论文《人非圣贤——浅论〈番石榴园中的喧哗〉中的印度文化观》中探讨了小说背后所体现的印度文化观及社会观，她指出"所谓'人非圣贤'无非是说任何人类社会或人类群体都不可能背离物质社会的现实而只追求精神层面的理想"①。

最后，除了这些"信徒"，桑帕斯的圣人之路还有赖于那些平静如水的庸碌生活。1857 年，印度民族大起义后，印度文官制度朝向本土化方向发展，印度人可以进入到英国人统治印度的内务部机构工作。在这种情况下，文官制度为印度人提供了一种上升的途径，而身为要员的印度官员并没有尽职尽责为印度人们造福，而是在自己的职位上轻松度日，人民之苦与猴群之乱统统都视而不见。医务处长唯一关心的就是自己的胃，每天都会灌一杯洋葱汁；军队首长每天要做的就是从厕所的窗口上观察山谷的飞鸟；警察局长则是每天陪着自己的漂亮老婆。桑帕斯的父亲也是在各处周旋，介绍、宣传着自己的"圣人"儿子，以便招来更多的人来照顾自己的"生意"。各种人都在做着与自己身份大相径庭的事情，没有人在乎夏考特即将发生的变化——成群的猴子跑到市场上喝酒，即使是当时作为邮政职员的桑帕斯也在就职期间无事可做，通过偷看别人的信件打发时间。社会的不安定造就了民众的不安定，社会的嘈杂造就了民众内心的嘈杂。

桑帕斯的逃离，是小镇居民空虚无聊的精神写照。但是，无论他逃到哪儿，只要社会本质不发生转变，他就永远得不到宁静。

三

由此可见，桑帕斯的一生是传奇的：从小被认为是好运的象征，长大后被安排一切得到了别人羡慕的生活，甚至是回归本真后还被人以为是受到了神的指示，成了全知的布道者。而在笔者看来，这一切都不是桑帕斯想要的，也许他并没有好运，从出生起他就被安排好了一切，从没有自己选择过他想要的人生；也许他并不疯癫，他想要的也只是在喧闹的世俗中的那一点宁静；也许他并不是圣人，却只是个勇敢的人，勇于放弃原本舒服但实际上是牢笼的生活而选择爬上了树，不惧别人异样的眼光，勇敢且固执地保护自己内心的净土。这些怪异举动构成了他的"圣人"特质。

印度是个宗教大国，信仰形式种类繁多复杂，在此不做过多评判。但笔者认为，不管是什么样的宗教类型，其目的都是使信徒得到精神的净化和心灵的满足，如同著名印度电影《我的个神啊》中对形形色色的印度宗教的精神刻画。小说中，官员们碌碌无为，无所事事，动荡喧闹的社会环境造成了人们内心的不安，桑帕斯选择了出逃，而其他人则选择了信仰，也是这样的嘈杂的社会造成了桑帕斯成了一个"圣人"。正如前文所言，被制造为"圣人"正说明了他与世俗世界相互映照的辩证关系。

---

① 王荣珍：《人非圣贤——浅论〈番石榴园中的喧哗〉中的印度文化观》，《东方丛刊》2010 年第 4 期。

在这部基兰·德赛的处女作中，她用轻松愉快甚至是戏谑的语气讲述着夏考特的种种及桑帕斯神奇的一生。"小说一开始看起来很简单，但仔细观察就会发现它是人性的缩影。它描绘了对个人空间的永恒斗争，人类在任何情况下都想从中获利的倾向，以及所有人以各自不同的方式对幸福的永恒追求。"①小说也许并没有像《继承失落的人》一样受到应有的关注，但其背后德赛想要传达的思想却是不能忽视的。也许桑帕斯并不想成为一个"圣人"，他上树的原因也和"圣人"毫无关系，被人们捧为"圣人"也不是他所追求的。只能说他是一个勇敢的人，他用其勇敢与自己、与家庭、与社会进行斗争，但最终却还是身处喧闹之中。他选择孤身逃离是无奈之举，没办法成为一个真正的智者去指出改变这个社会的明路。

桑帕斯"圣人"形象的奇异书写，为我们理解神奇的印度宗教社会和精神世界，提供了一种重要的参考思路，而优秀的作家正是用文学书写去描摹和塑造他们心中的精神实质，这也是优秀文学永葆魅力之所在。

---

① Sharma Ritu, "Magic realism in Kiran Desai's novel 'Hullabaloo in the Guava Orchard'," International Journal of English and Literature (2014): p.81.

泰戈尔对印度青年出路的探索

——论《沉船》《戈拉》的"成长主题"

杨　慧[①]

　　"成长小说"的产生应溯源至德国的"古典文学"时期,"传统上的成长小说被认为是一种按照歌德《威廉·迈斯特》的风格进行创作的,关于一个人发展故事的小说"[②]。"成长小说"发展至今,逐渐产生一些外延的变化和形式上的变体。若按其狭义来衡量,泰戈尔的长篇小说《沉船》《戈拉》并非严格意义上的成长小说,但是其中的确具有成长小说的一些基本特点,作品中的人物在思想与行动的较量中,呈现出了"成长"主题。

　　相对于孟加拉前辈作家如般吉姆和萨拉特,泰戈尔的小说创作具有明显的超越性。其塑造的男性主人公已然超脱了前辈作家的"静态"呈现,在思想与行动的较量中具有了"动态性"。1906 年长篇小说《沉船》中的罗梅西、1910 年《戈拉》中的维纳耶和戈拉,皆展现出在个人与社会的矛盾下,甚至在自我内心的较量中的思想与行动的变化,而三人的成长经历又体现出泰戈尔思想的逐渐深化。因此,从"成长"主题入手探寻作品旨意,对进一步探讨泰戈尔的思想发展具有重要作用。但是国内学术界近年来在女性主义思潮的影响下,探究泰戈尔作品的女性形象与女性叙事成为一热点,而渐渐忽视了对于男性主人公思想性格的深入研究。笔者便以此为思考角度,通过分析文本中男性主人公的成长变化,尝试探究泰戈尔作品背后对印度青年及印度民族未来发展的期望与畅想。

一、印度青年的成长之旅

　　泰戈尔在《沉船》《戈拉》两部小说中塑造了罗梅西、维纳耶和戈拉三位男性主人公形象,这三个人物皆显示出了个人在与社会的矛盾,甚至在自我内心的较量中的思想与行动的变化。三人的成长经历展现了泰戈尔对于印度青年出路的关注与思考。

　　泰戈尔在《沉船》这个"好人世界"中塑造了善良而又软弱的罗梅西。文本一开始便点明了"罗梅西的处世才能和他的书本知识原是极不相称的"[③]。可以说,罗梅西毫无主体性的游移性格造成了一系列悲剧。首先,罗梅西对父亲的权威无力反抗,只是想着一味地逃避,"罗梅西再没有什么可说了;他心里想,现在唯一的希望,就是等着有什

①　本文作者为河北师范大学文学院硕士研究生。

②　买琳燕:《走进"成长小说"——"成长小说"概念初论》,《解放军外国语学院学报》2007 年第 4 期。

③　[印]泰戈尔:《沉船》,黄雨石译,人民文学出版社,1981,第 27 页。

么意外的事发生来阻止这次婚礼了"①。后来，在经历沉船事故后，他对他那所谓的妻子心生爱怜之际，便发现卡玛娜并非他真正的结婚对象，但是他选择将问题搁置起来，将卡玛娜送至学校；当面对卓健德拉的质问，他又不顾与汉娜丽妮的婚期而选择漂泊远走。罗梅西对真相的掩饰归结为自己对卡玛娜、汉娜丽妮的保护，但是他对真相的隐藏、对事件的搁置，反而使得两个女子备受伤害。最后，知晓真相后的卡玛娜"投河自杀"，罗梅西深受震撼，冷静下来后便不再逃避而是主动寻找卓健德拉告知实情。在这现实的种种考验中，罗梅西大都处于被动状态，以保护为借口，掩饰自己思想的游移与行动的迟缓，时常将自己命运的走向置于他人之手。但是在这一系列事件过后，罗梅西在反思自我的过程中也有了"个人自我"的萌芽，在彷徨迷惘之中找到作为人的主体性，这份被动的成长也得到某种程度的完成。

若说罗梅西的成长是被现实裹挟下的被动、消极的成长，那么维纳耶的成长变化则具有主动性和积极性，是泰戈尔对印度青年出路探寻的继续。维纳耶的成长可大体分为三个阶段。第一阶段，依附阶段。这一阶段的维纳耶是戈拉思想的传达者，"维纳耶分析问题的能力很强，但缺乏行动的能力，所以到现在为止，他一直在依靠比自己意志坚强的朋友"②。可以说，他的这种依附性正展现了特定时期印度青年的普遍特征。"可是，像我这样的人，觉得这一切跟呼吸一样不足为奇——既不能给我希望，也不会使我失望；既不能使我感到高兴，也不是使我沮丧，日复一日，浑浑噩噩地度过。我们在周围的一切中，既看不到自己，也看不到自己的祖国。"③第二阶段，挣扎反抗以重建自我认同。当维纳耶在帕勒席一家面前充作戈拉宣传者的时候，其实背后也会与戈拉经常性的辩论，不过总是被戈拉征服。但是在帕勒席一家尤其是拉丽姐的刺激下不断进行自我反思，使得反抗挣扎的姿态越发明显，逐渐"克服了全部的卑微之感"④。最终，他在拉丽姐勇敢的爱的感召之下，得以觉醒独立。"今天，我独立自主了！""我再也不承认社会这个魔鬼有权每天用活人做祭品去讨好它了。不管怎样，我不会再让社会用它的禁令套住我的脖子……只有社会维护我的正当权利，我才承认它的权力。它如果不把我当人，要我成为机器的零件，我就不会把鲜花和檀香献给它，我只会把它当作铁，把它拿来制造机器。"⑤

与罗梅西、维纳耶相比，戈拉不仅处于自我与社会的矛盾之中，更为重要的是他也在"个人自我"与"最高自我"的矛盾中挣扎。戈拉被自身身份所束缚，对自身身份视域下的世界进行强行认同。他一直以正统印度教教徒自居，并担当了爱国者协会社团主席。他的社会身份要求其保持对宗教的虔诚、对国家的忠诚，他的执着与狂热完全是建

① ［印］泰戈尔：《沉船》，黄雨石译，人民文学出版社，1981，第7页。

② ［印］泰戈尔：《戈拉》，唐仁虎译，漓江出版社，1998，第355页。

③ 同上书，第108页。

④ 同上书，第201页。

⑤ 同上书，第399页。

立在其社会身份认同的基础之上。然而，戈拉的真实身份是爱尔兰人的后裔，因此戈拉的社会身份认同是一种虚假认同。戈拉的傲慢与自信表面上是在征服他人，其实是社会视域下的"个人自我"对"最高自我"的压制。这种主体内部不和谐的状态势必会让戈拉时常处于矛盾和痛苦之中。农村的现实与其理想信仰的相背、对信仰梵社的帕勒席一家尤其是苏查达丽的好感与传统印度教的背离都让戈拉备受折磨。然而，当戈拉知晓自己的爱尔兰身份之后，虚假身份的束缚得以解脱，真正自我的欲求得以满足，以至于"他想到自己和克里希那德雅尔没有关系，反倒觉得松了一口气。"①并且立即投入帕勒席一家的怀抱。"现在我再也不受约束了……今天我自由了……现在我用不着再惦记着害怕被玷污或者失去种姓了。现在我没有必要每走一步都盯着地上，小心翼翼地保持圣洁了。"②自此戈拉终于真正跳出身份教派的藩篱，实现自我身份认同的和谐。

泰戈尔塑造的三位男性主人公展现出了当时一部分印度青年的尴尬处境。他们接受了新思想并对新生活充满向往，但是他们又无力冲破旧传统的牢笼，如乱世之中的浮萍，被社会现实所裹挟。他们是印度民族精神状态的隐喻。他们的成长道路也寄予着泰戈尔对当时印度青年未来的美好希望：摆脱社会传统形式的禁锢，在与社会的冲突中，努力突破"自然的人"的存在状态，是泰戈尔"人的宗教"思想的彰显。

二、对民族性格的反思

泰戈尔对印度青年个人成长的关注，不仅仅是对印度青年未来的现实性思考，更是他对印度民族性格的担忧与反思。

印度数千年的宗教文明影响着印度民族性格的形成。而构成印度民族主体的印度教徒的文化信仰对印度民族性格的形成起到了决定性作用。首先，在"梵我同一"思想的指导下，印度教徒注重追求个人的精神解脱而漠视对物质的追求。其次，印度民族性格具有包容性，崇尚"非暴力"。在丰富的传说、神话与宗教故事的滋养下，印度民族拥有理想与浪漫的心性，但是缺乏主动行动以及改造现实的能力。除此，悠久的文明使得印度人形成了强烈的民族优越感。近代以来，在西方现代文明的冲击之下，印度民族性格就产生了矛盾性——崇拜西方文明与固守传统并存。

在泰戈尔笔下，不论是无主体性的、游移不定的罗梅西、维纳耶，还是有着宗教狂热倾向的戈拉，他们都展现出印度民族性格的局限，而他们在与现实交锋中的成长完善，是泰戈尔思想在文学世界中的理想化实践。

泰戈尔描述了印度青年受传统束缚缺乏行动的特点，指出了行动的重要性。在《沉船》的故事结尾，罗梅西感叹"现在除了我自己谁也不会需要我，让我到茫茫的世界中

---

① ［印］泰戈尔：《戈拉》，唐仁虎译，漓江出版社，1998，第 492 页。

② 同上书，第 493–494 页。

去过我自己的生活吧。以往的事已经没有回顾的必要了"①。看似他决然放下过去，去找寻新生活，但是他的软弱游移的心性其实并未真正剔除，他的选择其实也是对现实的无奈与不作为。所以，罗梅西的成长是被动进行的，是一种消极的成长，正因如此，他的成长具有未完成性。而对于前路如何，泰戈尔并未给出具体的答案，送罗梅西去云游，也体现出作者对印度青年出路的不确定。维纳耶可以说是泰戈尔对探寻印度青年出路之旅的继续。不同的是，游移的维纳耶有了两个女人的帮助：拉丽妲爱的召唤、安楠达摩依爱的支持。在泰戈尔那里，爱具有十分崇高的地位，他认为在爱中差别的意义才被忘却，爱使得人类的灵魂充满了完美的意愿。②因此，正是由于两位伟大女性的扶持，维纳耶不再是一个毫无目标的观望者，他的成长具有了罗梅西所缺乏的能动性。泰戈尔看到了印度青年思想游移的一面，因此他不仅强调了"行动"的必要性，而且高度肯定了"能动行动"的价值，认为能动性的行动是欢乐的行动，能动性的行动者是"知梵者中的居上者"③。所以，针对罗梅西成长的未完成性，泰戈尔在维纳耶那里用爱给出了回答。正是由于这种爱的行动，维纳耶才得以在人与社会冲突之下，努力突破"自然的人"的存在状态以摆脱僵化的社会话语的束缚，实现对人有限性的超越，完成了人与宗教的和谐之旅。

泰戈尔对戈拉这一青年形象的塑造，则在当时印度传统与西方文明冲突的背景下，为青年人提出了一种艺术的方案。相对于罗梅西、维纳耶，戈拉的成长道路不仅仅传达出了泰戈尔关于印度民族内部发展的愿望：突破教派藩篱，回归人性的宗教，成为一个"有道义理想的人"，真正达到"人神同一"的和谐境界，而且彰显了泰戈尔的民族主义的思想。泰戈尔把印度爱国者戈拉写成是爱尔兰人出身，这样的戏剧性的情节安排，具有深意。在主客对立的二元对抗模式的影响之下，西方世界又将主体的"真正自我"贬斥为"他者"，这种被压制的他者始终处于与被言说的"自我"的对抗之中。泰戈尔也承认"个人自我"的二重性，但他的"个人自我"展现的是要无限趋近于"最高自我"以达到"梵我合一"的人生追求。④这种有东方色彩的致力于实现主体内部和谐的思想也是对西方传统的"二元对立"的冲突模式的否定，具有"他者诗学"的反抗性。⑤但是泰戈尔的民主主义观念是和谐宽容的。"我们不得不认为，对于东方来说，西方是必不可少的。我们可以互相补充，因为我们的不同的生活观，使我们看到真理的不同方面。因此，假如西方精神果真像暴风雨那样来到我们的土地上，那么它撒下的却是永远有生命力的种子。在印度，当我们能够在我们的生活中同化西方文明中永恒的东西时，我们将处于协调两个伟大世界的地位。"⑥泰戈尔所设置的戈拉的爱尔兰身份与理想印度

---

① ［印］泰戈尔：《沉船》，黄雨石译，人民文学出版社，1981，第 315 页。

② ［印］泰戈尔：《人生的亲证》，宫静译，商务印书馆，2007，第 16 页。

③ 同上书，第 81 页。

④ ［印］泰戈尔：《一个艺术家的宗教》，康绍邦译，上海三联书店，1989，第 3 页。

⑤ 张剑：《西方文论关键词：他者》，《外国文学》2011 年第 1 期。

⑥ ［印］泰戈尔：《民族主义》，谭仁侠译，商务印书馆，1982，第 8 页。

宗教的协调，也暗示了作者想在戈拉身上达到东方文化与西方文化的融合，印度教传统观念和欧洲人道主义理想的融合，这也是泰戈尔对近代印度民族发展的美好向往，这种具有前瞻性与理想性的民族主义思想和广阔的民族主义胸怀对于当下的东西方交流仍具有深远的意义。

泰戈尔作为一位文学家，在反思民族弊病的同时，也描绘了一幅印度民族发展的美好愿景。他通过青年成长来反思印度民族性格的局限，具有强烈的现实性。而他为印度青年安排的成长完善之旅，是其欲改善民族性格的理想化实践。

三、东西交融视域下泰戈尔的青年观

泰戈尔终生在东西文明的交融之中思考印度民族的未来出路。西方文明与印度传统文化在泰戈尔那里形成了碰撞、交流。在盛行的西方文化的映衬之下，具有东方色彩的泰戈尔思想在当时的社会环境中具有"乌托邦"性质而饱受争议。陈独秀就因此对泰戈尔大加讽刺，"泰戈尔初到中国，我们以为他是一个怀抱东方思想的诗人，恐怕素喜空想的中国青年因此更深魔障，故不得不反对他"①。然而，泰戈尔并非是一位职业革命家，他的文学创作彰显了知识分子对于现实的反思与关怀。

泰戈尔笔下的印度青年反映出一部分印度青年在特定历史阶段的特征。他们处在东西方文明的碰撞中苦苦探寻着人生的出路。他们对"自我"的追求不同于西方文化中"个人主义"的自我膨胀，而是强调自我的无限性，是对于具有集体性自我的探寻与归属。泰戈尔曾强调，"聪明的人试图将追求自我满足的愿望同为了社会美好的愿望调和一致，只有这样他才能亲证他的更高的自我"②。泰戈尔笔下的青年成长大都经历思想上的困境与精神上的折磨。他们的矛盾痛苦以及所展现出的游移性格，其实是苦苦协调觉醒的自我与复杂社会以达和谐的结果。而且泰戈尔笔下青年的成长进步是立足于个人的成长完善，更注重在自我与社会的交流之中，突破狭小自我的束缚，以达到内在人格的"善"。可见，与西方具有利己扩张特点的"进步"话语相比，泰戈尔的"自我观"具有明显的精神性与超越性。

针对罗梅西成长未竟问题的遗留，泰戈尔在《戈拉》中给出了答案。"人世间我们的解脱在哪呢？在爱之中！"③泰戈尔一生讴歌"爱"的意义，他认为爱是"灵魂与灵魂之间的关系"，是"人生之旅的川资"④，是人在社会中获得解脱的法门。所以，游移不定的维纳耶正是由于拉丽妲与安楠达摩依的爱的召唤与支持，才得以冲破一切羁绊；戈拉也正是有了母亲和苏查达丽的爱的呼唤，才不至于在狂热的歧路中愈行愈远。可见，爱

---

① 陈独秀：《太戈尔是一个什么东西》，《向导》1924 年第 67 期。

② ［印］泰戈尔：《人生的亲证》，宫静译，商务印书馆，2007，第 54 页。

③ ［印］泰戈尔：《泰戈尔谈人生》，白开元编译，商务印书馆，2010，第 103 页。

④ ［印］泰戈尔：《人生的亲证》，宫静译，商务印书馆，2007，第 202 页。

不仅能够消逝自我与社会的冲突，还让自我的精神世界达到和谐，并致力于实现人与人之间的相互理解。如此，相对于西方对"他者"的认同暴力传统而形成的"永恒地狱"，泰戈尔所弘扬的爱则趋向了"世界大同"的美好愿景。

除此之外，泰戈尔笔下的罗梅西、维纳耶甚至戈拉在思想矛盾之时，他们的行动是被现实所裹挟着的，以至于他们在行动中越发被动。罗梅西一次次的逃离、维纳耶对与谢茜·穆姬订婚的反复态度、戈拉对以阿维纳希为首的追随者的厌恶与容忍等，都在将简单的事情变得越发复杂，主人公更是将自己置身于更加混乱、更加狼狈的处境之中。而一旦他们具备了能动性行动，便意味着他们成长之路的完成。可见泰戈尔对"能动性行动"的赞赏。泰戈尔强调"没有能动性的行为，也不是行动，行动是欢乐的行动"[1]。相对于西方旨在与"大他者"断绝以确认主体绝对自由的革命性"行动"观念，[2]泰戈尔所提倡的行动是指向内心世界完善以亲证梵的完美性，旨在达到人与世界的和谐，这样的行动观便直接消除了由于革命行动而产生极权世界的可能性。

由此看来，泰戈尔在东西文明激烈碰撞的处境下，积极探寻着印度民族未来的青年之路。他的青年观避免了对盛行的西方文明的盲目追随，又祛除了印度传统文明的不良束缚。不可否认的是，泰戈尔的青年观具有局限性，他笔下的主人公皆是如他一样的隶属于商人或地主阶级的高贵婆罗门，且他所张扬的崇尚个人精神的"爱与行动"的观念是孟加拉甚至整个印度的普通人难以触碰到的。然而，这种饱受争议的具有理想主义色彩的思想不仅是泰戈尔为迷惘青年找寻的未来出路，更是其在以印度为代表的东方传统和以英国为代表的西方文明之间寻求的两种异质文化的对话空间。

四、结语

未来是青年的未来。泰戈尔对印度青年的书写，其实亦是对印度未来发展命运的关怀。泰戈尔所倡导的"爱与行动"的青年观，是在反思印度传统思想与民族性格局限的基础之上，对印度传统文化更高层次的复归。而且《沉船》《戈拉》两部小说通过男性主人公的成长经历呈现出男女的性别和谐、教派的宗教和谐、东西方的文明和谐的美好愿望，亦彰显了泰戈尔欲达到"梵我合一"的完美境界的崇高理想。不可否认的是，在东西方力量悬殊的视域下，这种企图以个人精神去解决一切社会问题的想法只能是文学给予处于水深火热之中的读者的一种精神安慰。然而，泰戈尔在文化身份的"两难"处境中，仍将自己毕生的心血"贡献给人类的团结事业。他曾尝试着把人类不同的思想和文化熔于一炉"[3]。他以自身的文艺创作为东西方文明的交流搭建了一座桥梁。

---

① ［印］泰戈尔：《人生的亲证》，宫静译，商务印书馆，2007，第 81 页。

② 于琦：《西方文论关键词：行动》，《外国文学》2014 年第 6 期。

③ ［印］梅特丽娜·黛维夫人：《家庭中的泰戈尔》，季羡林译，漓江出版社，1985，第 169 页。

北大南亚东南亚研究

影视戏剧
研究

执法者、服务者和朋友：
马来西亚导演周青元电影中的他者形象分析

赖坤元 ①

2010 年，由马来西亚华人导演周青元所执导的电影《大日子 woohoo！》(*Woohoo!*) 出现在马来西亚贺岁档的大银幕，上映后共收获 420 万林吉特票房，创下马来西亚本地华语电影票房纪录。②《大日子 woohoo！》在商业上的成功常被视为是马来西亚华人电影创作的分水岭，此前马来西亚华人电影创作多集中在独立电影，而马来西亚贺岁档期的华语电影也几乎都来自新加坡与香港，在这种情况下《大日子 woohoo！》的出现无疑是激起了马来西亚投资人对于马来西亚华语电影的信心，也让周青元一跃成为马来西亚华人圈内炙手可热的商业导演。

在《大日子 woohoo！》成功后，周青元又先后执导了《天天好天》(*Great Day*)、《一路有你》(*The Journey*) 与《辉煌年代》(*Ola Bola*)，这三部电影均在商业上获得了巨大的成功。《天天好天》以 650 万林吉特的票房收入再度刷新马来西亚本地华语电影票房纪录，③周青元也凭借本片获得马来西亚金等奖最佳导演奖；《一路有你》更是一度以 1728 万林吉特的票房成为马来西亚影史上最卖座的本地电影，④还获得了第 27 届马来西亚电影节最佳非马来语电影；而《辉煌年代》也获得了 1650 万林吉特票房与第 28 届马来西亚电影节评审团特别奖国民团结奖双重肯定。⑤2018 年 2 月 15 日，周青元导演的新作《大大哒》(*Think Big Big*) 再度登上马来西亚贺岁档，但新作的票房成绩并未如前几作那般耀眼，截至 3 月 4 日，共收获 500 万林吉特的票房。⑥

人们谈及周青元导演前四部作品所取得的前所未有的成功时，一个绕不开的话题便

---

① 本文作者为北京大学法学院硕士研究生。

② 《Astro 第二部贺岁片 集大日子原班人马》，星洲网 2010 年 8 月 10 日，http://www.sinchew.com.my/node/536873，访问日期：2018 年 3 月 2 日。

③ 《〈天天好天〉刷大马票房纪录 尹汇氖卓卉勤露胸庆功》，星洲网 2011 年 4 月 30 日，http://www.sinchew.com.my/node/541230，访问日期：2018 年 3 月 2 日。

④ 《〈一路有你〉登上大马纪录大全》，星洲网 2014 年 5 月 2 日，http://www.sinchew.com.my/node/1095054，访问日期：2018 年 3 月 2 日。

⑤ 《〈OlaBola〉报名金马奖》，星洲网 2016 年 8 月 2 日，http://www.sinchew.com.my/node/1552990，访问日期：2018 年 3 月 3 日。

⑥ 《大马贺岁电影票房排行出炉！这部电影是唯一破千万的中文贺岁片》，八八娱乐 2018 年 3 月 6 日，http://88razzi.com/ 八八娱乐 / 大马贺岁电影票房排行出炉这部电影是唯一破千万的中文贺岁片，访问日期：2018 年 3 月 31 日。

是在这四部电影中对于马来西亚"本土"的再现。毫无疑问的是，作为一个主要面向马来西亚华人观众进行创作的华人商业导演，周青元在电影中所再现的"本土"，是一个从华人社群视角出发、满足华人社群期待的"本土"。正如他在 2009 年宣传《大日子 woohoo！》所提到的，他想做的便是满足马来西亚华人对于本土认同的期待。① 正如阿尔都塞（Louis Pierre Althusser）的重要论文《意识形态与意识形态的国家机器》② 及博德里（Jean-Louis Baudry）受其启发所发表的论文《基本电影机器的意识形态效果》③ 所揭示的，电影是以一种关于主体性的基本意识形态效果为基础，电影摄影机设置了先验的主体想象，并通过电影的复制与放映使观者认同这一想象。而周青元在电影中所试图去支持的便是一种关于马来西亚华人国族认同的意识形态。但与此同时，在以华人为主体的"本土"想象之中，也不可避免地会出现马来西亚其他族裔的形象。于是，研究探讨导演在作品中如何去设置这些相对于华人而言的他者形象、这些他者形象在导演的作品序列中又经历了怎样的变化，便提供了一个跳出导演所引导的叙事框架的分析维度，进而得以重新审视影片在建构马来西亚华人国族认同时所反映出的种种问题。

一、周青元电影中的他者形象类别

尽管从处女作《大日子 woohoo！》开始，周青元的电影创作就始终以讲述马来西亚华人故事为己任，但马来西亚毕竟是一个多族裔的国家，电影中对于"本土"的再现，也终究不能完全对多族裔的现实视而不见。于是，马来西亚其他族裔以不同方式，不同程度地进入周青元的电影中，成为被故事中的华人主角、银幕外的华人观众所能直接体认到的他者形象。

（一）执法者：无法沟通的存在

在周青元的电影中，经常会出现警察、军人等执法者的形象，而充当这些形象的几乎都是马来人。

在《大日子 woohoo！》中所出现的马来人执法者形象是逮捕参与赌博的华人青年的警察。练习华人传统习俗舞虎的三个年轻人——阿炳、阿 Rain 和 Alan 与同村老人打麻将时，村里望风的小孩榴梿头喊着"Mata④ 来了，Mata 来了"通风报信。于是几人在警察到达前收起麻将，装作是在下中国象棋。结果其中一名马来人警察好似发现端倪，

---

① 《贺岁喜剧第一人 周青元 大日子 woohoo！》，星洲网 2009 年 11 月 24 日，http://www.sinchew.com.my/node/1165725，访问日期：2018 年 3 月 2 日。

② 阿尔都塞：《意识形态和意识形态国家机器》，孟登迎译，载陈越《哲学与政治：阿尔都塞读本》，吉林人民出版社，2003，第 320–375 页。

③ 让－路易·博德里：《基本电影机器的意识形态效果》，李迅译，载杨远婴编《电影理论读本》，世界图书出版公司，2012，第 561–570 页。

④ 马来语词，原义为"眼睛"，马来西亚华人多用这个词指称警察。

一直盯着棋盘，让众人好不紧张，却没有想到原来是这名警察对棋局颇感兴趣，甚至还过来帮下了一步棋，并用粤语说了一句"将军"。正当大家都觉得已经蒙混过关时，一张麻将牌不慎掉出，马来人警察便以聚众赌博的罪名逮捕了阿炳等人。最终他们被从警察局保释出来时，村长责备儿子 Alan："要不是'林北'（闽南语：你爸）赶着来，你们几个变'botak'（马来语：光头）啦。"

《天天好天》中的马来人警察则帮助迷路的华人小女孩找到了她的阿公（外公）。在电影中，华裔老人林叔从玻璃市的安乐院到吉隆坡女儿林凤娇的家中小住了一段时间，时间虽然不长，却和孙女子欣培养了深厚的感情。在林叔离开吉隆坡回到安乐院之后，子欣非常想念阿公，不想等到春节时才能跟着母亲去看阿公，于是偷偷地一个人乘火车去安乐院找林叔，结果弄错了下车地点，最终是在一男一女两位马来人警察帮助下才找到了林叔。但影片描述这段情节时，却只是给观众展现了子欣弄错下车地点后孤单地走在车站的场景，与随后在安乐院里子欣终于与林叔相聚的场景，至于中间发生的马来人警察与华人小女孩的互动情节则完全被略过，观众只能通过在林叔和子欣相聚时画框内出现的两名马来人警察来推测子欣应该是得到了马来人警察的帮助；同样，林叔与两名马来人警察的互动也被略过。

而在《一路有你》中，马来人警察却逮捕了无辜的全叔。本片中华裔老人全叔虽勉强同意了女儿美蓉与英国人班杰明的婚事，但还是提出条件，必须亲自将婚礼请帖送到全叔每一个老同学手中。于是全叔就和洋女婿班杰明两人骑着重型机车踏上了送请帖的公路旅途。当他们夜晚在一家旅馆投宿时，旅馆被检举存在卖淫行为，全叔被警察当作嫖客逮捕。尽管全叔一直和马来人警察解释："Saya sudah tua, saya malah boleh?"（马来语，意为我已经老了，哪还能做这种事？）但马来人警察却全然不听全叔的解释，还是将全叔押上警车，送到警局关了一夜。

到了《辉煌年代》，执法者虽从警察变为了军人，但相同的是这些军人也都是马来人。《辉煌年代》作为一部重现马来西亚国家足球队取得莫斯科奥运会参赛资格这一历史事件的电影，还原了许多国家队的真实经历，其中包括了国家队在军营中训练的情节。在影片中，教练在国家队参赛前将他们送至军营，由军官对他们进行体能、团队意识与国家荣誉感的有关训练。他们抵达军营后，马来人军官站在讲演台上对他们训话，对国家队队员们讲团队的重要性。在马来人军官讲话时，队里的华人替补队员王添才还问旁边的同伴："谁惹教练生气了，为什么把我们送到这里？"结果因为王添才说的这句话，军官让所有的队友做五十个伏地挺身作为惩罚。而在之后的训练场景中，周青元则采用了声画蒙太奇的手法，画面中呈现的是国家队员的受训，而插入的声音却是并未直接出现在受训场景中的马来人军官的相关训话。

从上述几段描述中可以看出，周青元在电影中并未对这些执法者做标签化的处理，也不带有常见的族群刻板印象（如马来人的随性、懒惰），只是将其作为影片在再现"本土"时的应有之场景。事实上，马来西亚军警部门中，马来人所占比例远高于全体国民中的马来人比例。根据 2013 年 3 月马来西亚皇家警察所公布的数据，在马来西亚的警方人员中，华裔警察占总人数的 1.77%，印度裔的警察占 3.3%，与之相对应的则是马来裔比例高达 81%。[①] 马来西亚国防部副部长佐哈里（Mohd Johari bin Baharum）也于 2017 年公开表示，在马来西亚军队中，华人军人仅占军队总人数的 0.5%，印度军人占军队总人数 1.2%。[②] 换言之，对于马来西亚华人来说，执法者的公权力与马来人身份的绑定很大程度上反映的是马来西亚社会的基本事实。

但除了反映"事实"外，以上这些作为执法者的马来人形象与电影中的马来西亚华人国族认同问题密切相关。在这四部电影中，周青元还是或有意或无意地将这些作为执法者的马来人形象，构建成对于华人而言不可沟通的存在。在《大日子 woohoo！》中华人青年与马来人警察的"猫鼠游戏"始终不在一个层面上对话，马来人警察观察象棋棋局，却引得华人青年们提心吊胆；而在华人青年们被保释出来之后，导演又用村长对儿子 Alan "你们几个变 botak" 的责骂，带出了 2006 年轰动一时的"新年剃光头"事件。[③] 这一事件虽然距离影片制作时间已经过了三年，但从导演刻意在影片对白中提及"变 botak" 来看，这一事件应当在马来西亚华人社群中产生了很深的影响。同时，这一事件对华人社群而言也不仅是单纯的"侮辱性事件"，更意味着华人社群无法被主流族裔所理解的状态。在《天天好天》之中，影片虽然表现了马来人警察对华人小女孩的帮助，却刻意地略过了华人女孩向马来人警察寻求帮助的互动过程，使得在全片中马来人警察与华人之间虽有交流的"可能"，却并无电影剧情中"事实"上的交流，执法者的形象依然是一个不可沟通的对象。同样，在《辉煌年代》中，国家队成员与马来人军人在军营训练时朝夕相处，电影却完全不展现国家队成员与马来人军人的交流场景，哪怕电影必须要体现马来人军队精神对于国家足球队的团队精神塑造产生了重要影响，却也只是让军官的训话以纯然的声音形式在场，而不与国家队成员产生直接的互动。甚至还特意安排了华人替补队员在马来人军官讲演时偷偷插嘴表示不解的情节，再次强调了华人与作为执法者的马来人之间所预设的沟通壁垒。而在《一路有你》中，年事已高、又只是一个人待在房间里的全叔，被马来人警察当作嫖客逮捕，尽管全叔不断向马来人警

---

① 《大马警方招募华裔警员》，当今大马 2014 年 4 月 18 日，https://www.malaysiakini.com/letters/260395，访问日期：2018 年 3 月 29 日。

② 马国防部：《不应只有马来人参军》，联合早报 2017 年 12 月 16 日，https://www.zaobao.com/realtime/world/story20171216-819441，访问日期：2018 年 3 月 29 日。

③ 2006 年大年初二，11 名华裔男子聚集在一家餐馆打麻将、下棋、喝酒，突然十几名警察闯入餐馆，以聚众赌博为由将 11 名男子逮捕至警察局拘留了 18 个小时，并除去他们的衣物，给他们剃了光头。这一事件曝光后引发了华人社群内的轩然大波，其中有受害人指出，新年剃光头是禁忌，违反禁忌令人不安。许多华人社群领袖、华人议员公开谴责警局的行为违反人权、不合法，甚至是不尊重华人过年打麻将的习俗，是"辱华"。《马 11 名华人被剃光头 按律执法还是粗暴执法？》，人民网 2006 年 2 月 8 日，http://world.people.com.cn/GB/14549/4084311.html，访问日期：2018 年 3 月 29 日；《没销案、没道歉，打麻将遭剃光头案真和解？》，当今大马 2008 年 1 月 29 日，https://m.malaysiakini.com/news/46797，访问日期：2018 年 3 月 29 日；《11 华裔警局遭剃光头》，搜狐新闻 2006 年 2 月 7 日，http://news.sohu.com/20060207/n241700091.shtml，访问日期：2018 年 3 月 29 日；《大马华人聚赌罚剃光头被轰》，苹果新闻 2006 年 5 月 27 日，https://hk.news.appledaily.com/local/daily/article/20060527/5964895，访问日期：2018 年 3 月 29 日。

察辩解，但马来人警察对他的解释置若罔闻，还是强硬地将其扣押上警车，这一情节更是直接地表现出对华人而言马来人警察是"无法沟通"的。

可见，在以华人角色为主体的周青元电影中，作为执法者的马来人形象成了无法沟通的他者。在这一设置背后，其实隐含的是在现实情境中马来西亚华人面对"马来人优先"的国家公权力时的无力感。所谓的"马来人优先"始于1957年颁布的马来西亚联邦宪法中规定给予马来人种种"特权"；在1969年"五一三事件"①后，因为马来西亚官方将该血腥事件定义为马来人与华人之间的族群冲突，并将其归因为各族群间存在政治与经济能力差异，使得当时由首相敦阿都·拉扎克（Tun Abdul Razak）所领导的马来西亚政府，在1970年提出了新经济政策（Dasar Ekonomi Baru），以消除各族群之间的经济差距与消减贫困为由，旗帜鲜明地公开了"马来人优先"的理念。此后，"马来人优先"的理念影响了马来西亚经济、教育、文化、政治等各个领域，在马来西亚社会中树起一道道难以弥合的族群藩篱。由此可见，周青元电影中华人角色与作为执法者的马来人之间沟通的困难与难得，实际上是马来西亚华人社群日常生活的真实写照，而从有关的评论来看，导演的这一设置也并未遭到评论界评判，可见由这一类他者形象设置所反映出来的问题其实也是一个被普遍接受的现实。

（二）服务者：族裔等级意识的缩影

在周青元的第二部电影《天天好天》中，导演极其鲜明地塑造了三个他族的华人服务者形象。

第一个是影片中主角林叔的女儿林凤娇家里的印尼女佣苏珊蒂（Susanti）。苏珊蒂虽无法理解华人传统文化，但她对于家庭里的华人主人却几乎是百依百顺，对华人家的女儿子欣也是关爱有加，在子欣出走时她更是万分自责。值得一提的是，由于印尼语与马来语极为接近，苏珊蒂这一角色的设置实际上也可以看作是将马来语对白带进了《天天好天》的电影文本之中。

第二个形象则是影片中两次出现的华文小学印度裔保安。印度裔保安的第一次出现是因为华文小学主任林效舜的指示，主角阿福和朋友咸蛋超人十分生气林效舜不愿意回安乐院看望他的父亲财叔，决定在小学门口用扩音器公开指责林效舜的不孝，想通过"民愤"逼迫林效舜去安乐院看财叔。林效舜气急败坏，立刻命令印度裔保安赶来驱赶阿福二人。从"驱赶"的角度来看，印度裔保安的行为也很像一个服务者，只是用语言叫他们离开，没有任何肢体接触，甚至看他们马来语说得不好，还主动用广东话和他们交流。而保安第二次出现是在华文小学运动会的闭幕式上，当观众席上的阿福一行人在主任林效舜上台致辞时指责他的不孝时，印度裔保安就很自觉地从观众席侧边出现，叉

---

① "五一三事件"是指1969年5月13日发生在吉隆坡的暴动事件。1969年5月，马来西亚第三届大选结束后，华人反对党的席位明显增加，由巫统（马来民族统一机构）、马华公会（马来西亚华人公会）及国大党（马来西亚印度国民大会）所组成马来西亚执政联盟的支持者，与反对势力（马来西亚伊斯兰党、民主行动党、人民进步党、民政党）爆发了激烈的冲突。这一冲突最终于同年5月13日升级为大规模流血事件。

腰示意阿福他们离开。

第三个形象是经营印度小吃摊的印度裔服务员。在电影中，阿福请表妹多好吃印度小吃摊，上来给他们服务的印度裔服务员语速很快地用马来语报了一串菜名，阿福和多好听得一愣一愣的，只好全部要了一份。

不论是印尼女佣、印度裔保安，还是印度小吃摊的印度裔服务员，在马来西亚的社会中应当并不罕见，能无障碍与马来人交流、薪金实惠的印尼女佣在马来西亚很受欢迎，而印度裔更是马来西亚的第三大族裔。但可以说，周青元在电影中对于这三个形象的塑造，在再现马来西亚"本土"之外，传达了更加丰富的意味。

导演不只是把他们塑造成服务的提供者，同时更明确地让他们只基于华人的要求为华人提供服务：作为女佣的苏珊蒂只为华人林凤娇一家提供服务；印度裔保安是华文小学中除了运动会时出现的苏珊蒂之外唯一一张他族面孔，也始终听命于华人老师；在印度小吃摊里，导演甚至用了一段横移镜头展示小吃摊全景，可在画面中可辨识的面孔也均是华人。

而与之相应的则是导演在处理华人服务者向苏珊蒂提供服务时表现出来的暧昧。当林叔初到吉隆坡时，他和女儿林凤娇一家来华人餐厅吃饭，摄影机的近景镜头起初只在林叔、女儿林凤娇和孙女子欣之间切换，尔后当华人服务生过来结账时，景别切换至林叔、林凤娇与服务生的三人中景，之后又是近景镜头中若有所思的林叔，直到导演以一个从餐厅窗外向内拍摄的远景镜头来结束该段情节时，苏珊蒂才在画面的边缘中出现，观众也才意识到原来苏珊蒂也在和他们一起用餐。另一处则是苏珊蒂带着子欣在华人茶餐厅点餐时，画面中的华人服务员不但一言不发，还背对着摄影机，使得华人面孔与华文都被"隐藏"了起来；甚至没等苏珊蒂点完菜，镜头景别便切换至苏珊蒂和子欣的双人中景，观众只能看到苏珊蒂对着画外空间不停地说话。

由此可见，导演在电影中强化了他族为华裔服务的事实，弱化了华裔为他族服务的事实，从而建立起他族族裔与华裔之间的服务与被服务的关系。

值得注意的是，这些作为华人服务者的他族均非来自马来族，而是来自与华裔相比显得相对弱势的其他族裔。同样是华人眼中的"他者"，前文所讨论的马来人他者形象被设置为执法者，但印度人、印尼人却被设置为商业关系中的服务者，诚然其中有出于描绘社会现实的考量，但确实流露出创作者的族群意识，在"华人的服务者"这一他者形象设置的背后，其实是华人或导演在面对这些非马来族的其他族裔时几丝未曾明说却实际存在的等级意识。

（三）朋友：相知、协作和国族认同

在周青元的后两部电影《一路有你》与《天天好天》之中，也出现了一些以华人朋友身份出现的他者形象。与上述两类他者形象相比，这些"华人的朋友"更加直接地参与了故事，也成为电影所构建的国族认同的重要组成部分。根据这些"华人的朋友"形象与华人之间的关系变化，可以将其分为对华人始终友善的朋友，或曾经虽与华人敌对但最终与华人互相理解、彼此认同的朋友。

1. 始终友善型

在《一路有你》之中，电影主人公全叔在就读华文小学时的同桌是一位马来族的女同学法蒂玛。法蒂玛气质优雅，通晓马来文、英文与华文，有很好的文化素养；同时对华人文化也了解颇深，知道农历生日与生肖属相。法蒂玛与全叔二人关系亲密，甚至二人在小学时还因为全叔经常教法蒂玛华文而被班上同学取笑他们是"一对"。在影片的设置中，这段"初恋"发生在20世纪60年代初，彼时新经济政策还未施行，"马来人优先"的观念也并未确立，但这一懵懵懂懂的"初恋"却未能越过族群藩篱，多年以后全叔在回忆这段过往时，只余下一句"我是华人，她是马来人，我怎么会喜欢她"。而与这句话在剧情上相呼应的，则是法蒂玛始终不愿意"做蛇"，而要"做猫"。所谓的"做蛇""做猫"其实是当年全叔和华文小学的同学们之间的一个游戏，他们几个关系要好的同学刚好是不同的生肖，于是彼此之间以各自的生肖作为外号，并想在学校里凑齐十二个生肖，而法蒂玛刚好属蛇，于是几个男生就叫法蒂玛"做蛇"，但法蒂玛却不想"做蛇"，而想要"做猫"。影片并没有交代法蒂玛为何如此"固执"，一个可能的原因是伊斯兰教中多将"蛇"与"邪恶"相联系，而"猫"则是受先知穆罕默德喜爱的宠物。但无论如何，在影片中这一看似"童言无忌"的设置之下，同样反映的是族群之间必然存在的文化隔阂。不过，影片还是提供了一种跨越族群的"默契"：华人全叔为洋女婿班杰明买的格子衬衫的格纹，正好和法蒂玛家中沙发套的格纹一模一样。这一设置不但成了影片中绝佳的"笑料"，其实也是在"存异"之中找到了一点"同"：马来人与华人可以拥有同样的审美情趣，也可以体会同样的情感。

而《辉煌年代》中，由于该电影旨在重访马来西亚国家足球队中三大族群团结一致、为国争光的历史，影片中也就理所当然地出现了许多"华人的朋友"的形象。在这些形象中，比较值得注意的是足球解说员马来人拉曼和球队的印度裔守门员姆都。

在电影中，初出茅庐的足球解说员拉曼和外号"头家"的华人国家队队长周国强关系笃好。在马来西亚国家足球队备战1980年莫斯科奥运会预选赛期间，周国强三次心情苦闷，拉曼都出现在周国强身边。第一次是在英国教练哈利开始执教国家队后，由于哈利教练大刀阔斧地改动了国家队原有阵型，周国强认为这个初来乍到的英国教练根本不了解马来西亚国家队的情况，只会让他自己的努力与牺牲付诸东流，于是周国强把他的不满告诉了拉曼。尽管拉曼认为哈利教练的安排其实有他的道理，可周国强还是认为哈利教练就是来制造麻烦，因为"He has brown hair blue eyes. He's not same as us."（他棕头发蓝眼睛，他跟我们不一样）这时拉曼就把他的胳膊和周国强的胳膊放到一起，指了指两人的胳膊，说道，"You see, differentlah, tapi still brothers kan?"[①]（你看，不一样的，我们不也是兄弟吗？）但周国强却不为所动，"It's differentlah. They eat steak, but we eat Nasi Lemak sama-sama, kan?"（这不一样，他们吃牛排，但我们都吃椰浆饭，不

---

① 拉曼的这句台词混杂着英语与马来语。其中，在"different"后面的"lah"是马来语中表示强调语气的后缀；"tapi"是马来语中的"但是"；"kan"在马来语中表示反问语气。

是吗？）①最终拉曼也未能改变周国强的心意，而周国强固执己见，决定架空教练，导致了国家队在友谊赛遭遇了失败。第二次的短暂交流发生在哈利教练执教国家队后遭遇首败，周国强因为在赛场上不听教练指挥而被教练摘掉队长袖标，在他离开赛场时，拉曼追出来问他发生了什么情况，并表示如此混乱的阵型不像是哈利教练的安排，周国强却只是说，他会证明给拉曼看他才是对的。二人的第三次交流则是因为球队守门员姆都的弟弟遭遇车祸，周国强为了及时去帮助姆都而找拉曼借车。在还车时拉曼问周国强什么时候才会重新归队，周国强告诉拉曼，他觉得球队是因为有他这个队长才变得一团糟，他归队没有任何意义。周国强这一说法当然遭到了拉曼的抨击，拉曼试图让周国强回忆起上次奥运会预选赛失利时周国强自己曾说过的 "Saya akan memastikan pasukan negeri kita kembali ke sukan Olimpik."（我会确保我们的国家队再次回到奥林匹克的赛场上），告诉周国强他不能选择一走了之，然而周国强虽有所动摇，但当时还是没能下定决心归队。影片所展示的二人这三次交流其实有不少值得注意的地方。其一，在这三次交流中，马来人拉曼都扮演着相对理性的角色，而后来的剧情也证明他当时所提出的建议也都是正确的，但马来人拉曼最终也没有说服华人周国强。其二，从拥有车与影片所展现的二人住家环境来看，马来人拉曼的经济水平是高于周国强的。其三，两人在第一次交流中虽在如何对待英国教练上产生了分歧，但也都默认了将马来人与华人都认为"吃椰浆饭"的是"我们"，而把英国教练放置于"他者"的位置。其四，二人在交流时主要使用的语言都是英语，但当话题涉及"我们"时，他们所使用英语中开始混杂马来语，也让"语言"与"身份"产生了紧密的联系。因此，通过拉曼与周国强的友谊，影片至少展现了三个观点：第一，华人应当听取马来人的意见，这为电影后来改造马来西亚当局主流意识形态进行了铺垫；第二，马来人的经济地位未必低于华人，从而否认了新经济政策施行的基础；第三，马来人与华人之间虽然肤色不同，但因为有着共同的语言与共同的生活经验（吃椰浆饭），应当认为马来人与华人都是"我们"。实际上电影在这里通过将英国人哈利教练指认为他者，开始着手构建华人作为"马来西亚公民"的国族认同。

印度裔守门员姆都的戏份主要为姆都在踢球为国争光这样的国家荣誉感与家庭生计之间的矛盾。在影片中，姆都在训练外还要帮忙家里打理椰子种植生意，由于姆都备战奥运会预选赛没有回家，家中的椰子没有人载去卖，姆都父亲大发雷霆，姆都的弟弟们为了不让哥哥被责骂，于是打算偷偷开罗里（lorry）替哥哥送椰子，结果没开出多远便翻了车。尽管弟弟们没有大碍，但姆都的父亲还是将这一切都怪罪于踢球的姆都，这也让刚刚输了友谊赛的姆都万分自责，他对周国强说，他想放弃足球，他本以为他能把足球踢好，能让父亲骄傲，可他最后什么都做不到。但即使是这样，姆都还是希望他能够在退出国家队之前得到一次荣誉。姆都的话对周国强有所触动，周国强想要帮助姆都，他和他的女朋友秀丽拿出存款帮助姆都家庭，并下定决心，回去请求哈利教练让他重返

---

① 周国强的这句台词也同样混杂着英语与马来语。其中，"sama-sama" 在马来语中意为"都"。

国家队。

可以说，虽然周国强和拉曼、姆都都是朋友，但在影片中这两段友谊却表现得完全不同，相比起周国强与拉曼之间较为平等的关系，周国强与姆都的交往中却表现出明显的施惠与受惠——印度裔姆都所想要争取的国家荣誉与他所面临的家庭生计都离不开华人的帮助。在这个意义上，姆都这一印度裔朋友的形象实际上还是延续了"作为华人的服务者"形象中所隐含的等级意识。

2. 曾经敌对型

除了从始至终便对华人友善的朋友外，在周青元电影中还设置了这样一类朋友：他们起初扮演着华人的对手，但最终与华人互相理解、彼此认同。通过这一类形象，实际上是将华人国族认同中会出现的障碍给具象化，并最终以故事中的"化敌为友"来想象性地越过障碍。

《一路有你》中的英国女婿班杰明便可归为这一类。在电影一开始，坚持华人传统的全叔不能接受自己的女儿和一个英国人结婚，班杰明也认为他的岳父是个固执又偏激的人，更无法理解他坚持华人习俗有什么意义。但为了让他的未婚妻美蓉开心，班杰明同意驾驶他的重型机车陪着岳父到马来西亚各地送婚礼请帖。二人在旅途开始时产生了诸多矛盾，但随着公路旅行的开展，班杰明认识了一众全叔的老同学及他们的家人，并接触到了许多马来西亚华人社群的新年活动，班杰明逐渐明白了华人坚持传统习俗的意义，也理解了全叔在看似不近人情的种种表现背后充沛的情感；而全叔也逐渐发现，虽然同班杰明在文化上有诸多的差异，但在情感上还是能够彼此相通的。最终，班杰明帮助全叔完成了全叔昔日班长朱忠民的遗愿，用塑料袋制作了一个能够载人的热气球；全叔则在班杰明同女儿美蓉婚礼当天，让属蛇的班杰明加入他们老同学的合影，凑齐十二生肖。由此可见，共同的情感可以超越文化上的差异。

《辉煌年代》中也同样出现了与华人曾经对立的英国朋友。历史上，于20世纪70年代执教马来西亚国家足球队的教练是德国人卡尔－海因茨·韦刚（Karl-Heinz Weigang）[1]，但在电影中，周青元将教练的身份由德国人变为了英国人。哈利教练初次登场时，便由于改变国家队原有阵型而遭到了国家队队长、华人周国强的不满，尔后周国强更是不听哈利教练的指挥，被教练摘下了队长袖标，使国家队在友谊赛接连失利、队内矛盾爆发。周国强为此自责万分，认为是自己的原因才让国家队变得一团糟，主动退出国家队。但后来，周国强放不下国家队与为国争光的使命感，找到了教练哈利，请求哈利让他归队。至此，二人才第一次相对平静地进行沟通，哈利教练告诉他，他对周国强的严厉只是不希望周国强犯他曾经犯过的错误，认为单凭一个球员就可以左右比赛的胜负。随后，周国强听从教练的指导，逐渐成长为一名有团队精神的队长；哈利教练也用比赛的胜利证明了他所安排的阵型的正确。在决赛前夕，二人得到消息，马来西亚当

---

[1] 《曾助国足闯入奥运 霹足教练卡尔病逝》，光明日报 2017 年 6 月 13 日，http://www.guang ming.com.my/node/395458/terms，访问日期：2018 年 4 月 15 日。

局宣布抵制莫斯科奥运会，换言之即使马来西亚国家队在奥运会预选赛中获胜，也没有办法去参加奥运会。面对这一突如其来的打击，哈利教练和周国强共同做出决定，为了足球梦、为了国家荣誉，不告诉其他队员这一消息，尽全力完成预选赛的决赛。哈利教练与周国强的和解，并不意味着哈利可以成为"我们"，却也足够清晰地表达导演的观点：共同的目标可以超越生理外貌、生活环境的差异。

可以说，周青元是别有用心地将"英国人"这一身份赋了这一类角色身上，使得马来西亚历史上的殖民者参与进电影所讲述的华人故事之中，也就让电影显现出了后殖民语境下的文化症候。在电影中，不论是英国女婿班杰明还是英国教练，他们出场时便被华人主角推向了"他者"的位置：全叔指责女儿美蓉"全世界男人都死光了吗，竟然带一个洋人回来，你要我和他说鬼话"，而周国强更是直截了当地对好友拉曼说英国教练哈利"他跟我们不一样"。但随着故事的展开，却会发现电影中所再现的这些他者仿佛拥有了比作为电影主体的华人更多的"权力"：《一路有你》中华人传统的意义是通过英国人班杰明的体验从而确立的，故事中华人老人制作热气球的愿望也最终是依靠班杰明才能完成；而在《辉煌年代》中，是英国教练哈利把团队精神教给了华人队长周国强，马来西亚国家足球队胜利的最大功臣也当属派兵布局准确的哈利教练。因此，电影所塑造的这些与华人曾经敌对、最终化干戈为玉帛的英国朋友，实际上颠覆了指认敌人以确认自我——通过将英国人指认为作为敌人的"他者"从而确立起"我们"的身份——这一常见的表述，反而试图从勾连起遥远殖民地记忆的"他者"身上获得对"我们"这一主体的认同。在这一设置的背后，其实也揭示了一个事实，马来西亚华人社群对于自身国族认同的表述在很大程度上有模仿西方式国族认同的倾向，并渴望得到来自西方世界的认可。

除了英国朋友形象外，《辉煌年代》中还出现了一个曾与华人敌对的马来人朋友阿里。阿里是马来西亚国家队中的新星前锋，他梦想着有一天能够穿上马来西亚队中曾经的王牌山苏的 10 号球衣，对自己的实力有着绝对的自信，也是全队中最努力练习的一员，但相对的，他一开始重视自己远多于团队。在国家队开始备战 1980 年莫斯科奥运会预选赛时，阿里就对新入队的替补守门员华人艾力克心存偏见，他认为守门技术普通的艾力克一定是凭借家庭背景的富裕才得以加入国家队的。尔后，英国教练哈利开始执教马来西亚国家队，哈利初来乍到便大刀阔斧改动国家队的阵型，钦定替补守门员艾力克踢曾经国家队的王牌山苏的位置，这让阿里对艾力克更加不满。在一次友谊赛前夕，阿里因为训练过度右脚受伤，他为了上场向球队隐瞒了这一点，但在比赛中还是被哈利教练看出而被要求休赛一场，阿里觉得是艾力克为了取代他去向教练告的密，并在更衣室里公开说艾力克是收买教练才获得了前锋的位置，表达了他对于艾力克取代了山苏位置的不满。两人差点在更衣室内大打出手，引得周国强自责万分，决意退出国家队。周国强的退出并未能挽回国家队的败势，艾力克和阿里还是各自为政，国家队在下一场友谊赛中遭遇了更大的失败。终于周国强归队，主心骨的回归让国家队的训练踏上正轨，在经历了军营训练之后，艾力克与阿里意识到团队的重要性。一次阿里深夜回到宿舍，王添财说阿里是为了不被艾力克超越才这么努力，阿里却告诉王添财他是为了团队才想要增强自己能力，而阿里的话也被还未入睡的艾力克听见了，艾力克对于阿里的看法也有所改观，主动在训练时向阿里伸出友善之手。两人渐渐互相理解、彼此认同，在奥运会预选赛中两人成了马来西亚国家队最突出的两大射手。在决赛场上，阿里被对手铲球受伤，负伤坚持比赛时，却在对手处得知，马来西亚当局已经抵制莫斯科奥运会，即使他们取得了胜利，国家队也不会出现在奥运会赛场上。中场休息时，阿里和艾力克向教练确认了这一消息，一时间队内人心惶惶，阿里也几近要放弃比赛，但在教练、队长周国强、姆都、王添财先后的鼓舞下，阿里最后决定完成比赛，并在最终的决赛场上，由艾力克助攻、阿里射门，实现了马来西亚国家队在奥运会预选赛决赛上的逆转，赢得了最后的胜利。

在马来人阿里这一形象的塑造上，可以看出导演的确用尽心思。首先，阿里身上既存在着刻板印象，又同时进行了去刻板印象化的处理。一方面，马来人阿里因为华人艾力克来自富有家庭而对艾力克心生偏见，这一设定很自然地联系着华人对于新经济政策与马来人优先观念的理解：彼时新经济政策得以推行的正当性之一，就在于当局声称马来人在经济上显著落后于华人，而华人也因此认为马来人对华人的敌意源于华人经济上的优势。另一方面，阿里是球队中训练最为刻苦的一员，又打破了华人社群中普遍存在的"马来人懒惰"的刻板印象。其次，导演隐去了对于阿里家庭背景的描摹，继而隐藏了"马来人经济地位低于华人"的表述。影片中不吝篇幅地展示周国强、姆都和拉曼的家庭生活场景，也着重表现了周国强与拉曼在踢球之余还必须工作贴补家用的艰辛，同时也通过艾力克所拥有的新衣、新手套、相机、电视机来表现出他经济上的宽裕。但观众唯独对阿里的家庭背景一无所知，也从未见到他在训练之外参与工作。如此一来，在阿里与艾力克的交往中，哪怕艾力克是富商之子，观众也不会太在意二人的经济地位差距，使得影片通过周国强与拉曼的友谊所完成的"马来人经济地位未必低于华人"的表述依旧可以成立。再次，影片将阿里设置为国家队成败的关键。教练让阿里背负"王牌10号"的战衣出征预选赛；在决赛中场休息时的国家队更衣室内，也是阿里最后进行表态，才让决定全体成员共进退的国家队能够继续比赛；导演甚至还不惜改变史实，让阿里踢进了本应是华人球员黄财富（艾力克原型）所踢进的决胜球。[①] 导演此处的改动在影片上映后招致了很多争议，不过迎合市场、规避政治问题本就是商业导演的应有之义。但不可忽视的是，阿里的"关键"地位已经在更衣室谈话中确立，最后射入的制胜球只是对于这一设定复沓式的强调，它所显现的其实是影片中所试图塑造的——联系着"一个马来西亚"政治口号的——"我们"的实现必须依赖于马来人的首肯，究其根本仍是华人社群面对事实存在着的"马来人优先"的无力感。最后，影片也利用阿里与艾力克的关系修复而避免处理"华人如何得到马来人理解与认同"这一问题。导演特意设

---

① 《当年奥运入选赛攻入制胜球 黄财富指 Ola Bola 不应改历史》，当今大马 2016 年 4 月 6 日，https://www.malaysiakini.com/news/330842，访问日期：2018 年 4 月 15 日。

置了一处艾力克深夜无意间听到阿里"为了团队"的话，让艾力克对阿里的看法有所改观；但相应的，导演却又简单地用军营训练时艾力克主动伸手拉阿里这样的小桥段，便让阿里接受了艾力克，仿佛只要华人伸出友谊的橄榄枝便可以得到马来人的认可。就最终结果来看，观众的确没有太细究此处转变的牵强，使周青元的表述可以成立，族裔之间包括阶级在内的差别都能在"国族"之下消失，"他者"可以成为我们，这也就构成了导演所试图构建的国族认同的重要侧面。但不能掩盖的是，对于导演或华人而言，即使是在虚构中对上述的无力感进行想象性的破局，也依旧是个艰难的命题。

二、变动中的他者与华人主体地位的想象

（一）执法者形象的变迁

在周青元的电影中，公权力总是与马来人形象绑定在一起，而作为"执法者"的马来人形象对于华人而言也是无法沟通的存在，在这一设置的背后所隐含的是华人对于国家公权力中"马来人优先"的无力感。但这一判断并不意味着周青元四部电影中的"执法者"形象均保持一致，在《辉煌年代》中的执法者不再是前三部电影中都曾出现过的马来人警察，而是马来人军官。尽管两部电影中所设置的时代背景有所不同，《一路有你》是一个发生在当代马来西亚的故事，而《辉煌年代》的故事则发生在20世纪70年代的冷战背景之下，从"警察"到"军官"的转变看似也只是符合时代背景设置的需要，但联系周青元从《一路有你》到《辉煌年代》的创作理念转变，这一改动便显得别有意味。

在《大日子woohoo！》和《一路有你》中，马来人警察所表现出的"功能"是维护法律与秩序：《大日子woohoo！》中的马来人警察是为了打击聚众赌博，而《一路有你》中则是打击卖淫。但到了《辉煌年代》中，马来人军官虽然同样代表着国家公权力，但他所承担的"功能"变化成将军队式的团队精神、国家荣誉感传给国家足球队，而维护秩序的功能却被剥离了。电影中有这样一段情节，军官在对国家队训话时，华人国家队员王添财偷偷说话，军官明明听见却并未制止，也恰好佐证了在马来人军官这一形象上维护秩序功能的缺失。

而与之相对应的，则是电影中出现了女护士和保安这样作为"秩序维护者"的华人形象：在医院中，华人女护士在印度裔守门员姆都和他的父亲爆发激烈争执时，拍了几下桌子，并用马来语强调"Diamlah, sini hospital"（安静，这里是医院），从而制止了他们的争吵；而在奥运会预选赛决赛时，华人保安也用马来语告诉姆都的父亲，"Kalau tiket tak boleh masuk"（没有票不能进场），并将姆都父亲拒之门外。

华人保安这一形象在周青元电影中其实并非第一次出现，《大日子woohoo！》的男主角阿炳在故事开头就是一个被革职的保安。同时这一形象也不免令人联想起《天天好天》中的印度裔保安形象。相比起来，虽然观众也可以将华文小学的印度裔保安驱赶华

人阿福的行为看作是维护正常的教学秩序，但在电影中印度裔保安并未提及与"规则"相关的话语，反而更多地表现出是奉华人之命行事，可见在周青元的电影中，"维护秩序"的功能并非始终与"保安"这一形象绑定在一起。而体育场中的华人保安不但强调了某种秩序并将其执行，同时还使用马来语作为维护秩序时所使用的语言。同样的，医院中的华人女护士也具有这样的特点。诚然，不论是华人保安还是华人女护士，要与印度裔的姆都父亲进行沟通，使用作为国语的马来语本是件非常自然的事情。但正是因为统一的马来语与作为民族国家的"马来西亚"这一想象的高度内在联系，使得在周青元的电影中，当华人开始使用马来语去维护秩序时，就形成了这样一重表述：华人开始分享本属于马来人的公权力。

另一方面，同样也不可以忽视导演在《辉煌年代》中所赋予执法者以培育团结意识的新功能。在电影中，马来西亚国家足球队是通过军营受训才真正成为一个团结的整体，而军官的训话始终伴随着国家队受训场景一同出现，也就表明这种团结一致的状态离不开马来人军官的影响。

综合上述两方面的变化，可以认为周青元在电影创作中贯彻"一个马来西亚"的理念时，对于华人与公权力的关系进行了重新的思考。"一个马来西亚"与"马来人优先"本身就是互斥的理念。2008年马来西亚第十二届大选，作为马来西亚执政党联盟的国民阵线[①]的政治霸权出现裂痕和滑落，在国会中失去了占据三分之二席位的绝对优势，国阵中代表少数族群的成员党输掉大部分议席。面对如此情形，于2009年4月走马上任的马来西亚第六任首相纳吉布[②]·敦·拉扎克（Najib bin Abdul Razak）提出了"一个马来西亚"的政治理念，主张马来西亚中不同种族人民的地位和权益是公正平等的，应促进马来西亚各族人民的团结和谐，试图打造一个更加开明、提倡多元文化的政府形象，以求挽回少数族群对于国阵的支持。

因而对于前者来说，马来西亚社会现实中受到后者影响而导致的公权力分配不均的问题是必须要被改变的，于是在电影中华人形象开始行使本属于马来人形象的公权力功能的设定，所体现的正是为贯彻"一个马来西亚"而必须对现实进行的改写。但这种改写背后仍然充斥着一种无力感。一方面，虽然《辉煌年代》中华人开始分享本属于马来人的公权力，但这种"分享"是非常受限的，马来人始终扮演着更加典型的执法者，而华人也只能行使维持秩序这种带有公权力性质的功能，而不能成为典型的执法者，甚至行使这一功能时的对象，也只局限在华人或导演认知中比华人更加弱势的印度裔。甚至这一改写本身也并没有改变周青元电影中作为执法者的马来人形象本身所具有的"华人无法沟通"的属性，也揭示出在现实族群藩篱前，即使是想象性的突围也依旧无力。另一方面，各族人民团结一致可以说正是"一个马来西亚"达成后所具有的表现，但在电影中导演把培育这种团结意识作为了马来人执法者所具有的功能，于是再度显现出电影

① 简称国阵，是1973年成立的马来西亚执政党联盟，其前身为"联盟"。

② 他的马来西亚官方华文名为"纳吉"，但在中国大陆多译作"纳吉布"。本文采用中国大陆通用的译名。

所构建的"一个马来西亚"想象的内在分裂：华人自居于主导位置，自身却无力实现这一想象。

（二）"他者"特征设置的变动

纵观周青元的四部电影中所塑造的诸多他者形象，可以发现作为"华人朋友"这一类的他者形象在导演前两部电影中均未涉及，而在后两部作品中这类形象不但出现，还在剧情中占据了重要位置。由此可见，尽管导演和影片出品方在电影《一路有你》开拍伊始便声称这部电影会与前两部电影一并形成"贺岁三部曲"[①]，但《大日子woohoo！》《天天好天》与《一路有你》之间还是存在着相对明显的差异。

并不难理解这种差异为何存在。当周青元在创作《大日子woohoo！》时，马来西亚的大众文化生产缺乏对现实中马来西亚华人社群的反映，尤其是对马来西亚华人社群相对于其他族群而言，独特的生活方式与传统习俗的反映。在马来西亚国内电影产业中，华语电影创作处境艰难，既不被政府认可为"马来西亚电影"享受政策优惠，商业上也举步维艰，在《大日子woohoo！》之前更是没有一部能称得上是成功的马来西亚华语商业电影。而在同时期国外的华语电影生产中，"华人性"已经不再是商业电影所关注的重心。因此，为了"填满观众空虚的期待"[②]，周青元在创作中才会提出"百分百的马来西亚电影"来强调华人区别于其他族群的独特性，并在次年转向海外合作、海外市场时，也将华人的独特性作为创作的重心。换言之，这一时期的创作重心在于"异"，因而导演也就不需要额外地利用"朋友"这一具体的形象来为抽象的族群关系寻找"同"的可能性。

正如上文讨论中所提及的，在《一路有你》与《辉煌年代》之中，周青元将塑造他者形象作为影片中构建华人国族认同的一部分，因此电影中也开始出现非华族的"华人朋友"形象。促成这一转变的背后，是马来西亚华人电影产量骤增、整体票房却并未同步增长的现实，华人导演必须重新开始思考如今观众的期待又发生了什么变化，而"全民电影"这一理念的提出与实践，并在电影中借"朋友"形象来讨论族群关系便是周青元交出的答案。

在塑造这类形象时，导演精心设置他们与华人之间存在的差异，并让他们与华人的交往呈现为一个"求同存异"的过程，从而在想象中实现族群关系的和谐。不过，仔细对比《一路有你》与《辉煌年代》中"华人的朋友"形象，会发现在两部作品中，导演为区分华人主体与这些他者形象所设置的"异"，为跨越这些差异所设置的"同"，也发生了变化。

在《一路有你》中，华人与"华人的朋友"之间存在的"同"是文化上的差异。在

[①] 《周青元开拍全民贺岁片》，星洲网 2012 年 9 月 10 日，http://www.sinchew.com.my/node/ 1082149，访问日期：2018 年 4 月 17 日。

[②] 《贺岁喜剧第一人 周青元 大日子 woohoo！》，星洲网 2009 年 11 月 24 日，http://www.sinchew.com.my/ node/1165725，访问日期：2018 年 3 月 2 日。

电影中，全叔与法蒂玛之间懵懂的初恋被种族藩篱所阻隔，而这一藩篱在影片中具体表现为法蒂玛虽然能够理解华人传统习俗文化，却始终不愿意在华人老同学们凑十二生肖时"做蛇"；同样的，影片在展现全叔的洋女婿班杰明与全叔最初的"敌对"时，也是通过班杰明完全无法理解华人传统习俗来引出二人之间的种种矛盾。

从而影片中的"求同存异"，是借由一种超越文化差异的普遍情感来完成的。在法蒂玛这里，她与全叔的彼此认同是源于几十年的同学情谊，所以全叔才会愿意同她倾诉自己的心事，而法蒂玛哪怕不愿意"做蛇"却也愿意出现在老同学们的生肖合影中。对于班杰明来说，公路之旅虽然让他体验了种种华人传统习俗，但他最终能够认同全叔，却也是因为他理解了全叔在古板与固执之下，对于女儿、老同学所具有的充沛的情感。而从全叔的角度来看，哪怕他最后还是听不大懂英文（影片甚至还没表现出他对班杰明背后的英国文化有任何的了解），但只要他认识到他与班杰明具有共通的感情，他也就能够发自内心地同意女儿与班杰明的婚事。

因此，周青元在《一路有你》中，实际上是通过强调共通的、普遍的情感来引导华人对于他族的认同，并试图将这种情感作为华人社群得到他族认同的资本。在这一表述下，彼此之间的文化能否互相认同就成为一件无关紧要的事情。就如同在最后的生肖合影中，知晓华人生肖的马来人法蒂玛不愿意"做蛇"，而对生肖还一无所知的英国人班杰明却被叫来"做蛇"，可这并不妨碍他们留下一张"cantik sekali"（马来语：非常漂亮，摄影师语）的照片。

但是到了《辉煌年代》中，周青元却开始将"异"设置为不同族群之间生理上的差异，像肤色、瞳色、相貌特征，而把共同的语言、共同的生活环境与共同的目标当作"同"。所以，在周国强与拉曼之间的第一次对话中，说着马来语、"吃椰浆饭"、并希望国家足球队能够进入奥运会为国争光的马来人拉曼理所当然地可以被华人周国强视为"我们"中的一员，而不用在意外貌上的差异；相反，哈利教练不但是"棕头发蓝眼睛"，更是"吃牛排"、对国家队的情况一无所知（至少当时周国强是这么认为的），因此哈利教练是"跟我们不一样"的他者。联系现实，马来西亚社会中的不同族裔多少都掌握了基本的马来语；而不同族裔间的饮食、生活环境也经常是相通的，就像三大族群的人都会吃椰浆饭一样。于是导演实质上所表达的，是马来西亚不同族裔只要追求共同的目标便能彼此认同。

可以看出，从《一路有你》到《辉煌年代》，这些"华人的朋友"与华人之间共存的"异"，从文化习俗上的不同变成了生理外貌上的不同，而两者试图寻求的"同"，则是从追求共通的情感演变为追求共通的目标，进而也使得影片在处理华人与他族之间"求同存异"的表述发生了改变。造成这种变化的当然是周青元创作理念的改变，在《一路有你》的"全民电影"时期，周青元是以一种"全民参与"的方式来使电影尽可能地贴近马来西亚华人社群的现实，其中塑造作为"华人的朋友"的马来人、英国人形象只是为了去回应华人在现实中所遇到的问题，并试图为这些问题找到一个可行的出路，因而这些他者形象的设置虽然直接参与了华人国族认同的建构之中，但却并没有从作为"国家"这一概念的马来西亚出发来考虑作为"马来西亚公民"的华人与其他族裔之间的族群关系。到了《辉煌年代》时，周青元有意在电影中贯彻"一个马来西亚"的理念，他所要面对的问题就不仅是马来西亚华人的现实处境，更是要引导华人去认同三大族群团结一致的状态。他在设置这些他者形象时就更为直接地服务于达成这一状态。于是在他者与华人之间"异"的设置上，就放弃了对于观众而言直观上更加难以忽视的文化差异，而转向了更易于被接受的生理外貌差异；而在"求同"上，也用诸如国家荣誉这样更加具体的共同目标取代了较为抽象的普遍情感。

三、周青元电影中的他者形象与马来西亚华人国族认同

在阿尔都塞首次提出"意识形态国家机器"这一重要概念之后，博德里进一步在电影理论表述与电影批判实践中发展了阿尔都塞的理论，在他看来，电影无疑是执行意识形态国家机器功能的最佳装置，电影内在地包含了拉康所说的形成自我的想象秩序：摄影机先验地设置了主体位置，而放映机、黑暗的影厅与银幕等观影元素对应着拉康所发现的"镜像阶段"的发生所必需的各种情境，从而通过电影的复制再生产，可以不断地引导、实现观者特定的主体认同，获得明确的意识形态效果。[①] 在拉康的论述中，镜像阶段联系的是主体的形成过程，婴儿是通过对于镜中他者的差异性进行认知，从而确认作为"我"之主体的想象。[②] 换言之，在意识形态批判的视阈中，要发现电影中特定政治神话是如何形成并获得确认的，也必须对影片中的"他者"有所认知。

而斯图亚特·霍尔则进一步讨论了电影与身份认同之间的关系。在他看来，身份认同并非是一种已经完成的现实，而是永远处在"生成"的状态之中。因此，电影就是以再现的手法，试图为某一特定的集体，生成和表达一个稳定的身份认同，而这种身份认同是由一致性与差异性共同发生作用所建构的。但在现实之中，一致性与差异性往往并非是绝对的，例如在欧洲人的想象中非洲奴隶都是来自非洲这样一个同一的"黑暗大陆"，可实际上这些非洲人来自不同的族群、说着不同的语言、信仰着不同的神明，恰恰是西方的种植园经济赋予了他们以一致性。霍尔将这种一致性与差异性之间的不稳定关系定义为"嬉戏"（play），而电影创作正是在无休止的嬉戏中所进行的一次策略性的任意停顿，通过重新定位一致性与差异性的界限使得构建一个稳定的身份认同成为可能。[③]

在这一意义上，周青元电影中相对于华人所设置的他者形象无疑与电影所试图构建

---

① 让－路易·博德里：《基本电影机器的意识形态效果》，李迅译，载杨远婴编《电影理论读本》，世界图书出版公司，2012，第 561–570 页。

② Jacques Lacan, Bruce Fink. *Écrits: the first complete edition in English* (New York: W.W.Norton&Company Inc, 2005), pp.75–81.

③ Stuart Hall. "*Cultural Identity and Cinematic Representation*," *Framework: The Journal of Cinema and Media* 36(1989): 68–81.

的马来西亚华人国族认同息息相关。安东尼·D.史密斯曾提出了两种民族认同的模型，即以某种政治共同体意识为基础的公民模型与以一种假定的血缘家族关系为纽带的族裔模型，前者强调"共同体的所有成员拥有平等的法律地位"的意识，后者则强调体现为语言和习俗的方言文化。① 可以认为，周青元在其四部电影中不断重新定位华人主体与相对于华人主体而言的他者形象之间的界限，反映的正是其电影所试图建构的马来西亚华人国族认同从族裔模型向公民模型之转化。

在他的前两部作品《大日子 woohoo！》与《天天好天》之中，像马来人警察、印度人和印尼人服务者这些非华人的他者形象之所以处于电影中的边缘地位，是因为他们被想象的"华人大家庭"所排除在外，这一点在《天天好天》的结尾中表露无遗：影片中出现过的所有华人都赶来作为华人家庭象征的养老院为老人庆生，而主角林凤娇家中的印尼女佣苏珊蒂却没有跟随林凤娇来养老院。但电影同时又不能完全隐藏起这些他者，否则电影叙事就有可能变为华人故事而非马来西亚华人故事，马来西亚的华人观众无法将银幕中的"现实"指认为"自我的现实"。

而到了《一路有你》之中，周青元的创作大体上依然可以被视为是依据安东尼·D.史密斯所提出的族裔模型来建构马来西亚华人的国族认同，但他实际上又把国族认同的基础，从马来西亚华人社群文化进一步拓展为一种共通的、普遍的情感。所以，电影中作为华人无法沟通对象的马来人警察当然还是延续了前两部电影中的设置，被影片边缘化、被"华人大家庭"排除在外，但能与华人共情的马来人同学法蒂玛、洋女婿班杰明却可以出现在"华人大家庭"的全家福之中，成为"我们"之中的"他者"，或是东南亚华文文学研究者常使用的"己他"一般的存在。② 必须承认的是，在《一路有你》中对于包含了"他者"的"我们"的认同并非一个非常稳定的存在，因为在情感的一致性之下，文化的一致性与差异性依然存在；而以情感作为差异的界限也过于空泛。

因此，在《辉煌年代》之中，为贯彻"一个马来西亚"政治理念的周青元，开始转为以一种接近公民模型的国族认同建构方式来建构马来西亚华人国族认同。从而，电影中所设置的差异性的界限，再度滑向至法律–政治意义上的共同体下共同的公民文化与意识形态。具体到影片中，共同的公民文化与意识形态，就是相同的马来语、相同的饮食文化、以马来西亚国家足球队为代表的团结意识与为国争光的使命感。在这一差异性界限的设置下，英国人的他者形象与马来人、印度人的他者形象就在影片中具有了不同的功能。英国人教练哈利与国家队队员在语言与文化上的差异，使国家队队员作为"马来西亚公民"这一身份得以成立；而在国家队不同族裔队员之间的差异是"马来西亚公民"这一身份中的不稳定因素，但这种差异仅表现为团结意识与为国争光的使命感的缺失。换言之，若团结意识与使命感可以获得，"马来西亚公民"身份将会是一个稳定的国族

---

① 安东尼·D.史密斯：《民族认同》，王娟译，译林出版社，2018，第5–26页。

② 当主体通过对他者身上的"他性"进行过滤，使得"他者"成了主体的某种变体时，"他者"就成了"己他"。可详见王列耀所著的《趋异与共生——东南亚华文文学新镜像》与庄华兴所著的《他者？抑或"己他"？商晚筠的异族人物小说初探》。

身份认同。在这一国族认同之中，这些他者形象就会是"我们"内部的"己他"，而非外部针锋相对的"他者"。

需要注意到，在电影中作为言说与再现主体的华人在现实中其实是处于被马来西亚主流社会中相对被边缘化的弱势地位，从而周青元的电影创作实际上是对马来西亚社会支配意识形态的颠覆与转化，正如米歇尔·培休（Michel Pêcheux）在讨论主体建构模式时所言，弱势群体需要通过对无法回避的支配性意识形态进行逆反、转化和移置来建构主体。① 这一点在《辉煌年代》中表现得尤为明显，电影中所构建的华人国族认同，实际上无限近似于马来西亚当局所推行的"一个马来西亚"理念，但通过在电影中对于"我/他"关系的重新诠释，使得华人的国族认同反客为主地在社会主流叙述中得到确立。但作为最初一批尝试在马来西亚商业电影中为华人群体争取文化话语权的导演，他也无法避免身为先行者的局限性，例如在他设置那些作为执法者的马来人他者形象时，虽然成功借此划分出了确认主体地位的差异性之界限，但却始终无法避免华人在面对这些他者时的无力感，甚至像在《辉煌年代》中，"团结意识"可以说是关乎"马来西亚公民"国族认同能否成立的关键，但周青元却只能将"培育团结意识"的功能赋予马来人他者形象。除此以外，对马来西亚支配意识形态的逆反，不仅关系到对于华人与马来人族群关系的处理，也涉及华人与马来西亚其他族裔的族群关系，但在电影中设置他者形象时，周青元有意识地改变、颠覆现实社会中马来社群与华人社群的强弱关系，却又不自觉地将现实中华人相对于除马来人外其他族裔的优越感，投射到影片中那些印度人、印尼人的他者形象上，这就使得影片所构建的国族认同可能对社会支配意识形态处于一种既反对又默认的尴尬处境。

同时，周青元也无法避免来自现实的直接限制。不同于先前的独立电影导演，他的作品在商业院线上映，他和电影出品方也必须要顾忌审查制度、考虑商业利益，因此他在创作中需要不断地自我审查，这也就导致他在电影中对抗社会主流意识形态时总显得有些保守，如《辉煌年代》最后改写历史让马来人踢进制胜球。

但对于周青元电影创作所具有的局限性，也确实不应该大加指责。尽管自《初恋红

---

① 比尔·阿希克洛夫特、格瑞斯·格里菲斯、海伦·蒂芬：《逆写帝国 后殖民文学的理论与实践》，任一鸣译，北京大学出版社，2014，第147–183页。

豆冰》的退税风波之后，[①]马来西亚的电影政策逐渐走出族群政治的阴影，但电影中事实上长期存在的族群藩篱却难以弥合。在《辉煌年代》上映同年，电影入围第 28 届马来西亚电影节竞赛单元，这时组委会却突然宣布，将在"最佳影片""最佳导演""最佳剧本"三项大奖下分设"马来语"组与"非马来语"组，于是《辉煌年代》就地被归入至"非马来语"组。该消息一经传出便引发轩然大波，一些马来裔导演质疑该奖项设置是为了排挤非马来语电影，甚至以宣布退出电影节进行抵制；[②]而与之相对的则是马来西亚导演协会（Film Director's Association of Malaysia, FDAM）发表的声明，该声明称，若是马来西亚电影节允许非国语（即马来语）的电影竞选马来西亚电影节这样的国家级奖项，马来西亚导演协会将认为此举违宪并拒绝参加马来西亚电影节。[③]在各方压力下，第 28 届马来西亚电影节最终取消了"非马来语组"设置，取而代之的是另设了"最佳国语电影"（Filem Terbaik Bahasa Kebangsaan）供马来语电影角逐，[④]该奖项最终也于次年第 29 届马来西亚电影节中取消。透过这一事件，再重新审视周青元的电影创作，大体也能够理解他所面临的创作环境之艰难，以及他在作为大众文化的电影生产中为华人社群争取话语权的可贵。

---

① 《初恋红豆冰》电影导演陈庆祥（阿牛）向国家电影发展局申请 20% 的娱乐税退税，却因电影中马来语对白占全片的比重未能达到"马来西亚电影"的标准遭遇失败。陈庆祥导演本身是在华人文化圈有一定影响力的艺人，而他在台湾录制综艺节目《SS 小燕之夜》宣传电影时，也提及了这一段经历，最终使得该事件成为媒体关注的舆论热点，引发马来西亚国内对于"马来西亚电影"定义的争议。在众多华裔政界人士、文化工作者、社会名流的支持下，陈庆祥导演开始积极争取《初恋红豆冰》获得娱乐税退税。最终马来西亚内阁在 2010 年 11 月 23 日的会议上决议重新定义"马来西亚电影"，此后，凡是电影超过 50% 在马来西亚本地摄制、电影公司股份 50% 及以上的持股人是马来西亚人，无论电影对白以什么语言为主，都可以视为马来西亚电影。《〈红豆冰〉终退回 70 万娱乐税 王赛芝建议创办中文电影协会》，当今大马 2011 年 6 月 23 日，https://www.malaysiakini.com/news/167869，访问日期：2018 年 4 月 16 日。同时，政府提出以剧情片公映奖励金（Insentif Tayangan Filem Cereka, ITFC）取代娱乐税回扣制度，根据新的奖励金制度，对于票房低于 200 万林吉特的马来西亚电影可以获得总票房 10% 的奖励金，而对于票房高于 200 万林吉特的马来西亚电影则可以在 20 万奖励金的基础上额外获得超出 200 万部分票房 5% 的奖励金，总奖励金不超过 50 万林吉特。详见 "Insentif Tayangan Filem Cereka," *Finas*, July 01, 2011, aecessed march 29, 2018, http://www.finas.gov.my/industry-information/insentif-tayangan-filem-cereka-itfc/；王赛之：《助刚起步公司成长 电影奖抵制逐步改善》，星洲网 2011 年 4 月 5 日，http://www.sinchew.com.my/node/1224880，访问日期：2018 年 3 月 29 日。此外，政府也决定特别通融，让在新标准生效前上映的连同《初恋红豆冰》《大日子 woohoo！》在内的 13 部非马来语电影获得娱乐税退税。《〈红豆冰〉终退回 70 万娱乐税 王赛芝建议创办中文电影协会》，当今大马 2011 年 6 月 23 日，https://www.malaysiakini.com/news/167869，访问日期：2018 年 4 月 16 日。

② 《马来名导抵制 莫哈末诺退出电影节》，星洲网 2016 年 8 月 8 日，http://www.sinchew.com.my/node/1554956，访问日期：2018 年 4 月 16 日。

③ "FDAM umum tidak lagi bersama FFM," *astro AWANI*, August11, 2016, aecessed April 16, 2018, http://www.astroawani.com/berita-hiburan/fdam-umum-tidak-lagi-bersama-ffm-113671.

④ 《大马电影节风波延烧 "若非国语作品竞逐最佳电影" 导协：退出电影节》，星洲网 2016 年 8 月 12 日，http://www.sinchew.com.my/node/1556493，访问日期：2018 年 3 月 29 日。

从印尼动作片《突袭》过审看印尼电影审查制度

温华翼[①]

由威尔士裔导演加雷斯·艾文斯（Gareth Huw Ewans）导演的印尼动作电影《突袭》（*The Raid*）于 2012 年 3 月在印尼上映，收获国内外众多好评，印尼影评人路易斯·维特尔（Louis Virtel）在 movieline.com 评论道："《突袭》将震惊世界影坛"[②]，该电影在多伦多电影节上获得了午夜疯狂奖，续作《突袭 2：暴徒》（*The Raid 2: Berandal*）也于 2014 年 3 月上映。这两部动作电影以精彩的打斗场面和融合了印尼传统武术"班加西拉"（Pencak-silat）的暴力美学而闻名。影片里对传统武术的挥发多借助真实打斗场景并以升格镜头进行拍摄，拳与肉的碰撞在特写镜头中得到直观而粗暴的呈现，同时伴有枪击、搏斗、捶击等动作元素所交织的血腥画面。

印尼现行电影法是 2009 年第 33 号法令，该法令对 1992 年第 8 号法令做出了修正，其中第六条第 a 款即禁止公映电影含有煽动暴力活动的内容。《突袭》系列电影毫无疑问可以被看作两部充斥着暴力与血腥元素的动作片，那么该系列电影何以能够通过审核并公开发行上映就成了一个值得思考的现象。电影作为文化产品，承载着多元而丰富的文化与符号意义，电影审核意味着，选择一部电影，即选择了一种以视听语言为媒介的文化表述形式和内容，对该系列电影过审原因的分析，有助于理解当前印度尼西亚电影审核制度运行背后的意识形态侧重点。

一、影片内容梳理与影人介绍

《突袭》讲述了特警拉玛［Rama，伊科·乌艾斯（Iko Uwais）饰］告别妻子，接受特殊任务前往贫民区深处打击黑帮势力的故事。故事发生场景是一栋被黑帮借由散居住户而控制的大楼，拉玛所在的特警队在阴谋操纵下与黑帮展开了激烈的对抗，随着人员的不断伤亡，腐败警察、失散兄弟等线索逐步浮出水面，拉玛经过残酷的考验终于粉碎了毒枭势力，走向楼外的光明。《突袭 2：暴徒》的故事则开始于第一部的剧情结束后的两小时，一直发展到两年之后。拉玛的兄弟被枪杀，他为了报仇也被迫卷入了警匪之间更为复杂的斗争。他化名尤达故意被送进监狱，与高层黑帮大佬的儿子结识并在监

[①] 本文作者为北京大学外国语学院硕士研究生。

[②] Jafar M Sidik, "Film Indonesia 'The Raid' menghentak dunia," *Antara News*, January 24, 2012, accessed September 15, 2024, https://www.antaranews.com/berita/294167/film-indonesia-the-raid-menghentak-dunia.

狱服刑两年后打入黑帮充当卧底，进一步参与到当地黑帮与日本黑道势力的相互倾轧之中。影片最后为《突袭》系列剧情留下了一个开放性的悬念，更为庞杂的背景故事有待展开。

导演艾文斯出生于威尔士，于 2003 年毕业于格拉摩根大学（现南威尔士大学），获得了电影剧本创作学士学位。他毕业后在网络上教威尔士语谋生。他婚后搬到了印度尼西亚，妻子是印尼－日本混血，在印尼他开始拍摄武术纪录片，并结识了当地武术师伊科·乌艾斯。在拍摄《突袭》之前，两人已经合作拍摄过了《精武战士》（Merantau），该电影受到了热烈欢迎。而主演乌艾斯在遇见艾文斯之前是印度尼西亚电信公司 Esia 的一位司机，他在进行武术训练时被正在寻找纪录片素材的艾文斯发现，其后作为主角参演了他的第一部武术电影《精武战士》。该片在韩国富川国际幻想电影节和美国得克萨斯州奥斯丁奇幻电影节上映，获得了高度评价。[①]

两位有过合作拍摄动作电影经验的影人，在对影片的故事选择、画面拍摄和素材处理方面已经有了实践基础，也理应明白电影审查制度是电影公映必须要面对的一道门槛，将《突袭》送审则表明他们对于这部看似与电影法不符的暴力动作片能够过审是有一定信心的，而票房是预算 9 倍的《突袭》也证实了他们的信心并非投机取巧，同时也促使他们合作拍摄了预算投入更多的《突袭：暴徒》，虽然票房成绩没有如第一部一般令人称道。

二、"剪"掉的空白历史——印尼电影审查制度

电影审核与电影分级背后的逻辑是针对电影内容建立了一套社会价值标准，被允许向公众放映的是符合"主流的""正面的"价值取向的电影，[②]预审、电影格式、电影节政策决定了电影是如何被制作与推广发行的。常规电影拍摄所使用的摄影机承担的是一个潜在的观者的角色，通过对自身的隐藏与遮蔽，使得观众在观看影片时能够经由摄影机带来的视点的占有而获得某种在场感，这种在场感换句话说即是"故事自发地呈现在眼前"，赋予了观众潜移默化的文化影响力。当下，印度尼西亚境内所有电影在进行公开发行与放映前，一律必须通过印度尼西亚电影审查局（The Film Censorship Board, Lembaga Sensor Film, 简称 LSF）的审查。LSF 执行电影审查需要通过教育和文化部部长向总统负责。

（一）印尼电影审查制度发展历程

印度尼西亚的电影审查制度（以下简称电检制度）发端于荷兰殖民时期，最早的电

---

① Todd Brown. "Fantastic Fest 09: 'Merantau' Review," *Screen Anarchy*, September 25, 2009, https://screenanarchy.com/2009/09/pifan-09-review-merantau.html.

② 刘婷、席冰:《世界各国电影分级与审查制度研究综述》,《电视指南》2018 年第 1 期。

检制度建立于 1916 年，至今拥有超过百年的历史。[1] 当时的电检制度受荷兰殖民者控制，所针对的是具有颠覆殖民政府动机或鼓励民族独立取向的电影。日本在第二次世界大战期间取代了荷兰殖民统治后，将印尼电检制度归入了宣传部进行管理。

1945 年印尼宣布独立，首任总统苏加诺（Sukarno）同样重视电检制度在国家文化管理中的地位，并将之视作政治色彩浓厚的意识形态斗争工具，将矛头对准了具有"负面影响"的外国电影，并在 1964 年全面禁止从美国进口好莱坞电影。电检制度作为文化国防阵线的重要组成部分，其主管单位被划归国家资讯部管辖，其中有来自情报部门的成员。

1965 年，苏哈托（Muhammad Suharto）上台，一改苏加诺时期反美的偏左路线，主张反共和正常化（Normalisasi）与秩序（Orde），其在位时期被称作新秩序时期（Orde Baru）。苏哈托威权政体的建立伴随着政治态势的高压与思想管制的加强，1992 年，立法机构通过了第 8/1992 号电影法，禁止播放含有暴力、赌博、药物滥用、色情和违法等元素的电影，电检制度自此拥有了稳固的法律依据。[2] 这一时期印尼电检制度的关键词被概括为"SARA"，即族群（Suku）、宗教（Agama）、种族（Ras）、阶级间（Antar golongan），触犯 SARA 的电影或是遭到禁播，或是遭到删减，SARA 成了一项带有强制色彩的禁忌，同时成了苏哈托政权进行电影审查的思想工具。

苏哈托政权终结之后，印尼进入了改革时期（Zaman Reformasi），或称后威权时代（Post-authoritarian Era），开启了民主化进程。根据艾哈迈德·努里·胡达（Ahmad Nuril Huda）对范·海伦（Van Heeren）的《当代印度尼西亚电影：改革的精神与过去的幽灵》一书的梳理，后苏哈托时代的印尼电影受到新秩序时期电影政策和实践的遗产影响。[3] 海伦通过电影实践中的镜头来探索社会议题，揭示了印度尼西亚社会在确定集体认同所进行的斗争中展现的诸要素。电影实践受制于新秩序时期对国家与跨国政治间的想象，这决定了哪些图像和表演可以被印度尼西亚的观众所看到。在后苏哈托时期，虽然新媒体技术的产生和新媒体实践的变化使得新的电影制作方法与发行渠道勃兴，但新秩序的遗产并没有完全消失。

印度尼西亚电影协会（Masyarakat Film Indonesia，简称 MFI）在印尼电影史和电影审查制度史上扮演了重要角色，该协会是由新一代的年轻独立电影人和制作者，如莱来·莱萨（Riri Riza）、尼亚·迪纳塔（Nia Dinata）、米拉·莱斯马纳（Mira Lesmana）和山迪·哈马因（Shanty Harmayn）组成，成立之初是为了反对 2006 年印尼电影节的一次不公正颁奖，在该群体的反对之下，颁奖决定最终被撤回，而 MFI 并未就此停止活动，而是进一步关注国家电影政策的改革，主张电影审查制度与印尼人权法案相矛盾，

---

① Arief Nurrachman, "Sejarah Lembaga Sensor Film Indonesia," *Kompas,* March 30, 2024, accessed September 15, 2024, https://kompaspedia.kompas.id/baca/infografik/kronologi/sejarah-lembaga-sensor-film-indonesia.

② 同上。

③ Ahmad Nuril Huda."Review: Contemporary Indonesian Film: Spirits of Reform and Ghosts from the Past by Katinka van Heeren," *Bijdragen tot de Taal-, Land- en Volkenkunde* 169, no. 4 (2013): 545–547.

要求立法部门废除落后的 8/1992 号电影法令。①

在对《莲花之歌》（*Chants of Lotus*）的审查及 MFI 在立宪法院进行斗争的一年后，众议院用第 33/2009 号电影法取代了 1992 年电影法。政府将其视为符合 1998 年民主改革精神的更民主的法律。审查机制中对电影的切割减少，相反，审查委员会把有问题的电影退回给电影制作者进行"再版"。②如果被筛选的电影不符合审查标准，那么将对制作者给予制裁（依据第六十条第 3～5 款）。③该法第六条规定，禁止使用色情制品（但并没有对"色情制品"的明确定义）或涉及敏感的阶级／民族／宗教问题（第六条 a～f 项）。

新的电影法明确了电影业的目标：

a. 高尚品格的培养；

b. 民族生活智慧的实现；

c. 民族统一和团结的维护；

d. 民族尊严与地位的提升；

e. 民族文化价值观的发展和延续；

f. 民族文化走向世界；

g. 社会福利的增长；

h. 发展鲜活的可持续的民族电影。④

禁止电影包含如下内容：

a. 煽动公众进行暴力活动、赌博和滥用麻醉品、精神药物和其他成瘾物质；

b. 突出色情；

c. 引发群体之间，部落之间，种族和／或群体之间的冲突；

d. 诽谤，骚扰和／或玷污宗教值观；

e. 煽动公众违法；

f. 贬低人的尊严。⑤

电影法第五十七条规定：每一部电影和电影宣传片在上映流通前都需要获得过审许可，审查包括对电影的主题、画面、片段、声音、翻译文本和受众年龄分层规定的审核。进行上述审查遵循的原则是使社会免受不良电影或电影宣传片的荼毒。⑥从中可以看出，新的电影法依然遵循着新秩序时期制度中内蕴的家长式逻辑，该制度将国家放置

① Intan Paramaditha: "Cinema, Sexuality and Censorship in Post-Soeharto Indonesia," in Tilman Baumgärtel. *Southeast Asian Independent Cinema* (Hong Kong: Hong Kong University Press, 2012).

② 同上。

③ 印度尼西亚共和国关于电影的 33/2009 号法令 Undang-undang Nomor 33 Tahun 2009 第六条。

④ 印度尼西亚共和国关于电影的 33/2009 号法令 Undang-undang Nomor 33 Tahun 2009 第五条。

⑤ 印度尼西亚共和国关于电影的 33/2009 号法令 Undang-undang Nomor 33 Tahun 2009 第六条。

⑥ 印度尼西亚共和国关于电影的 33/2009 号法令 Undang-undang Nomor 33 Tahun 2009 第五十七条。

到其易受侵害的公民的保护者的位置上，反对那些可能"激怒"他们从事颠覆行为的电影。

纵观印尼电检制度演变史，可以发现，印尼的电检制度由来已久，对电影的审查重心经历了从对外到对内的转变。且电检制度始终作为意识形态控制和文化思想管理的重要工具，无论是在苏加诺时期，或是在苏哈托威权统治时期，直至21世纪民主化改革时期，对电影受众进行家长式保护的逻辑始终未曾消失，两套电影法案都给予了电检制度以重要地位，电检制度是电影制作人进行电影生产和推广必须面对的门槛，如果选题不当或画面处理不当将面临受到制裁的风险。

（二）审查的倾斜——部分遭禁影片分析

因殖民时期的电检制度受殖民政权掌控，苏加诺时期的电检制度主要面向外国电影，故在此不做分析，仅将分析视野着眼于苏哈托时期及之后，因影片数量庞大，且未能找到足够多的被封禁影片名单，故此处仅列举部分具有代表性的影片。

在苏哈托威权统治时期，电检制度侧重于对影片中的政治指涉的考察，例如，苏曼·迪亚（Suman Daya）所拍摄的《年少恋人》（*Yang Muda Yang Bercinta*, 1977）因为引述了异见诗人 WS 伦德拉（WS Rendra）的诗句而在印尼被禁播了16年之久；[①] 戴迪·阿曼德（Deddy Armand）拍摄的爱情喜剧《左右 Ok》（*Kiri Kanan Ok*, 1989）被审查当局认为隐喻了共产主义，因为片名是以"左"（Kiri）开头，必须改名以符合政权意识形态的偏好，最终被改名为《右左 Ok》（*Kanan Kiri Ok*）。而一些似乎并没有触碰政治敏感区的影片也受到严格的限制，如索凡·索菲安（Sophan Sophiaan）导演的《小男孩》（*Bung Kecil*, 1978）因为在影片中体现了社会不平等而遭到封禁。其他许多影片也因涉及性别议题、性爱场面、政治因素、亵渎宗教而遭到删减或是禁播。

进入21世纪，影片的发行与放映仍然受到严格的管控。谈论贫穷与暴力的电影《耳语之沙》（*Pasir Berbisik*, 2001）因为间接地批评了政府而遭到封禁。它虽然在商业市场上未能取得成功但却在国际电影节上获得了一些重要奖项，影片描写了一位生活在沙漠中的单身母亲和她的女儿，并涉及儿童性虐待的问题。改编自一档电视节目的《快吻我》（*Buruan Cium Gue*, 2004）起初通过了审查删减流程并进行了放映，但后因一位穆斯林神职人员声称影片"鼓励通奸"而被撤回，制作方将片名改为《一个吻》（*One Smooch*）之后才再次发回院线。2006年由 MFI 成员之一尼亚·迪纳塔拍摄的《天堂之路》（*Long Road to Heaven*, 2006）因为涉及2002年巴厘岛爆炸事件而在巴厘岛被禁播，因为巴厘岛电影审查委员会的主席担心该电影诱发当地群体性冲突。由莱来·莱萨执导的《永远的三天》（*3 Hari Untuk Selamanya*, 2007）则因为片中包含的清晰性爱场面而遭到了 LSF 的八次删减。《想要更多？》（*ML: Mau Lagi?*, 2007）也因为对性爱主题与场景

---

① Disri Vibar, "Yang Muda yang Bercinta, yang (Pernah) Dilarang," *Kompasiana*, August 14, 2013, accessed September 15, 2024, https://www.kompasiana.com/disrivibar/5528b9f96ea8345b1d8b4574/yang-muda-yang-bercinta-yang-pernah-dilarang.

的描绘而被禁止在印尼全境播放。① 就国外导演拍摄的印尼相关电影而言，约书亚·奥本海默（Joshua Oppenheimer）2012 年拍摄的《杀戮演绎》（*The Act of Killing*）及 2014 年拍摄的《沉默之像》（*A Look of Silence*）因为涉及"九·三〇事件"而在印尼遭到禁映。

从上述影片的内容题材与遭禁原因可以看出，印尼电检制度的限制虽然包括政治敏感点、族群冲突、暴力血腥、色情、赌博和毒品等元素，但在实际审查过程中有所侧重，审查重心多聚焦于影片对性与性别相关场景和主题的应用。对社会敏感议题，包括族群冲突与阶级分裂的回顾与揭示，针对这类题材所划定的雷区是高压而不容触碰的，这可能与印尼的宗教环境与政治历程有一定的关系。相对地，对暴力场景和"煽动暴力行为"的界定则显得比较模糊，21 世纪以来也很少有电影因为涉及"煽动暴力行为"而遭到封禁。《突袭》系列电影显然没有与性相关的主题或对性爱场景的描绘，《突袭 2：暴徒》中寥寥无几的对夜店场景的呈现也不过浮光掠影，这在 21 世纪第二个十年之初的印尼已经是无须刻意避讳的。同时《突袭》系列作品虽言及黑帮，但未涉及类似于宗教或族群冲突与屠杀方面的政治敏感议题。考虑到《突袭》系列电影上映前后数年内都存在影片被禁的情况，所以没有理由认为 LSF 的执行力或封禁权威在该时期有明显跌落或存在不作为的现象，故可以推测《突袭》系列电影未遭封禁的原因之一是避开了电影审查制度的高压雷区。

三、意识形态批评视角下的电影文本解读

意识形态批评作为电影批评的重要理论路径，对于理解文本背后的意识形态书写，揭破由大众文化所负载的主流意识形态的建构过程有着重要意义。如前所述，电影审查制度承载着对符合社会"主流价值"的电影作品进行筛选的文化任务，而"主流"与否体现的即是官方意识形态的选择。一部影片能够通过审核，意味着这部影片的意识形态表述为官方所承认，甚至在某种程度上能够形成意识形态的共谋，即影片的情节展开与人物塑造有助于意识形态体系的稳固。

（一）电影意识形态批评的理论渊源与实践趋向

对电影进行意识形态批评的主要理论渊源分别指向阿尔都塞的"意识形态国家机器"的论述与葛兰西关于文化霸权的论述。② 阿尔都塞认为，在人类历史上，一种政权要取得统治的成功，它必须在确立暴力机构的同时确立意识形态国家机器，这种机器表现为各项专门化的非暴力机构，主要集中在宗教、教育、家庭、法律观念、政

---

① Basuki Eka Purnama, "Lembaga Sensor Film Sekarang Mengerikan," *Media Indonesia*, October 01, 2016, accessed September 15, 2024, https://mediaindonesia.com/humaniora/69800/lembaga-sensor-film-sekarang-mengerikan.

② 戴锦华：《电影批评》，北京大学出版社，2015 年。

治、传媒系统等领域，它隐蔽而象征性地提供和整合着关于统治的合法化的论述。意识形态作为一种表象系统，其间个人及其生存状况呈现为一种想象性关系，是一次再现（representation），通过这种再现，一幅想象性的图景序列得以展现，个人在其中能够照见自我与他人的社会主体位置。这一隐蔽而又顺畅运作的意识形态为个人在生活中的遭际提供了想象性的解决并给予个人以抚慰。鲍德里亚指出，电影借由摄影机所提供的隐蔽的观看系统，可以被视作意识形态国家机器的一个最佳装置，对意识形态进行复制和再生产。

葛兰西的文化霸权理论强调的是，霸权所对应的统治思想不仅仅指经由统治阶级通过暴力和强制手段所确立的部分，统治的思想常常同时是获得了多数人由衷拥戴和认同的思想体系与话语系统。在葛兰西的分析视域里，统治阶级的文化和被统治阶级之间的关系，不仅体现为前者对后者的统治，而且体现为前者如何不断地与后者争夺霸权并不断地巩固自己的霸权。统治霸权的确立是一个连绵不断的动态过程，它需要在某种社会或政治协商中对被统治阶级做出一定的妥协，为后者的自我指认留下裂隙空间，[①]并以某种方式吸纳被统治阶级的文化并将之包容于官方表述之中。

（二）《突袭》叙事文本分析

动作片（action movie）也被称作"惊险动作片"（action-adventure movie）。在"惊险动作片"这个译名里，"惊险"是修饰"动作片"效果的形容词。一个个令人激动的惊险动作的震撼与刺激是动作片最吸引人的地方之一。但是 adventure 一词单独翻译时更准确的含义是"冒险"，而非"惊险"，action-movie 作为一个由两个兼具名词和形容词特征的单词构成的合成词，互相修饰而构成了合成词的独特含义。[②]电影的核心是主人公的行为（动作）的"冒险"，动作片虽然以动作作为基本的外在特征，但是借助片中人物主动的动作性行为进行叙事与意义表达。因此，动作片的叙事情节在进行影片分析时应当被视作不容忽视的关键要素之一。

影片《突袭》在开始便以中景镜头交代了人物背景：锻炼的镜头突出了影片主人公拉玛的强健有力，祷告和与妻子告别的情节则揭示了人物的宗教背景与家庭情况，同时展现了他性格中爱护家庭的一面。叙事线索的展开则起始于拉玛接受了任务，加入特警队进军贫民窟，这一情节可以视作普罗普叙事理论中英雄的派遣环节。故事发生的地点是一个"十年都没能被警察突破的贼窝"，而故事的推进表现为封闭叙事空间中的向上推进，毒贩头目位于高层，而正义势力或拉玛则需要从底层开始突破，总体上形成了一种为实践正义，打击犯罪而克服困难向目标接近的视觉表述和意义表达。在这一过程中，拉玛所在特警队的成员们以寡敌众，同时还需要面对队伍内部的潜在威胁，而拉玛也遇到了自己的兄弟。值得关注的是，拉玛对罪犯的进攻并没有粗暴地表现为"杀死"

---

① 戴锦华：《隐形书写：90 年代中国文化研究》，北京大学出版社，2018 年。

② 钟大丰：《作为类型的动作片：动作、人物与情节》，《电影艺术》2017 年第 6 期。

而主要表现为"打倒",并且黑帮头目是被腐败警察枪杀的,反派"窝里斗"的情节设计也耐人寻味,最终拉玛押着腐败警察自门缝中走出,成功逃出生天。

而续写了前作的《突袭 2:暴徒》以一个大全景镜头开场,一场荒野中的枪杀为拉玛后续的行动做了铺垫,即为英雄派遣环节的进行提供动机。此处采用的叙事策略与《突袭》是相似的。拉玛在这部作品中的正义捍卫者的形象借由他所说出的"为了清理这座城市"①而凸显得更加鲜明。同时动作戏的场面也增加至 11 场,乌艾斯的武术才能与格斗技巧得到了更充分的展现。与前作相似地,片中的反派角色在末尾也经历了互残,主人公行动的道义纯洁性得以维护。在两部作品的叙事文本中,一个善良而又武艺高强的穆斯林警察突破封锁,打击犯罪的故事由此得以呈现。

LSF 对这样一个"有情有义"的个人英雄神话没有理由也没有必要进行封禁。在另一方面,《突袭》也重写了"警察"(polisi)这一角色。正如福柯所言,重要的是讲述神话的年代,而不是神话所讲述的年代。在印尼,自 2010 年以来,警察成了暴恐犯罪的主要目标,警方对犯罪分子的打击越激烈,犯罪势力对警察系统的报复也越强烈。②这虽然不能看作是与影片拍摄与放映有直接关联的因素,但却是拍摄影片时社会语境的一个重要侧面。在荧幕上展现一个英雄式的警察形象有益于强化警察系统保家卫国的意识形态话语,稳固公民的信念。

影片中那栋在现实中似乎不可能存在的警察久攻不下的大楼成了一个悬置的叙事时空,为观众提供了一个安全的情感宣泄的渠道。影片营造的世界有其不同于真实世界的构成规则,不能一切都以人们的现实经验来衡量,更主要的是要看其自身是否具有自洽的逻辑。动作片的主人公也正是由于有了某些方面不同于现实中人物的能力和机遇,使他与普通观众保持了微妙的距离。人们可以认同其情感方式,并不一定要模仿其行为。③观众在惊叹于拉玛武术功夫之高超,搏斗镜头之精彩的同时,也潜在地意识到,这个时空是与现实世界有一定距离的。并且,大楼内的底层住户与贫民窟的存在有着对社会情境,如阶级分化、黑帮横行等问题的指涉,但这种指涉在精彩的格斗场面与叙事情节遮蔽之下已经不再重要,由此,意识形态机器在得到捍卫的同时也消弭着对暴力行为的催生。

《突袭》系列电影的一大亮点是印尼民间传统武术班卡苏拉(pencak silat)的运用,这种功夫以近距离抢占中线,重点击打对方关节,使对手失去战斗力为特点,糅合了棍和匕首等多种器械,如《突袭 2:暴徒》中的那场泥地混战,以及最后 7 分钟的 196 个镜头的决斗画面。④这种武术起源于印度文化在印尼群岛初传时期,在殖民时代被用作

---

① 原文为 Demi membersihkan kota ini。

② Dieqy Hasbi Widhana, "Sejak 2010, Polisi Menjadi Target Serangan Teroris," *Tirto*, July 01, 2017, accessed September 15, 2024, https://tirto.id/sejak-2010-polisi-menjadi-target-serangan-teroris-cpqq.

③ 钟大丰:《作为类型的动作片:动作、人物与情节》,《电影艺术》2017 年第 6 期。

④ 风间隼:《跑在动作片世界的最前沿》,豆瓣电影 2014 年 7 月 23 日,https://movie.douban.com/review/6753238/,访问日期:2024 年 9 月 15 日。

对抗殖民者的武器。到了现代，统一的武术体系与武打比赛的推行使得班卡苏拉被规范化与机构化，作为官方统治话语的一部分，被视作飘扬在全球化浪潮中的"本土特色"的旗帜之一。影片对于这项武术的重点运用以及该电影的过审或许也可以被看作是葛兰西文化霸权理论与官方对民间的文化收编的实践。有评论认为，伊科·乌艾斯凭借在班卡苏拉领域的才能获得了进军好莱坞的门票。[①]

四、结语

由加雷斯·埃文斯所导演的《突袭》系列电影得以通过审核，可能并非由于审核官员对于片中的暴力场景、血腥画面视而不见，而是印尼现行电检制度的审查重点集中于影片对性与性别相关场景和主题的应用，以及对社会敏感议题，包括族群冲突与阶级分裂的回顾与揭示，该系列作品所呈现的叙事话语与人物形象并未触及 LSF 的高压雷区。同时，这部电影在当时的社会语境下与主流意识形态相契合，这种契合可能并非导演有意为之，但在结果上确实与官方话语或宣传需求形成某种共谋效应。本文意在提供一种分析视角，以期为理解印尼当前电检制度有所助益。

---

① Nanien Yuniar, "Pencak silat, tiket Iko Uwais menuju Hollywood," *Antara News*, August 16, 2018, accessed September 15, 2024, https://www.antaranews.com/berita/737900/pencak-silat-tiket-iko-uwais-menuju-hollywood.

巴厘岛巴龙戏的空间原型投射研究

马学敏 [①]

巴龙戏（Tari Barong）[②]是巴厘宗教戏剧中最具代表性和综合性的表演类型之一，展现了代表正义和秩序的神兽巴龙（Barong）与代表消极势力的女巫朗达（Rangda）之间的较量。带有神秘色彩的巴龙戏一般在夜里进行，演出地点为各村的"死亡庙"（Pura Dalem）、十字道路及坟场。巴龙戏不仅代表了巴厘宗教艺术的极高成就，更融合了巴厘印度教、原始宗教及历史传说等诸多元素，是巴厘族宇宙观、世界观及宗教哲学在戏剧舞台上的折射和浓缩，具有很高的研究价值。

巴厘印度教的空间概念对一切宗教活动起着基础性的指导作用。人们通过对宇宙结构的模拟，规划着现实世界和精神世界，在既定的结构中感知秩序并以此获得神圣的宗教体验。大到宏观宇宙，小到人的身体，万事万物都能在空间系统中找到其对应的层次和属性。空间属性是巴厘人认知事物的重要层面之一，巴龙戏作为重要的宗教戏剧，同样蕴含了人们对空间的理解与感知，这些空间原型是巴厘集体无意识的重要内容。厘清巴厘印度教的空间观念如何与巴龙戏相结合，有助于理解巴厘印度教的整体宇宙观及宗教治愈功能的实现，为巴龙戏的原型研究提供具体且有学术价值的切入点。

戏剧所展现的空间是空间原型研究的载体和基础，因此，对巴龙戏的空间原型研究需要从戏剧空间入手。本文所指的戏剧空间是一个抽象概念，即通过剧场、演员、调度、表演等各具体戏剧要素相互作用而在观众脑海中构建的抽象空间，一切演绎都在这个想象的世界里发生。戏剧空间的构建离不开具体戏剧元素所产生的空间感，也只有依托具体空间元素，抽象的整体空间才能够被感知。本文结合巴龙戏的具体特征，将其戏剧空间分成剧场空间、角色空间及叙事空间三部分进行探讨。其中，剧场空间是戏剧演出的场所；角色空间是指巴龙戏中角色依托其文化背景及造型、肢体语言等所塑造的人物空间；叙事空间是指以时间为线索、由剧情发展所引导的故事空间。下文第一节至第三节将分别对以上三个具体空间进行解读，研究其共同营造的戏剧空间及其空间原型投射。

[①] 本文作者为北京大学外国语学院毕业生。

[②] 巴龙戏的印尼语名称为 Tari Barong，也称 tari topeng Barong dan Rangda，直译为巴龙舞或巴龙与朗达面具舞，英语翻译为 Barong dance 或 Barong dance drama，但就其表演形式来看，学术界普遍认为其属于戏剧体裁，因此本文将其翻译为巴龙戏。

一、剧场空间：宇宙三界的投射

对戏剧空间的感知最初也是最直接的印象来自戏剧上演的场所。与世俗戏剧不同，巴龙戏的表演场所不是舞台，也非普通的空地，而是包含了多重元素的空间系统。伊利亚德认为，宗教徒处于非均质（inhomogeneous）的空间中，他们能够感受到空间的中断，并且走进这种中断里，体验不同空间在本质上的差别。巴龙戏上演的场所也是经过特殊构建的宗教空间，它包含了三个不同性质的、看似"中断"的独立空间——神庙、十字道路及坟场，三者共同构成了巴龙戏的"舞台"。它们不仅为戏剧提供背景，更为该场景中将要发生的一切赋予宗教氛围。虽然巴龙戏的场所不同于传统意义上的剧院和舞台，但为了行文方便，我们将这一空间统称为巴龙戏的"剧场"，将其构成的空间称为"剧场空间"。

在分析剧场空间的各部分之前，有必要考察巴厘印度教的宇宙观。巴厘人认为宏观宇宙（buana agung）由三界组成，分别是神祇居住的上界（swah），人和动物居住的人间（bhuwah）及魔怪居住的下界（bhur）。除此之外，宇宙中的万事万物又各自构成微观宇宙（buana alit），有着与宏观宇宙相同的结构。巴厘岛本身即是一个小宇宙，其中，位于岛屿中北部的阿贡火山（Gunung Agung）是上界众神的住所，具有最高的神圣性；围绕着岛屿的海洋是魔怪出没的下界，是邪恶势力的汇集地；阿贡火山与海洋之间的土地则是人类居住的人间。在这种宇宙观的指导下，巴厘族形成了一套独特的方向体系，其中朝着阿贡火山的方向被称为卡加（kaja），有头部之意；相反方向（朝向海洋）则称为克洛德（kelod），有足部之意。这一方向体系被称为卡加–克洛德（kaja-kelod）方向轴（如图1所示）。卡加–克洛德方向轴所指示的不仅是地理空间，更是文化、宗教乃至社会空间。根据这一方向体系，巴厘岛各村都分布着三座基本神庙：分别是位于村落中央供奉创造神大梵天（Brahma）的村庙（pura desa），位于卡加方向供奉毗湿奴（Visnu）的保护神之庙（pura puseh），以及位于克洛德方向供奉破坏神湿婆（Shiva）及其妻子杜尔伽（Durga）的死亡庙。

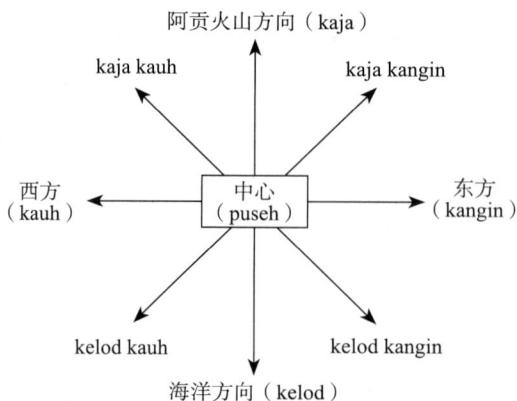

图 1　卡加 – 克洛德方向轴

巴龙戏的剧场位于各村克洛德方向（即该村最靠近海洋的地点）的死亡庙及其附近。巴厘印度教徒相信宇宙中充斥着积极和消极两股力量，它们彼此共存，相生相伴，永恒不变。上界的神灵代表积极力量，下界的魔怪代表消极力量，人类的使命就是维持这两种力量的平衡。海洋正是下界魔怪（bhuta dan kala）的居住地、消极势力滋生的源头，也是黑魔法（leyak）①的诞生之处。一方面，海洋被认为是污秽的，人间的各种疾病、灾难都发端于此，并且海洋深处的黑暗总是与神秘、恐惧和混沌的感觉相联系。另一方面，海洋又是最大的净化之所。火葬仪式中，只有逝者的灰烬归于大海之后，身体才能重新与宇宙相融，让灵魂安然奔赴下一旅程。消极势力从海洋诞生，也随着离岸的海浪而消退。海水甚至常常被采集作为圣水供奉在庙宇中，用以净化身体和灵魂。在巴厘文化里，海洋具有类似于大地子宫的象征意义，它既是生命的发端，也是生命的归宿。在夜晚昏暗的照明下，海浪声混合着时而缓慢时而急促的加美兰音乐，将巴龙戏笼罩在肃穆而陌生的气氛中。

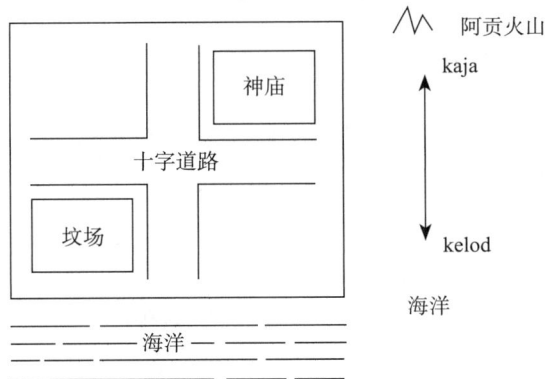

图 2　巴龙戏的戏剧空间

微观上看，巴龙戏的剧场空间由死亡庙、十字道路和坟场构成。死亡庙供奉破坏神湿婆及其妻子死亡女神杜尔伽。这里是巴龙和朗达面具的净化仪式及尾声催眠者苏醒的场所。死亡庙虽然看起来与地下世界联系紧密，但其仍属于"神"庙，供奉的是上界的神祇而非下界魔怪，只是这些神祇所司掌的事物与死亡相关。值得一提的是，巴厘岛的神庙中并不居住着神灵或其偶像——神灵的居所在阿贡火山上，只有当神庙举行仪式或庆典时，祭司才会将神灵请入庙中。因此，神庙意味着神祇的临时居所，是上界神圣空间结构在人间的映射，代表了洁净、神圣的神话世界。在巴龙戏中，神庙作为剧场空间的一部分，从一开始就营造了神圣的氛围，而且从始至终都将戏剧置于宗教语境之中。因此，死亡庙在巴龙戏戏剧空间的构建中起了两个重要的作用，一是确定了戏剧的宗教背景，二是提供了上界空间的象征。

---

① Leyak，巴厘语中用来表示黑魔法（black magic）的词汇，既可指魔法力量，也可指黑魔法的施行者。黑魔法是一种邪恶而危险的势力，其能量源于海上，人类可以通过学习获得。向他人施发黑魔法会招致对方的疾病、灾难等。

神庙外的十字道路是巴龙戏的主要场地。这里平时作为村庄和城镇的交通要道，往往是行人和车辆繁忙穿梭的地方，与普通道路没有任何区别。巴龙戏开演前，数百米的道路会被临时封锁，但仍允许一些行人和摩托车通过。"在亚洲的一些地方——如巴厘，当人们建设一个新的村庄时，他们就会寻找一个自然的交叉点，寻找一个两条道路交叉成一个直角的地方。在源于中心点建立起来的村庄就是一个小世界。"① 作为构建世界的中心，十字道路是人类世界的缩影。人类密集地穿梭于十字道路之上，让这一区域变得热闹且充满人烟气息。与此同时，十字道路恰恰也是黑魔法（leyak）和恶灵侵扰人间时热衷于盘旋的地方。来自下界的魔怪也常常选择十字道路作为它们在人间的驻地。十字道路是巴龙戏剧场空间的中心，连接着神庙和坟场，它既是人类世界的象征，又是地下势力与人间的交叠之处。

坟场则是死亡与黑暗气息的最盛之地。巴厘岛的坟场并不是供死者长眠、供生者凭吊的场所，而只是尸体的临时埋葬之处，同时也是各种邪恶势力汲取黑暗能量的"充电站"。巴厘人认为，当人死亡后，灵魂与身体分离，尸体便成为臭皮囊，变成极度污秽之物。只有当尸体经过火葬仪式变成灰烬后，才能重归于基本元素，与宇宙重新融为一体。一般来说，人死亡后不久就应将其遗体进行焚化，以便灵魂得以尽快解脱，但为了筹集火葬仪式所需的巨大的费用，许多家庭不得不先将死者尸体暂时埋放于坟场。从死者死亡到举行火葬仪式可能经历数月、数年甚至数十年的时间。由于埋葬于坟场的尸体没有经过火葬仪式的净化，死者的灵魂便成为幽灵盘旋于坟场之上，腐朽的躯体为黑魔法提供了施行法术的"食粮"。种种因素使坟场成了黑魔法最为集中的地方。因此，坟场所呈现的世界具有地下属性，直接与黑暗、混沌相联系，其间的"居民"是死亡本身。在巴龙戏中，第一幕女巫拉珑出场时抱着从坟场获得的死婴，而在戏剧的尾声，众人将朗达驱赶回坟场。坟场作为戏剧空间的一部分，不仅提供了死亡和恐怖的氛围，其本身也代表了地下世界，与神庙和十字道路一道，构成了与印度教宇宙结构相一致的临时的微观戏剧"宇宙"。

虽然各地的表演程式有着或多或少的差异，从巴龙戏的空间位移来看，基本都遵循着神庙—十字道路—坟场这一方向。仪式开始之前，巴龙和朗达及其他角色的服装和面具都放置在神庙内庭的专门亭台中，与此同时，庙宇之外进行着一场斗鸡作为仪式的血祭，十字道路被封锁约几百米之长。其他参与者围坐在亭台周边接受祭司的圣水泼洒。加美兰乐队在庙宇的外庭就绪，演员穿戴好服装后自中庭出场，随着演出的行进向庙宇外的道路移动。戏剧的尾声以众人将朗达驱逐回坟场告终。

通过以上对巴龙戏剧场空间主要元素的分析可以看出，巴龙戏所构建的剧场空间的最大特点就在于其真实性和神圣性。演出的背景不是临时布景，而是真实的场景。神庙作为神圣的阿贡火山诸神在人间的"行宫"，是巴厘印度教徒与司掌下界的神灵沟通的场所，也是上界在人间的映射，具有神圣、洁净的属性；十字道路代表人类所居住的世

---

① ［罗马尼亚］米尔恰·伊利亚德：《神圣与世俗》，王建光译，华夏出版社，2003，第18页。

界，它沟通着神庙与坟场，既充满人烟味，也重叠着神秘黑暗势力；坟场则是亡灵和黑魔法的聚集地，象征黑暗而混沌的地下世界。因此，巴龙戏的剧场空间实际上是对宇宙原型的一种复制和投射——与巴厘印度教的垂直宇宙模型相对应，由上界、人间和下界三部分组成，其中上界和下界围绕着人类所建造并熟悉的世界，并在这个世界实现交叠，其表现形态可用下图示意：

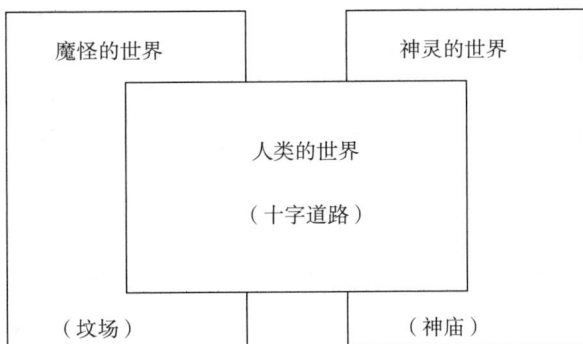

图 3　上界、人间和下界的表现形态

　　因此，从形式上来看，巴龙戏的剧场空间投射了符合巴厘印度教宇宙观的上界—人间—下界三重空间观的临时宇宙，为参与者提供直接的宗教空间体验；从感官上来看，剧场空间为戏剧营造了神圣和死亡的氛围，倾向于将参与者引入精神深处的无意识世界中。巴龙戏剧场空间的意义在于，强调"死亡"的背景能够将参与者的力比多导向仪式的目的——抚慰下界魔怪，驱逐灾祸。而恪守宇宙结构则是出于方法论的安慰——人们希望通过古老而熟悉的模式重现宇宙，以此恢复宇宙各种势力的平衡。

二、角色空间：朗达与巴龙的空间象征

　　如果说剧场提供了客观的外在空间感，戏剧角色及其表演则以抽象的方式激发并引导观众对于空间的感知。巴龙戏的剧场空间构建了一个微缩的三重结构宇宙，而在这个临时宇宙中，空间与空间之间的关系如何，则由动态的演员表现和剧情发展所决定。演员通过扮相、肢体及口头语言展示其情感中的不可见空间。此外，演员还能够在仪式和演出中引导观众思维的空间流动，使之或接近天堂的想象，或融入地狱的混沌。

　　许多现代戏剧中，角色所产生的空间感完全由演员在舞台上的表现所决定，也就是说，在开始表演之前，观众对某个角色的印象是空白的。但在巴厘，由于巴龙和朗达本身就是极富标志性的文化象征，具有深厚的内涵和悠久的历史，因此除了在戏剧演出时演员肢体所赋予的印象外，其形象本身就包含着深刻的内涵，能够激发丰富的想象。所以，对巴龙戏角色空间的分析有必要从其角色内涵和戏剧表征两个维度进行。本节将从文化背景、角色形象及舞台表现三方面对巴龙戏的主要角色——巴龙和朗达（包括朗达的三次变形）进行分别研究，探讨其所投射的空间原型。

朗达在巴厘语中是寡妇的意思。寡妇意味着亡灵的妻子，根据巴厘岛火葬传统，寡妇本应放弃肉身跟随丈夫进入另一个世界，但朗达却留在人间并为害四方。因此，朗达的名字本身就与死亡相关联。除了寡妇之外，朗达的另一个重要身份是女巫，这意味着她还能够把这种黑暗的力量散播出来，或将他人吸引入这股能量之中。"导致昏迷、着魔、无助和消解的一切，都属于'女巫'范围。"[①]朗达的主要活动地点在墓地，她从死尸中汲取黑魔法能量，并且制造灾难和瘟疫，疯狂地掠夺人们的生命。因此，从朗达最直接的身份表征来看，她是与死亡紧密相关的操纵者——她从地下世界汲取能量，又利用这一能量制造死亡。

朗达的另一个重要的隐藏身份是母亲。虽然这一点常常被她狰狞的外表和邪恶的行为所遮蔽，但无论是神话故事还是历史传说，都显示了朗达"诞生者"和"创造者"的身份。在巴龙戏所依据的查罗那朗传说中，朗达是爱尔朗卡王和梦阿莉的生母。[②]在另一些神话异文中，虽然没有直接说明朗达的母亲身份，但却暗示了朗达生命赋予者的属性。关于巴龙和朗达的关系，巴厘地区流传着诸多神话异文，其中许多都暗示巴龙来源于朗达。例如，其中一则异文显示，巴龙是朗达的分身之一。根据该异文，朗达制造分身的目的是"摧毁村里学习魔法的人"，因为"害怕他们成为自己危险的对手"[③]。学习魔法意味着掌握摧毁和死亡的力量，而朗达不希望别人拥有这一能力，她要把控制死亡的权力独揽于自己之手。实施摧毁、掌握死亡实际上是死神的职能。

通过对朗达的身份解析可以发现，朗达在巴厘文化中既作为摧毁者（寡妇、女巫），也作为创造者（母亲），而这两重矛盾身份通过"大地"这一属性在她身上获得统一。大地作为万物生长的温床，也作为地狱和坟墓，具有容器的特征。朗达可视为地母原型的投射。朗达的地母原型还体现于，无论在神话还是戏剧表演中，都只提到她作为创造者的身份，而从未有关于其起源的说法，某种程度上说明她只创造而无须被创造，她既是生命唯一的回收者，也是唯一的创造者。朗达形象在巴厘文化中的深刻内涵是其地母原型在戏剧中被投射和感知的基础。由于朗达的形象本身就包含了与大地和下界相关的空间感，因此在戏剧中能够轻易地触发受众对空间原型的感知，将来自异界的混沌传递给戏剧参与者。

如果说朗达的文化内涵是巴厘人对其角色空间感认知的间接来源，那么她的舞台形象则是触发该感知的直接印象。即使参与者对巴厘文化完全陌生，也能从朗达的角色形象中体验到阴暗恐怖的氛围。朗达最醒目的特征是那一头羽毛制成的、及至腿部的浓密白发。在巴厘文化中，毛发被认为是魔力的集中之处，浓密的毛发也常常与土地的多产和妇女的生殖力相联系。在朗达形象中，厚而长的毛发意味着她曾经拥有的强大生殖功

---

① ［德］埃利希·诺依曼：《大母神：原型分析》，李以洪译，东方出版社，1998，第72页。

② 《查罗那朗传说》文本参考 Beryl De Zoete, Walter Spies, *Dance and Drama in Bali* (Oxford: Oxford University Press, 1986), p.116.

③ 该则异文文本请见 Beryl De Zoete, Walter Spies, *Dance and Drama in Bali* (Oxford: Oxford University Press, 1986), p.273.

能，而这些毛发如今已完全变成白色，突出强调了她的年纪已老，生殖功能已经完全衰退。此外，干瘪下垂的乳房和平坦褶皱的腹部也暗示她作为女性已经完全丧失了孕育和滋养功能。

角色形象上，朗达女性原型的滋养功能被隐去，而恐怖母神的吞噬功能则被夸张地强化。一张长满獠牙的血盆大口占据了朗达面具的二分之一，其间垂吊着及至胸脯的长舌头。"嘴作为撕裂和吞噬的侵害象征，是危险的负面女性基本特征所特有的。"①朗达的形象极尽夸张地强调了她生育功能的枯萎——凹陷而褶皱的腹部、干瘪下垂的乳房。温柔而伟大的女性基本特征的积极功能被撤回，子宫不再为生命提供保护，而只负责生命的摧毁与回收。朗达的血盆大口是吞噬生命的子宫通道，与坟墓、地下、深渊相联系。除了嘴之外，朗达凸起的眼球、外翻的鼻孔、卷至额头的獠牙、胸间香肠状的内脏和手部长而尖利的指甲都展示了她对于吞噬和掠夺的贪婪欲望，"她的饥渴只能通过杀死无数活的动物和人表现出来，像印度的时母（Kali），必须杀死一些人和动物，她才能够平息"②。朗达的形象充满了吞噬、毁灭及恐怖的意象，在空间上使人产生与地下、黑暗相关的联想。

如果说朗达的文化背景和角色形象提供了静态的空间想象，那么她的舞台表现则是为构建角色空间添砖加瓦的动态过程。朗达由男性演员扮演，肢体和情态极尽疯狂，仿佛演员已和所扮演的角色完全融为一体。面具的长发及服装的配饰随着肢体的动作而抖动并发出声响，给人以脱离现实世界的陌生感。表演过程中，她始终五指大张，颤动长长的指甲，发出令人发指的恐怖尖叫，并不断向巴龙做出扑咬的动作。男性嘶哑、尖利而深长的嘶吼从朗达的喉咙涌出，让人感到窒息，仿佛置于拥挤而急促的空间里。朗达向巴龙步步紧逼的扑咬则加重了这种逼迫感，让人仿佛被逼入深渊中无法自持。这些表演完全区别于世俗生活中所能见到的情境，属于陌生的，异界的体验。在戏剧中，朗达作为女巫所释放的黑暗吸引力如此强大，以至于从她出场开始，部分观众甚至演员本人都开始进入催眠状态，他们的身体渐渐不受控制，仿佛掉入另一个时空中。

朗达的文化背景和角色形象将其与地下空间相关联，她的舞台表演则将地下世界的投射范围缩小至深渊这一形式里。她的动作和声音没有传递出深海或地狱的宽广，却像陡峭的悬崖一般尖锐而迅速地将观众从现实世界拽入想象的混沌中，狂迷和坠落的感知旋即构建着戏剧空间。以朗达的出场和表演为高潮，巴龙戏中投射的恐怖地母得到了最完全的释放。在朗达的最终爆发之前，这一能量经过了两个女巫——拉珑（Rarung）和杰萝·鲁（Jero Luh）的递加过程。荣格认为，以阿尼玛为代表的女性原型"时而年轻，时而年老；时而是母亲，时而是侍女；时而是善良的仙女，时而是巫婆；时而是圣人，时而是娼妓"③。可以说，拉珑和杰萝·鲁代表了女性原型发展的不同阶段。拉珑是年轻

---

① ［德］埃利希·诺依曼：《大母神：原型分析》，李以洪译，东方出版社，1998，第122页。

② 同上书，第70页。

③ ［瑞士］卡尔·古斯塔夫·荣格：《原型与集体无意识》，徐德林译，国际文化出版公司，2011，第158页。

的女巫（一说为朗达的女儿梦阿莉），杰萝·鲁则是年纪稍长的学徒，装扮与朗达类似。虽然都是女巫，但在舞台表现上，她们的动作幅度较小，肢体和情态不如朗达疯狂。她们代表阴暗程度较低的恐怖地母原型——或是尚有一丝慈爱之心，或是操控黑魔法的能力较低，虽然都与黑暗的地下势力相关联，但吸引力尚不至于将观众完全置于混沌状态中。戏剧空间方面，她们的表演为观众铺设了一条通往深渊的道路，将观众从现实世界一步步引入朗达制造的混沌中。三位女性角色的表演都具有无序与混乱的共同特征，她们的行为肆意无章，与加美兰音乐的节奏完全脱节，似乎是自顾自地发泄。这种表演上的混乱很容易造成混沌与无助感，让人不知所措，仿佛跌入深不见底的黑洞。结合朗达的文化背景和角色形象，这一角色形象在巴龙戏中明确地体现了恐怖地母原型的投射，构建了地下深渊的空间感。

在巴厘，巴龙是一个极具综合性的文化标志，关于他的神话和传说有成百上千种。他时而被描述为神灵般的存在，时而被认为是来自下界的魔怪；可以是百兽之王，也可以是国王的侍臣……虽然关于巴龙身份的说法各异，但如果考察其起源神话，则会发现即使神话内容似乎完全不同，但其体现的原型却基本相似。笔者搜集的所有异文都显示巴龙的出身都与地下势力相关——或由地下势力（朗达）直接产生，[1]或是地下势力的容纳者[2]和模仿者[3]，或曾经经历过魔怪的阶段。[4]因此，虽然巴龙在后来被奉为"神"兽，但他的出身却无不强调了与地下魔怪的亲缘关系。在巴厘印度教中，地下世界是消极势力的源头，代表了恶、混乱与灾难，而巴龙戏中的巴龙则是积极势力的化身，具有驱逐消极势力、恢复宇宙秩序的功能。巴龙的功能与他的出身看似产生了矛盾，实际上，在巴厘人的世界观里，没有任何事物是绝对的二元对立，世间万物都是两种力量相互抗衡的产物，是宇宙秩序的微观体现。因此，恰恰因为巴龙体内同时具有两种势力，且这两种势力在他身上获得平衡，他才被视为宇宙秩序最完美的浓缩，也因此成了人崇拜和向往的理想范式。

尽管巴龙的血缘与地下势力有千丝万缕的联系，但他的活动范围却始终在人间的光明之处。从具体空间方位来看，几则异文都明确提到，巴龙的前身巴纳斯巴蒂·罗阇负责掌管东方。[5]在神话观念中，方向的属性对于认知空间的性质具有十分重要的影响。东方是太阳升起的方位，是人间最接近光明的地方，"作为光明之源的东方也是生命的源泉——作为日落之处的西方充满了一切死亡的恐惧"，[6]与朗达所代表的深渊与死亡相

---

① 异文文本请见：Beryl De Zoete, Walter Spies, *Dance and Drama in Bali* (Oxford: Oxford University Press, 1986), p.273.

② 异文文本请见：I Made Banden, *Barong Dance, The World of Music*, Vol. 18, No. 3 (1976), p.48.

③ 异文文本请见：Beryl De Zoete, Walter Spies, *Dance and Drama in Bali* (Oxford: Oxford University Press, 1986), p.94.

④ 异文文本请见：Fred B.Eiseman JR, *Bali: Sekala and Niskala* (Tuttle publishing, 1990), pp.105–106.

⑤ 异文文本请见：Beryl De Zoete, Walter Spies, *Dance and Drama in Bali* (Oxford: Oxford University Press, 1986), p.273. 及 Fred B.Eiseman JR.: *Bali: Sekala and Niskala*, Tuttle publishing, 1990, pp.105–106.

⑥ ［德］恩斯特·卡西尔：《神话思维》，黄龙保、周振选译，中国社会科学出版社，1992，第 111 页。

对，东方代表的白昼光明总是与生命、意识、理性及智慧相联系。因此，从空间的角度上看，巴龙象征着人类所构建且最为熟悉的人间最具生命力的所在。

关于巴龙在人类社会中所扮演的角色，无论是神话还是历史传说，无一例外地强调了他的陪伴和保护功能。从巴龙的起源神话可以看出，巴龙的存在从来没有与人类脱节，他被创造的初衷就是为人类排忧解难、驱逐灾祸。一则异文中提到，初民对巴龙的期待是"永远伴随自己，并协调人类、神祇和魔怪及所有积极和消极的势力"[1]。这一表述实际上也是整个巴厘印度教宗教活动所追求的终极目的。因此，巴龙扮演了宗教导师及人类理想范式的角色，在追求宗教理想的道路上，他拥有比普通人类更强的能力，能够指引并保护他的追随者。神话传说中，巴龙的活动范围是整个岛屿（巴厘人眼中人类所居住的世界），这意味着人迹所至均有巴龙的陪伴，即使巴龙面具没有处于表演或巡游状态，他的能力在人间这一层空间里依旧时时刻刻地守卫着人类。因此，忽略巴龙身上名目繁多的各种头衔，如巴纳斯巴蒂·罗阇、爱尔朗卡的侍臣、森林之王等，巴龙的核心身份是人类的引导者和守卫者，他代表了人类社会中最具智慧、最为和谐的理想范式。

舞台上的巴龙形象由相互分离的身体、面具和顶饰三部分组合而成。巴龙的身体是由竹篾和绳子搭成的长而下垂的框架，上面覆满由纤维或羽毛制成的毛发，后部是高耸的拱形尾巴。躯干上铺盖着精心雕琢的带状镀金穿孔皮革，上面缀有圆形的云母片、方形的小镜子及一个铃铛。巴龙舞动时，这些配饰会发出叮当的响声。巴龙的顶饰是由片状镂空皮革组成的波浪形金色花朵状结构，包裹着由同样材质制成的塔状头冠，也装饰着精巧的云母片，整个顶饰像是一座拥有山峰和宝塔的微型城市。巴龙的顶饰在舞台上闪耀着金色的光芒，极尽精美华丽。相比于头饰，面具的尺寸较小，由抛光打磨的红色木材制成。滚圆凸起的眼睛占据了面具的上半部分，眼珠乌黑发亮，仿佛随时保持机警的神色。眼睛两旁是一对向两侧展开的三角形红色耳朵，下方中部两个滚圆外翻的鼻孔显得有些滑稽。面具的下半部分是可以活动的上、下颌，长着两排洁白而巨大的牙齿，其中上齿边缘的两颗呈向下伸出的虎牙状。表演时，上、下颌开合发出"咔咔"的声响。面具的下巴粘着人类头发制成的黑色长胡须，与朗达的一头乱发相比，巴龙的胡须与素馨花交错编织，显得格外柔顺。

巴龙的形象很接近印度教神兽波玛（Boma）。波玛作为巴厘印度教最为常见的保护性动物，常常以浮雕或木刻的形式出现在庙宇的墙饰上。波玛最为重要的功能就是守护人类免遭恶灵的侵扰。波玛是来自印度教的文化标志，而巴龙起源相关的四兄弟信仰则是巴厘地区的原始信仰，早在印度教传入巴厘岛之前就已存在。因此，我们可以推测，最早的巴龙作为文化概念是巴厘本土所特有的，印度教传入之后，由于其在功能上与波玛相仿，人们便借用了这一形式作为巴龙概念的具体投射。由此也可以从侧面进一步说明，人们对巴龙的崇敬并非因为对兽性的崇拜和自卑，而是因为其具有保护者和领袖的

---

① Fred B.Eiseman JR, *Bali: Sekala and Niskala* (Tuttle publishing, 1990), p.106.

身份。这一点对于巴龙角色空间的构建也至关重要。从戏剧空间的角度来看，巴龙的这一属性使观众自觉地将他看作是人间的投射，而把自己带入巴龙的追随者这一角色中。

巴龙舞台形象的另一特征是繁复的装饰性。巴厘人对于所崇拜的事物会不遗余力地进行装饰和美化。巴龙的制作工艺极其复杂，在巴厘，只有极少数匠人拥有制作巴龙的技艺和资格，且制作过程耗费大量的时间和金钱。在舞台上，双人扮演的巴龙由于身体上遮盖了厚重的毛发，而造成了庞大的体积感，给人以沉稳伟岸的印象。与朗达的恐怖形象相对应，巴龙仿佛在空间上营造了一座随时能够提供保护的避难所，使观众在恐怖和混沌的体验中找到可靠的安全感。此外，巴龙的顶饰熠熠生辉，像一座金色的城池，空间上给人以光明、宏伟、向上的印象，营造出权威而充满气势的氛围。

在舞台表演中，相比于朗达极为有限的动作套路，巴龙的动作变化多端，将动物的姿态和神情演绎得惟妙惟肖。类似于中国的舞狮，巴龙的身体也由两名演员一前一后控制，在前的表演者掌握节奏和调度，在后的演员无法看到外界，只凭感觉跟随着前面的演员行进。巴龙的动作以夸张的幅度和激烈的节奏来模拟动物的姿态——包括驱赶蚊蝇、闪避跳跃、俯冲扑咬等，在两名演员的配合下表现得淋漓尽致。巴龙的动作幅度很大，常常绕着宽阔的十字道路中心奔跑，仿佛一头野兽奔跑在无边无际的草原，在空间上形成了辽阔之感。此外，演员们对细节的注重使巴龙对现实世界进行了细致的还原，让人仿佛身处神圣而又熟悉的空间，与朗达所造成的陌生感截然不同。

巴龙舞台表现的另一个特点是与加美兰乐队的默契互动。巴龙的每一个肢体动作都与加美兰伴奏的节奏完美呼应，让人在视觉和听觉上产生强烈的秩序感。"巴龙不断张合的上下颚发出'咔咔'的声响，仿佛要把佳美兰乐队发出的每一个声响紧紧咬住。乐队也完全受控于巴龙的节奏，由慢到快，由平静到狂烈，试探性的找寻和混沌里的神秘秩序，都立刻被耳和眼所感知，允盈着流动的剧烈体验。"[1]与朗达表演的混乱无序相对，巴龙在舞台上的行动仿佛试图将空间里无序的元素全部吸收，然后重新归入既定的节奏中。巴龙和朗达的表演让混乱与秩序抗衡的主题被空间化。

巴龙与朗达的角色空间为整体戏剧空间的构建提供了基本的元素。从文化背景来看，朗达是恐怖地母原型的投射，在具体的角色形象和舞台表演中，她塑造了恐怖阴森的空间感，这种空间体验可以类比为深渊。巴龙作为巴厘最重要的文化标志之一，代表了人类的保护者、引导者及理想范式，空间上体现为充满光明和秩序的所在。但是，巴龙的出身又与地下势力有着千丝万缕的联系，因此，虽然他的活动范围始终在三界中的人间，但仍有来自下界的根基。在空间上，巴龙和朗达构成了一组相对的矛盾——朗达是女巫（人），但却代表了地下势力；巴龙本质上是魔，但却是人间积极力量的象征。

---

[1] Beryl De Zoete, Walter Spies, *Dance and Drama in Bali* (Oxford: Oxford University Press, 1986), p.273.

三、叙事空间：两界的重叠与秩序的重建

安托南·阿尔托认为，巴厘戏剧的情节所起的作用是串联人物精神状态的发展变化，并通过演员程式化的动作及精神符号影射充满神秘的情感，由此不断唤起观众的直觉和想象。"从错综复杂的动作、姿态以及仰天的呼喊中，从将舞台填得满满的一系列运动和曲线中，产生了一种基于符号而非基于话语的新的形体语言。"[①]这条运动的曲线就是巴厘戏剧的叙事空间。在一次又一次的戏剧体验中，戏剧带来的空间感也已铭刻进巴厘族的集体无意识里，当情境出现时，这种空间原型便被激发，投射于外部世界。重复的体验使得戏剧情节对于巴厘人来说早已不再新鲜，因此在巴厘戏剧中，叙事不仅具有一般戏剧的娱乐功能，它更能够像纽带一般串联起一系列激发原型的体验。

巴龙戏的剧情主要依据查罗那朗传说，这一"剧本"已经存在于每位参与戏剧的巴厘人心中——他们会将眼前上演的一切自动带入所熟知的剧情里。此时，查罗那朗传说便成为观众设定的主观的叙事，这里将其称之为"文本叙事"；而戏剧通过演员表现所展示的则是客观的、直接的叙事，这里称之为"舞台叙事"。理想状态下，文本叙事与舞台叙事应该保持一致，或者说，舞台的叙事应当尽量还原文本的叙事。但在巴龙戏中，舞台表演的内容被高度抽象化，文本的情节被简化为一个个象征性的戏剧符号。因此，只有同时从这两个叙事维度入手，力求达到两个维度的统一，才能更为客观地把握戏剧所投射的空间原型。本节将以时间发展为轴线，讨论这些空间体验如何通过动态的叙事串联成统一的整体。

序曲是巴龙戏的固定程式，即使是最为简略的巴龙戏也包含此部分，并且无论巴龙戏在各地的差异多大，其开场的序曲部分总是有着相似的程式。序曲部分的舞台叙事大致为：扮相较为粗犷的佳戊克与文雅的珊打蓝发生冲突，巴龙出场调解，两方和解，随后佳戊克与珊打蓝一同退场。关于序曲的舞台叙事，巴厘南部的塔曼·因塔蓝（Taman Intaran）村流传着这样一种说法：珊打蓝是上界天神因陀罗（Indra）花园中的蝴蝶，而佳戊克是花园的园丁。由于珊打蓝偷食花朵，遭到了佳戊克的指责，双方产生冲突。巴龙恰好穿行其中，见状便批评佳戊克不应如此残忍地对待轻柔的珊打蓝。随后双方和解。在另一村的表演中，抽象的园丁和蝴蝶角色由国王和两个滑稽的侍臣取代，但是就连剧团成员也不知道自己所演的剧情是什么，其意义在很久以前就已失传。

在对应的文本叙事（查罗那朗传说）中，序曲部分的内容是朗达被驱逐出王宫之前所发生的事，该部分虽然常常仅由简略的描述一笔带过（例如，在 10 世纪的东爪哇王国，有一位名为查罗那朗的王妃，她是著名的巴厘王子爱尔朗卡的母亲[②]），却包含了故事发生的地点信息：宫廷。由此看来，无论是舞台叙事还是文本叙事，序曲部分都讲述了宫廷或天堂所发生的事，而宫廷或天堂都具有神圣高远的属性。正如前文说到，巴

① ［法］安托南·阿尔托：《戏剧及其重影》，桂裕芳译，中国戏剧出版社，1993，第 37 页。

② Beryl De Zoete, Walter Spies: *Dance and Drama in Bali* (Oxford: Oxford University Press, 1986), p.116.

厘人认为一切事物都是微观宇宙，微观宇宙包含着宇宙的基本结构（三界），严格遵照宇宙的结构是宗教仪式获得意义的基本要求。因此，虽然巴龙戏处理的重点是人间与地下势力的抗衡，但为了使戏剧的结构趋于完整，加入天堂的叙事也是宇宙论的体现和要求。可以做出这样的假设：巴龙戏的序曲部分是为了符合宇宙观而讲述的发生于上界的故事，是为了满足戏剧与宇宙结构的契合，以确保仪式的意义和效力。这也能够解释为什么虽然序曲的内容不甚明确，但却是必不可少的。

伊利亚德认为，神话中具有天上结构的众神在完成世界的创造后，易于从人们的宗教活动狂热的崇拜中渐渐疏远。"众神们从人类中分离出来，退回于天空，从而成为遥远的、不活跃的逊位神。"[1]这种疏远是由于人类通过土地和自身繁育能力的发现，发展出更加尘世化的宗教体验觉察。在农业的发展中，其他与生命更加密切的宗教力量，例如关于性行为、女性和大母神、死亡与地下世界等宗教体验变得更加具体而实用。上界的神灵负责伟大的创世，而对于人间渺小生灵的生老病死则显得过于宏大。"与造物主相比，伟大的母神、力量之神和生育神灵便表现出更加充满活力和更为人所亲近的形象。"[2]于是，天堂逐渐变成阳春白雪般的存在，平日里，神灵只居住于阿贡火山之上，在高位俯瞰人间，却不插手其中。相反，人们日常生活中的悲欢离合生老病死，却由离人类更近的各种灵魂和鬼怪所掌控。

由于天堂被人类所疏远，上界所代表的一切便都是美好的、欢乐的缩影，人们对于天堂诸神的供奉也只需创造美的事物使他们感到愉悦。由于巴龙戏的目的是驱逐消极势力，因此戏剧空间的重点也在投射人间和地下这两层，对于天堂的演绎只是出于方法论的需要，这也能解释在即使严肃而神秘的巴龙戏中，序曲部分只重形式而不重内容，且通常充满滑稽与逗乐，这与天堂诸神在巴厘人心中的印象也相符合。

当序曲所构建的上界空间随着演员的退场而解构，戏剧空间便切换到巴龙戏着重处理的人间和下界。这两重空间如何随着戏剧情节的推进而产生相互关系则是叙事空间所要探究的问题。

在文本叙事中，宫廷的场景结束后便直接切换到了幽暗的森林和坟场："查罗那朗在森林中继续修炼黑魔法，她掠夺村庄里的少女作为贡品祭拜湿婆之妻——死神杜尔伽，并从坟场中获取黑魔法所需的能量。"[3]传说中朗达实施黑魔法并积累毁灭力量的地方是森林。"森林、丛林和黑暗象征着遥远之地，象征着'地狱的国度'。"[4]在这里，幽暗的森林便是地下世界的投射，是邪恶势力的集中之处。当能量积累完成之后，朗达将地狱之上的人间也卷入这股死亡能量之中。"于是召唤恶灵施展黑魔法，向周围的村庄

---

[1] ［罗马尼亚］米尔恰·伊利亚德：《神圣与世俗》，王建光译，华夏出版社，2003，第66页。

[2] 同上，第69页。

[3] Beryl De Zoete, Walter Spies, *Dance and Drama in Bali* (Oxford: Oxford University Press, 1986), p.116.

[4] ［罗马尼亚］米尔恰·伊利亚德：《神圣与世俗》，王建光译，华夏出版社，2003，第109页。

散布瘟疫，一时间灾难四起、民不聊生。"①朗达用其女巫的邪恶吸引力直接将人间变成了地狱，将原本涌动于地下的死亡能量变成一股强劲的旋涡，将原本属于人间的空间吸入地狱的深渊里。

在舞台叙事中，由于戏剧空间的构建主要依靠演员的肢体形态的展示，因此时空的跳跃无法像文本叙事那样迅速。序曲结束后，珊打蓝和佳戊克退场，欢乐的天堂气氛随着加美兰音乐的中断而消失。随即，"巴龙从两个华盖之间走出，象征着进入危险的人类世界"②。此时，戏剧空间从天堂回到人间。紧接着第一个年轻女巫拉珑出场。一位长相恐怖的女巫用近乎变态的关爱逗弄一具尸体，这场景令人不寒而栗，也带来了死亡的氛围。拉珑逗弄死婴的演绎一方面体现了她作为恐怖地母原型所尚存的母性滋养功能，另一方面也如斜坡般将观众的想象从天堂—人间缓慢引向死亡的世界。

随后，巴龙嗅出了拉珑，他开合上下颚发出"咔咔"的声响，试图把拉珑从冥想中唤醒，人间势力与地下势力的交锋正式拉开帷幕。此时，巴龙的力量明显占上风，以至于拉珑察觉到巴龙的存在后，立即逃跑。在十字道路的剧场上，巴龙的动作与加美兰的节奏精确地呼应着，与年轻女巫无序的脚步和慌乱的叫声相比，显得尤其突出——此时，巴龙能够轻易地将空间的节奏把握在自己手中。随后另一名年纪较长的女巫学徒杰萝·鲁上场，她始终跟在巴龙后方，发出更为凄厉的吼叫。空间的无序感被加强，来自下界的黑暗氛围在女巫们纷乱的长发和嘶哑的吼叫中愈加凸显。此时，女巫的混乱与巴龙的有序制造出双重空间的错觉，让人仿佛在光明与黑暗中交错游走。戏剧空间中，下界与人间开始交叠。

一场追逐后，拉珑和杰萝·鲁俯身倒在她们的女主人身前哭泣。刹那间，巴龙抽搐着鼻子扑向拉珑，然后全速碎步跑至属于自己的华盖之下，暗示着巴龙对女巫们已经取得阶段性的胜利。原本背对观众的朗达开始表演，她尖叫着围绕拉珑和杰萝·鲁跳跃，长满毛发的手紧紧抓住两名学徒的头，前后摇摆不断拍打着她们，三个恐怖女巫似乎在进行某种协商。此时，巴龙已退居场边，戏剧空间完全被地下势力的阴暗与恐怖占据。朗达狂怒的嘶吼瞬间蔓延，仿佛在时空中形成了一个强劲的旋涡，将原本平静的空间卷入黑暗而又混沌的深渊中。围坐的观众已有部分开始进入神志不清的催眠状态。他们闭着眼呻吟，手脚不受控制地舞动，似乎陷入另一个时空中。此时，催眠者的戏剧空间已经完全进入了朗达代表的混沌异世界，而大部分观众则在人间与地狱的不同程度重叠中游离。

随着拉珑和杰萝·鲁的退场，戏剧开始迎来了真正的主题——巴龙和朗达的对决。有了先前叙事空间的铺垫，人间与地下空间的交错感已经建立。此时，场上演员的动作幅度迅速加大、场边加美兰音乐的节奏也明显增快。朗达双手倚仗的两杆旗帜被高高举起，它们交叉下降直至低端触地，这象征着朗达正在飞往坟场。她在旗帜下狂奔，凸起

---

① Beryl De Zoete, Walter Spies, *Dance and Drama in Bali* (Oxford: Oxford University Press, 1986), p.116.

② Beryl De Zoete, Walter Spies, *Dance and Drama in Bali* (Oxford: Oxford University Press, 1986), p.92.

的眼球闪烁着光芒。这时，巴龙迅速超越朗达，并对她进行猛烈的撕咬，他们环绕着舞台激烈地追逐，发出骇人的叫声，打斗愈发胶着。如果说朗达上场之前，戏剧空间中人间与下界的切换是缓慢而有过渡的，那么此时随着巴龙和朗达的激烈交锋，空间便瞬间如闪烁一般迅速震颤变化，让人目眩神迷。巴龙有序的节奏越来越难以从朗达混乱嘶吼和迅速的移动中被辨认，他作为保护者的威严和安全感也一点一点变得模糊，仿佛一丝微弱的烛火，在黑暗的风沙中难以被看清。快速的空间切换引来强烈的晕眩，参与者眼见着保护者的能量在激烈的打斗中渐渐衰弱，而自己生活的世界将要被地狱的混沌吞没。此时，观众开始爆发激烈的情绪，身体开始不受控制地摆动。

当巴龙和朗达的战斗达到高潮，部分参与者像着了魔一般，举起克里斯短剑愤怒地冲向朗达，继而朗达挥动白布向这些人施以魔法，以至于人们手中短剑最终疯狂地刺向自己的胸膛，霎时间整个群体陷入一种不可思议的狂迷状态。他们完全失去控制，不断地哀号、挥剑、倒地，对周围的一切毫无意识，一阵猛烈的宣泄后终于瘫倒在地。但鲜有人为此受伤。催眠状态的发生是因为人们对朗达愤怒到达极点，导致迫切地想表达为主人巴龙献身的决心，而朗达施咒使他们仿佛进入另一个世界中，意识完全不受控制，只觉满腔愤怒无处释放，因此只得将手中的武器对准自己。从戏剧空间的角度上看，参与者此时已经完全进入了朗达所投射的下界混沌空间。"吞噬的恐怖母神，她的心理引力因其能量负荷而变得如此强大，致使无法与之抗衡的自我情结的负荷'下降'，并被'吞噬'。"[①]此时，休眠于无意识里的混沌地狱原型被完全激活，人们身处毫无秩序的黑暗空间，像是掉入深渊。他们急需一个突破口来宣泄内心突然涌起的原型力量，于是疯狂的躁动随之产生。由于原型的力量过于强大，人们最终无能为力地瘫倒在地。舞台叙事用抽象的标志性演绎强化了两个空间交融的过程，暗示了朗达用黑暗势力吞噬了"人间"空间，造成了人间的黑暗与恐怖。

在克里斯舞者疯狂地将短剑刺向自己时，朗达演员本身也被他饰演角色的强大能量所催眠。此时，人们将朗达面具从演员身上取下放在吊篮中，在人群的簇拥下走向墓地。朗达的饰演者则瘫坐在地，抓过祭司准备好的一只小鸡，血腥地将其撕成两半，疯狂地饮食鸡血，随后恢复平静。戏剧空间经历了两重空间的剧烈震荡后终于恢复秩序。狂热的朗达通过饮用鸡血得到安抚，回到其应属之处——墓地。

此时，巴龙回到被催眠者中间，用胡须抚触因过度疯狂而瘫倒在地上的人们，随后祭司上场向他们泼洒圣水，人们渐渐清醒过来，蜷缩到巴龙身边，用巴龙的长须摩擦自己，仿佛新生儿在寻求庇护。被催眠者从刚才强烈的混沌中回归真实世界，仿佛一夜的长梦在黎明苏醒。戏剧至此结束。

人间和下界空间在戏剧的尾声恢复秩序——属于下界势力的朗达回到她所属的墓地，而人间的众生则回归到他们最信任的保护者身边。

---

① ［德］埃利希·诺依曼：《大母神：原型分析》，李以洪译，东方出版社，1998，第 27 页。

四、结语

无论是剧场空间、角色空间还是叙事空间，都再现了巴厘印度教三重空间（上界、人间、下界）的宇宙观，这是保证宗教仪式正统与合范的方法论要求。但在实际的戏剧空间中，三重空间的关系和地位却并非均等。天上的神祇虽然被视为最神圣的存在，但他们与人类的关系却最遥远，在处理与日常宗教事务相关的仪式中常常被疏远。天堂的疏远关系在巴龙戏的表现是：作为天堂投射的序曲部分在剧场空间中的神庙上演，仅重形式而不重内容，其叙事与戏剧主题没有太大关联。因此，在巴龙戏中的戏剧空间中，天堂部分的投射被边缘化，独立于戏剧主题，与人间和下界投射相分离。

巴龙戏戏剧空间主要投射的是人间与下界两重空间的相互关系。巴龙是人间空间的象征，体现为保护者与理想范式的原型；朗达及其学徒代表下界空间，尤其象征了深渊的形式，是恐怖地母原型的投射。在舞台叙事中，巴龙与朗达的较量在空间上经历了人间与下界的分离—重合—恢复秩序的关系，这一独特的空间关系原型可概括为"巴龙 – 朗达空间原型"，其原型内容如下：在巴厘印度教三界空间宇宙观的体系内，重点处理人类世界与地下世界的关系，通过经历人间与地下世界分离—融合—分离的状态，实现两种势力的平衡及空间秩序的重新整合。这是一种由戏剧空间所激发并投射的宗教空间观。其结构关系如图 4 所示：

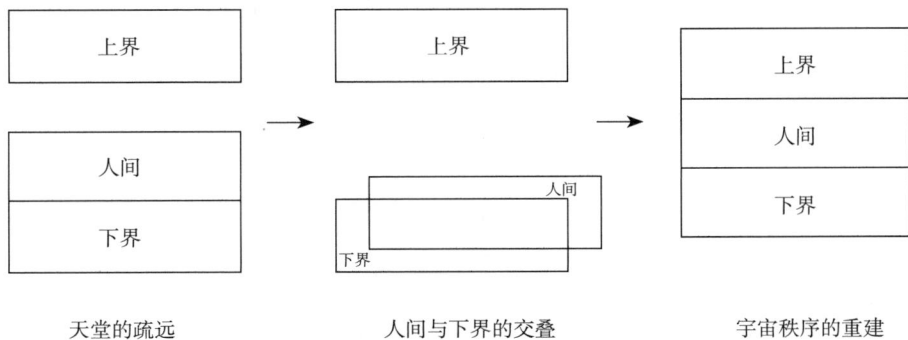

图 4　巴龙 – 朗达空间原型

阿尔托认为，真正的戏剧应该表现宇宙事物的混沌状态，在这种混沌中，各事各物均处于大破大立的状态，是大冲突大对立的时刻，是解构以往秩序和建构崭新秩序的时刻。这种混沌的破与立便是巴龙戏治愈和净化功能的产生机制。从宏观上看，巴龙 – 朗达空间原型通过两界势力的交融与斗争，实现各空间势力的平衡，恢复宇宙秩序。从微观上看，它使参与者经历宇宙创世前混沌的状态，解构旧的、失衡的内心秩序，实现精神世界的重新整合。"通过仪式性地参与进世界终点和参与对世界的再造，每一个人都成了与那个时间同时而在的人。因此，每个人都获得了重生；借助于他那毫无减损的生命力之源，他又开始了他的新的生命；正好像他出生的那一刻一样。"[1] 在巴龙戏中，参与者通过戏剧空间的构建，体验了人间与地狱的冲突对立直至混沌融合的状态，这意味着他回到了秩序产生之前，并将旧的、不如愿的一切粉碎于那个混沌的空间之中，然后随着两股势力的重新归位，为自己找回全新的、平衡的宇宙，仿佛完成了一次新生。

巴龙戏在巴厘历法的新年期间或某些灾祸发生时上演，这意味着参与者能够定期地体验向混沌状态的倒退与新秩序的重建。"借助于这种象征性的革故鼎新及对世界再造的参与，人类也因而被重新创造。因为人类开始了新的生命，所以他重新获得了新生。"[2] 因此，对巴龙–朗达空间原型的体验意义还在于通过一次又一次地参与混沌世界的秩序化，将自身与宏伟的宗教神圣相结合，使参与者的内心定期得到净化与重生。

巴龙戏投射的空间原型代表了巴厘族古老智慧的浓缩。"（原型）把我们个人的命运，纳入整个人类的命运，并在我们身上唤起那曾使人摆脱危难，度过漫漫长夜的所有亲切的力量。"[3] 这种智慧在当今西方文化与传统文化、现代经济与传统生活方式不断冲突与融合的背景下，仍为巴厘人平衡与协调人与万物的关系提供宝贵的宗教经验。巴龙戏及其他宗教活动把对人、内心和宇宙的把握投射到宗教理念和仪式中，而这些理念和仪式也从另一方面塑造了巴厘族的气韵，两者在历史发展中不断交融，共同描绘了这个"神明之岛"的精神世界。

---

① ［罗马尼亚］米尔恰·伊利亚德：《神圣与世俗》，王建光译，华夏出版社，2003，第 40 页。

② 同上书，第 39 页。

③ 叶舒宪：《探索非理性的世界》，四川人民出版社，1988，第 55 页。

北大南亚东南亚研究

作品翻译

印度达利特经典诗歌选译

闫元元 [①]

诗歌是印度文学最重要的形式之一，达利特诗歌是印度达利特文学最早出现的文学体裁。达利特诗歌最早出现在印度中世纪帕克蒂文学之中。公元 11 世纪，一批低种姓出身的修士诗人在这场运动中开始登上印度文学的舞台，出身不可接触者种姓的马达拉·金那利亚（Madara Chennaiah）用早期卡纳达语创作了大量赞颂湿婆的颂神诗，被视为最早的达利特文学作品。

公元 13 世纪初，帕克蒂运动的中心转到了北印度地区，出身查玛尔种姓 [②] 的勒维达斯（Ravidas）创作了大量口传诗歌，后人收集整理将其编成了《勒维达斯之诗》和《勒维达斯之歌》两个诗集。勒维达斯猛烈抨击印度教种姓制度，主张众生平等，认为大神"无形"，呼吁信徒无限热爱大神。当代达利特政治运动兴起之后，勒维达斯的身份被重新定性，成了一名达利特诗人、预言家和具有"达利特意识"的抗争者，后被逐渐演变成达利特运动的文化标志性人物之一。

20 世纪初，随着英印殖民地各类教育机构的组建，少数不可接触者冲破阻碍接受了教育，出现了一些不可接触者自办的地下文学杂志。查玛尔种姓出生的知识分子"阿楚德阿南德" [③]（Achutanand）在坎普尔创建了一家出版社，发行文学月报《不可接触者》，刊载了西拉·多姆 [④]（Hira Dom）创作的诗歌《不可接触者之怨》（*Achut Ki Sikayat*）。这首诗歌在当时广为流传，被视为现代达利特文学的开山之作。

1958 年，在孟买召开了第一届马哈拉施特拉达利特文学协会，大会上明确提出了"达利特文学"的概念，与会作家达成了较为一致的共识，认为只有达利特作家创作的作品才能称为达利特文学，明确地将安纳德和普列姆昌德的作品排除在达利特文学范畴之外。1972 年 5 月，纳姆德奥·塔萨尔（Namdeo Dhasal）等达利特青年在孟买建立了印度达利特黑豹党，发起了"改名运动"（Namantar Andolan），主张将马拉塔瓦达大学（Marathwada University）改名为巴巴·萨赫伯·安贝德卡尔博士大学（Dr. Babasaheb Ambedkar University）。纳姆德奥·塔萨尔是一个激进诗人，深受美国哈莱姆文艺复兴运

---

① 本文作者为中国人民解放军战略支援部队信息工程大学副教授，研究方向为印地语现代文学。

② 查玛尔种姓是印度人口最多的不可接触者种姓之一。该种姓中有一部分人从事制革、处理动物尸首的"不洁工作"，大部分人多从事农业和城市零工。查玛尔一词在印地语中意思是"皮匠"，故国内有学者将其译为"皮匠种姓"。

③ 阿楚德阿南德是此人的笔名，意思是"身为不可接触者之乐"。

④ 西拉·多姆出身属于不可接触者的多姆种姓，具体生平不详，他创作了若干首反对种姓压迫的诗歌。

动^①旗手作家兰斯顿·休斯（Langston Hughes）的影响。他的诗中充斥着离经叛道的语言，表达他对种姓制度和社会现实的愤怒和蔑视。达利特黑豹党的领导阶层多以作家、记者和出版家等知识分子为主，核心参与者大多则是受过教育的学生，他们发起的达利特文学新潮流迅速从马拉提语扩散到了全印各个语种。

1974年，在马哈拉施特拉邦求学的印地语作家翁普拉卡什·瓦尔密齐参加了"改名运动"，开始接触达利特文学。1974年，瓦尔密齐的诗歌作品在当地马拉提语报刊上正式发表。1985年，瓦尔密齐返回北方邦台拉登市，把达利特文学的火种带到了印地语文学。1989年，瓦尔密齐出版了第一部诗集《多个世纪的苦难》（*Sadiyon Ka Sandap*），这是印地语达利特诗歌界最早一批结集出版的诗集。1997年，他又出版了第二部诗集《够了！过分了》（*Bass! Bahut Ho Chuka*），诗集由印地语知名文学出版机构——瓦尼出版社（Vani Prakashan）出版。在瓦尔密齐生命的晚期，他仍然笔耕不辍，于2009年和2012年又出版了《就此打住》（*Ab Aur Nahin*）和《字词不会撒谎》（*Shabd Jhuth Nahin Bolte*）两部诗集。瓦尔密齐创作的诗歌不仅传唱于达利特群众集会，见诸大学和研究机构举办的诗会和学术会议，还被制作成音视频后上传到YouTube等网络平台，成为当代流传最广、影响力最大的达利特诗歌作品之一。

本文选择马达拉·金那利亚、勒维达斯、西拉·多姆、纳姆德奥·塔萨尔和翁普拉卡什·瓦尔密齐五位诗人的诗歌代表作。这些作品能够展现达利特诗歌的发展脉络、创作手法和艺术特点，方便学界同仁对印度达利特诗歌进行研究和赏析。

诗 1^②

富人给湿婆修庙

身无分文，我能何为？

我的双腿是石柱

我的身体是殿堂

我的头颅是穹顶

听吧，大河交汇处的大神

静止之物将会倒塌

活动之人永远挺立

---

① 哈莱姆文艺复兴，又称黑人文艺复兴，是20世纪二三十年代美国纽约哈莱姆黑人聚居区的黑人作家所发动的一种文学运动。哈莱姆文艺复兴主要致力于唤醒黑人的觉悟和提升他们的自尊心，在文学艺术中大力塑造有独立人格和叛逆精神的"新黑人"的形象。

② 此诗作者是马达拉·金那利亚（Madara Chennaiah），诗歌选译自英文版《卡纳达文学史》。Edward Rice. *A History of Kannada Literature* (New Delhi: Asian Educational Services, 1982), p.56.

诗 2[①]

神在一切中
一切在神中
谁人知大神
谁人晓自我
介质非所需
知者自会通

诗 3　不可接触者之怨[②]

日夜饱受煎熬
我们想把悲苦诉说给主子
连大神对我们的苦痛都不听不闻
更不知道我们要煎熬多久

我们去了教堂
改宗后成了英国人
罗摩啊，改宗并未奏效
虔诚如我，有何面目以示外人

我们不像婆罗门那样乞讨
不像地主那样挥舞棍子
不像商人那样缺斤短两
不像阿希尔人[③]那样偷窃牲畜
不像游吟诗人那样吟诗唱歌
不像绑上头巾上法庭
我们只会流汗博得生计
聚在家里分享残羹冷炙
我们的身体也由血肉构成
与婆罗门可有半点差别

---

① 此诗作者是勒维达斯（Ravidas），诗歌选译自英文版《印度宗教：精神表达与体验的历史读者》。Peter Heehs, *Indian Religions: A Historical Reader of Spiritual Expression and Experience* (New York: New York University Press, 2002), pp.368–370.

② 此诗作者是西拉·多姆（Hira Dom），诗歌语言为婆杰布里方言（Bhojpuri）。本文转译自 Ritu Ranjan Kumar 翻译的英语版本，发表于印地语文学网站，http://roundtableindia.co.in/lit-blogs/?p=1790，上网时间 2020 年 1 月 9 日。

③ 阿希尔人（Ahir）是北印度的一个游牧种姓，职业多以养牛和售卖牛奶为主。

婆罗门成为主宾

每家每户将其崇拜

我们却只能从泥浆中接水喝

诗4　人啊，你应该爆发（节选）[①]

让一切都变成肿瘤

膨胀

填满宇宙

在一个无名的时刻

爆发后塌陷

从此以后

所有幸存者

停止抢劫他人

停止让他人为奴

从此以后

停止称呼对方为白人

或黑人

婆罗门，刹帝利，吠舍

或首陀罗

诗5　伴生品[②]

好似小巷中

出生的猫狗

好似田地中

出生的杂草

好似制糖时

生成的果浆

好似炼油时

生成的沥青

好似丛林里长的树

---

①　此诗作者是纳姆德奥·塔萨尔（Namdeo Dhasal），选译自 Namdeo Dhasal, *Poet of the Underworld*. Dilip Chitre Trans (Chennai: Navayana Publishers, 2000), p.85.

②　ओमप्रकाश वाल्मीकि. *बस्स! बहुत हो चुका.* वाणी प्रकाशन, प्रथम संस्करण 1997, आवृत्ति 2017.p.18.

好似山上的石头
好似河里的沙砾
沙砾中的贝壳
贝壳中的珍珠
珍珠串起的项链

戴在他们的脖子上
他们端坐在王座中
但，我们迷失了
在黑暗中
我们好似出生时
一样无名
好似伴生品一样

诗 6　仍然 ①

砍伐了森林
挖掘了大山
种植了田野
仍然难以果腹

建造了城市
开掘了水井
埋设了管道
仍然口渴难耐

赢得了战争
获得了土地
改变了政局
仍然身处奴役

双手有无尽的力量
胸中有十足的耐心
心里有不变的信念
仍然颠沛流离

---

① ओमप्रकाश वाल्मीकि. *बस्स ! बहुत हो चुका*. वाणी प्रकाशन, प्रथम संस्करण 1997, आवृत्ति 2017.p.53.

没有种下毒刺

只会播种

爱的品行

仍然是不可接触者

诗 7　沉默的脚步声 [1]

从来没有要求立锥之地

也没要求分国而治

只要求公正待遇

生存的权力

一小块天空

一点点可饮之水

一点点幸福

一点点安宁

一点点阳光

一点点和风

一点点光明

几本书籍

一些童年记忆

一点点自尊

刚刚才提出诉求

他们就集合起来发起攻击

我惊呆了

好像陷入车轮阵里的激昂 [2]

目瞪口呆

我身体被炙烤

好像身处紫胶宫 [3] 中

我忍受着德罗纳用箭造成的剧痛 [4]

---

[1]　ओमप्रकाश वाल्मीकि. *बस्स! बहुत हो चुका*. वाणी प्रकाशन, प्रथम संस्करण 1997, आवृत्ति 2017. p.61.

[2]　史诗《摩诃婆罗多》中的人物，阿周那之子，非常英勇善战，受敌人引诱陷入车轮阵之中，被敌方多名大将合围杀死。

[3]　史诗《摩诃婆罗多》中的故事。俱卢族兄弟为了杀死般度五子，用紫胶建造宫殿让他们居住，以便纵火杀人。般度五子发现后挖掘了地道，俱卢族点火后，他们从地道里逃走得以保全性命。

[4]　史诗《摩诃婆罗多》中的故事。德罗纳是般度五子的师尊，向他们教授箭术。出身不可接触者的丛林部落王子独眄向德罗纳拜师，被他拒绝。独眄塑了德罗纳的泥像，每天对着泥像刻苦练习，箭术超过了武艺高强的阿周那。德罗纳找到了独眄，索取拜师礼，诱骗独眄割下自己的大拇指，导致独眄无法挽弓射箭。

我血淋淋地站着
听着《摩诃婆罗多》①到来的
沉默的脚步

诗 8　高度②

在大地上
同一条道路
你我一同行走
你能到达的高度
为何如此之高
高得能轻而易举
触碰天空
我的高度
为何如此之低
低得连大地
难以触摸

---

① 此处比喻战争。

② ओमप्रकाश वाल्मीकि. *बस्स! बहुत हो चुका.* वाणी प्रकाशन, प्रथम संस्करण 1997, आवृत्ति 2017.p.76.

古勒扎尔作品选 [①]

张亚冰　李宝龙　译

1. 心在寻找

心在寻找那悠闲的日夜
那安坐思念爱人的时刻
　　　　　——伽立布 [②]

"心在寻找那悠闲的日夜"
冬日，躺在微光中的庭院
眼前摇曳着你的衣影
时而远，时而近
抑或夏夜，东风袭来
在清凉雪白的被单上久久不眠
静赏洒落屋顶的星光

抑或冬夜，冰雪覆盖
独坐山间角落
聆听萦绕在山谷中的寂静

心在寻找那悠闲的日夜
那安坐思念爱人的时刻

2. 对话

有时，我坐在自己诗歌的面前
围成半圆
我问它们

---

① 选自"中印经典和当代作品互译出版项目"成果《烟：古勒扎尔作品选》（中国大百科全书出版社，2020年）。本卷收录的诗歌均由张亚冰翻译，短篇小说《烟》由李宝龙翻译。

② 米尔扎·伽立布（Mirza Ghalib, 1797—1869），印度乌尔都语、波斯语诗人，被誉为"抒情诗大师"。

与诗人作伴感觉如何？
它们惶恐地看着我
问是它们创造了我？
还是我创造了它们？
我以为所有诗歌皆因我而存在
诗歌却认为是它们使我存在
我的外在由它们而生
我的脾性由它们所塑

一首诗走上前来
恭敬地问道：
"说说，是不是有些迷茫？
要不要我坐在身旁，
帮你解答困惑？"

"觉得难过吧"另一首也说着前来
"你难以诉说的
那些秘密请轻轻告诉我
只要一个听到了，所有的都会听到！"

一首愤怒的诗歌激动地说：
"我充当你沙哑的声音已经多久？"
一首小诗说：
"我已经说过了，诗人
爬坡时如果感到呼吸沉重，难以承受
请把负重分到我的肩膀"
还有一首诗歌静静坐在后面
紧紧盯着我……
不知为何它有一双你的眼睛
每首诗歌都有自己的个性
但多多少少也是我的个性
我由它们而生或是……

我此刻感觉到
当我创造它们的时候
它们也创造了我！！

3. 这一幕

曾见过这一幕！

军队四处集结

持枪瞄准着

人们群情激愤

仿佛 1919 年，阿姆利则

贾利安瓦拉公园的景象昨日重现 ①

亦或是 1936 年的拉合尔

独立运动的年度集会

这一幕是多么的似曾相识

人们的神情如此相似

那悲伤与愤怒之情

他们的时代，他们的情感

历历在目

也可能是 1942 年的阿拉哈巴德 ②

广场正中栅栏围成的圆岛里

军队四处集结

围成圈，持枪瞄准着

人们群情激愤

手握成拳坚定地挥舞着

人们同样手握旗杆

同样高呼口号

子弹同样呼啸

很多人同样倒下

路上同样流淌着鲜血

广场正中的铁栅栏里

原先英国人塑像的位置

现在耸立着甘地

---

① 阿姆利则贾利安瓦拉公园（Jalianwala Bagh, Amritsar），位于印度旁遮普邦，因发生英国殖民者屠杀印度人民的"阿姆利则惨案"闻名。1919 年 4 月 13 日，阿姆利则市万余印度人民举行反对英国殖民政府通过的"罗拉特法案"抗议集会，遭到英国驻军血腥屠杀，数百人丧生，千余人受伤。

② 阿拉哈巴德（Allahabad），印度北方邦（Uttar Pradesh）城市。

但现在……
已经 1992 年了！ ①

4. 有时嘴唇花般绽放

有时嘴唇花般绽放
有时言语馨香四溢

有时不停斟酌词句
有时需要揣测语气

都知感情无以定价
有时仍问无价何价

夜夜倚窗度过
有时喜有时忧

人心有如情谊
有时徘徊不定

5. 人生如此 孤独前行

人生如此 孤独前行
商队在畔 旅途独行

漫漫长夜 星空作伴
藉此消磨 几多孤单

独衾孤枕 形单影只
如此孤单 恍然一世

溺水之人 已达彼岸
孤独足迹 有谁得知

天青日白 离群索居

---

① 1992 年 12 月 6 日，数千名印度教徒强行摧毁了印度北方邦阿约提亚（Ayodhya）巴布里清真寺（Babri Masjid），引发了全国范围的印穆冲突，导致 1100 多人死亡，4000 多人受伤。

夜阑人静 独自入眠

曾几何时 期望远方
不知何往 何处孤单

6. 圆滚滚的……

圆滚滚的太阳倦了
停在一块尖尖的岩石上
像杂耍艺人指尖顶起的圆球
吹口气就沉入深深的水中

圆滚滚的太阳一下子燃尽了
"嗞啦"一声熄灭了这煎熬的一天

7. 时刻

何时起我就在废墟中徘徊
古老夜晚，破烂坟墓上肮脏的碑文
白日绞刑架忽然倒塌
晚霞中冷却的火葬堆尘埃飞扬
到处是偷时间的贼
到处是光辉时代的废墟
何时起我就在废墟中徘徊

在这里，神圣的掌中花纹消退了
油灯的火焰消逝了
在这里，额头上的光芒燃尽了
单纯的脸上空洞的眼睛睁开了
眼中的含义已然擦去

何时起我就在废墟中徘徊
生活的意义处处崩塌，消逝难觅

8. 这个转弯过去

这个转弯过去，几条崎路，几条坦途
通向石殿，玻璃房，茅草屋
这个转弯过去，几条崎路，几条坦途

通往沙漠的盘旋着被龙卷风掩埋
一条胆怯地踌躇着跌入冰冷的死亡之谷
一条遍体鳞伤地穿越荆棘密布的森林
还有一条起起伏伏跑进未知的宇宙

坐在转弯处，那个通向所有道路的转弯处
终有一天，你将来到这里
停下，说道
要走哪条路！
那是怎样的一条路

9. 自杀

只是一次争吵
恶言相向如玻璃破碎之声
碎渣飞溅上所有东西
视线、话语、声调、头脑和呼吸中
为了结束一段关系……看看都干了什么！！
那夜有人从地上捡起一枚声音的碎片
割断了脉搏
悄无声息
没有惊醒任何人！

10. 一样的家

一样的家，一样的人
在陌生的城市毫无陌生的感觉
一样的伤痛，一样的联系

11. 日落

日落，壁龛中燃起一张面孔
火焰如新生的伤口般鲜红
燃烧的蜡烛上蜡油熔化滚落 [①]

---

① 本诗描写了太阳西下，壁龛中点燃着一支蜡烛，映衬着看着壁龛的一张脸庞的一幕。诗人将蜡烛燃烧熔化时滚落的蜡油比作脸庞上滴落的泪水，滚烫灼心。

12. 若让我坚定地坐在黑暗中

若让我坚定地坐在黑暗中
那就让我像灯盏般燃烧

没有光芒追随于我
当我熄灭自己的火焰

主啊，身体如此疼痛
索性让我在绞刑架上小憩片刻

幸亏由你带来的苦痛如影随形
否则生活也会让我哭泣

烟

事情发展缓慢，但眼见着烟瞬间飘满了整个村庄。

乔特里于凌晨4点去世。乔特拉因恸哭到7点才回过神来。她马上派仆人去请阿訇海鲁丁，并要求他不得向阿訇透露半句。仆人把阿訇领进院子后，乔特拉因带他到了楼上的卧室。乔特里的尸体被放置在卧室地板上，两条白色床单之间，略微苍白的脸颊，雪白的眉毛、胡子和头发，脸庞被映得发光。

阿訇一见到尸体就念诵道："我们确是真主所有的，我们必定只归依他。"[①]之后他安慰了乔特拉因。没等阿訇坐稳，乔特拉因就从柜子里拿出乔特里的遗嘱给他看，乔特里的遗愿是火化遗体而非土葬，之后把骨灰抛洒在村里那条滋养着这片土地的小河里。

阿訇读完遗嘱后沉默了。乔特里在本村宗教领域发挥了重要作用，做出过巨大贡献，他慷慨捐助印度教徒和穆斯林，出资加固村中的清真寺，还派人修建了印度教的火葬场。即使在生病的几年中，他每年斋月都会亲自为穷人准备开斋饭，当地的穆斯林都是他虔诚的追随者。而现在，阿訇读完遗嘱后惊讶万分，生怕会引起什么骚乱。最近国内的气氛已然十分紧张，印度教徒和穆斯林都变得更加极端！

乔特拉因说道："我不奢求什么仪式，只求你们安排火葬场把他火化掉。我本来可以通知拉姆·钱达尔·潘迪特，之所以没有那样做，是不想出什么差错。"

祸从口出。阿訇海鲁丁将拉姆·钱达尔请来，善意地告诫他说："你可千万别同意在火葬场火化乔特里，否则，当地的穆斯林可能会找麻烦的。乔特里毕竟不是普通人，他与很多人都有着千丝万缕的联系。"

---

① 原文为阿拉伯语，译文出自《古兰经》，马坚译，中国社会科学出版社，1981，第17页。

拉姆·钱达尔·潘迪特向阿訇保证，他不愿看到本区发生任何暴力事件。在事情传开前，他会向相关人士解释清楚。

事情发展缓慢，但点燃的火苗却慢慢燃烧起来。

"这不是乔特里和乔特拉因的事情。这事关乎信仰，是整个民族、群体和宗教的事情。乔特拉因哪里来的胆子，竟敢想火化她的丈夫，难道她不知道伊斯兰教义吗？"

一些人坚持去见乔特拉因。乔特拉因耐心地解释说："兄弟们，这是他最后的愿望。现在无论土葬还是火化，这已然是一具尸体，如果火葬能让他的灵魂得到安慰，你们为什么要反对呢？"

有人愤怒地喊道："把他火化掉你能安心吗？"

"能。"乔特拉因的回答言简意赅！"只有完成他的遗愿我才能安心。"

随着时间的推移，乔特拉因愈发焦躁不安。她原本想要简单处理的事情现在已变得复杂万分。乔特里先生遗愿的背后没有任何复杂的阴谋、故事抑或秘密，也没有任何与某种宗教或信仰联系在一起的哲学思想，那只是一个人单纯的愿望，希望自己死后不留下任何印迹。

"在世则罢，去世就随风而去吧。"

多年之前，乔特里就对妻子说过这句话。人在世时怎么会认真对待这种事情？而乔特里却把它写进了遗嘱。现在人已离世，完成他的遗愿成为妻子乔特拉因对丈夫爱与信任的体现，即便一个人从你眼前消失，你也不会忘记对他的所有承诺。

乔特拉因尝试派比鲁去请拉姆·钱达尔·潘迪特，但他压根没露面。拉姆·钱达尔的同伴对比鲁说："兄弟，火化他之前，我们要念诵经文，而且必须给他点上提拉克①。"

"喂！兄弟，人都死了，现在怎么改变他的信仰啊？"

"你别说了，不念诵《薄伽梵歌》②相关章节的话，我们是不会火化乔特里的。如果这样做，他的灵魂就不能得到解脱，如果没有得到解脱，他不安的灵魂就会折磨我们所有人，你我都逃不掉。乔特里先生对我们有恩，我们不能让他的灵魂无处安身。"

比鲁无功而返。

比鲁从潘迪特家出来时恰巧被本纳看到，本纳来到清真寺告诉了大家这个消息。

经过闷烧，本已开始冷却的火焰再次燃起。四五个可靠的穆斯林最终决定：乔特里对他们有恩，他们不会让乔特里的灵魂无处安身，于是决定在清真寺后院的墓地里挖掘一座坟墓。

傍晚，一些人再次出现在乔特里家门口，他们决定逼迫乔特拉因交出乔特里的遗书并将其烧毁。没了遗嘱，看那老妇怎么办！

乔特拉因似乎看穿了他们的企图，她把遗嘱藏了起来。当人们试图威胁她时，她说

---

① 提拉克（Tilak），印度教徒为表示所属教派或进行某种宗教仪式时在前额上涂画的标志。

② 薄伽梵歌（Bhagavatgita），印度史诗《摩诃婆罗多》第6篇《毗湿摩篇》中的插画，后成为独立的印度教经典。

道："你们去问阿訇海鲁丁，他读过遗嘱。"

"如果他否认呢？"

"如果他把手放在《古兰经》上还否认的话，我就让你们看，否则……"

"否则怎样？"

"否则你们就在法庭上看吧。"

很显然，这件事可以交给法院，乔特拉因可以从城里请来律师和警察，当警察在场时火化丈夫的遗体。谁知道呢？她可能已经这么做了！不然谁会把丈夫的遗体放在冰板上，自己却在这里如此自信地讲话呢？

深夜，传言四起。

有人说："我刚刚看见有人骑着马去城里了。骑马的人用头巾蒙住了头和脸，就是从乔特里家的方向过来的。"

也有人看见骑马人从乔特里家的马厩离开。

哈都则说，他不仅听到乔特里家后院传来劈木头的声音，还看到有树被砍断了。

毫无疑问，乔特拉因一定是在后院准备用来火化丈夫遗体的木柴堆。

伽鲁怒火中烧，说道："懦夫！一个穆斯林今晚就要被火化了，而你们所有人就坐在这儿看火焰吗？"

伽鲁走出住处，如果屠杀是他的职业，那么还有一种东西叫作信仰。

"兄弟们，同信仰相比，母亲也不再显得亲近。"

带上四五个同伴，伽鲁从后墙翻入了乔特里家的院子。老妇人独自坐在丈夫的尸体旁，还没等她反应过来，伽鲁的斧子就劈向了她的头颅。

他们抬起乔特里的尸体，走向清真寺的后院，那里已经准备好了一座坟墓。走着走着，勒穆扎问道："早上乔特拉因的尸体被发现了怎么办？"

"那女人死了吗？"

"脑壳都劈开了，还能活到早上？"

伽鲁停下来，朝乔特拉因的卧室看去。本纳马上明白了伽鲁的顾虑。

"老师您走吧！我知道您担心什么，我来办！"

伽鲁继续向墓地方向前进。

夜晚，熊熊火焰从乔特里的卧室向外蔓延，整个村庄都被烟吞没了。

生者火化，

死者入土。

"我不是纳尔逊·曼德拉"

——普拉姆迪亚^① 对古纳万·穆罕默德^② 公开信的回复^③

罗　杰^④　译注

我不是纳尔逊·曼德拉。古纳万·穆罕默德谬矣，印度尼西亚并不是南非。他希望我接受瓦希德总统^⑤表达的致歉之意（2000 年 4 月 9 日印尼《时代》周刊），就像曼德拉原谅压迫他本族人甚至监禁他本人的白人政权那样。我非常尊敬曼德拉。然而我不是他，也不想成为他。

在南非，白人对黑人实施压迫和种族歧视。白人对付黑人，就像荷兰对付印度尼西亚。^⑥这不难理解。在印度尼西亚发生的事情没有那么简单：棕色人压迫棕色人。不止

---

① 普拉姆迪亚·阿南达·杜尔（Pramoedya Ananta Toer, 1925—2006），印度尼西亚著名作家，代表作包括由《人世间》（*Bumi Manusia*, 1980）、《万国之子》（*Anak Semua Bangsa*, 1980）、《足迹》（*Jejak Langkah*, 1985）、《玻璃屋》（*Rumah Kaca*, 1988）四部长篇小说组成的"布鲁岛四部曲"（"*Tetralogi Buru*"），长篇小说《追捕》（*Perburuan*, 1950）、《游击队之家》（*Keluarga Gerilya*, 1950）、《渔村少女》（*Gadis Pantai*, 1962—1965/1987）、《逆流》（*Arus Balik*, 1995），回忆录《哑者的无言歌》（*Nyanyi Sunyi Seorang Bisu*, 1988—1989）等。普拉姆迪亚曾荣获印度尼西亚国内外多种文学奖项，数次赢得诺贝尔文学奖提名，其作品被翻译成几十种文字出版。此外，他一生历经印度尼西亚现代史各阶段，曾在不同政权时期三度入狱，尤其在苏哈托"新秩序"政权期间（1966—1998）遭到长期流放及监视居住。迄今为止，普拉姆迪亚是世界范围内知名度最高的印度尼西亚文学家，生前也曾是印度尼西亚文化界最受国际社会普遍关注的知名人士。

② 古纳万·穆罕默德（Goenawan Mohamad, 1941—　），全名古纳万·苏萨蒂约·穆罕默德（Goenawan Soesatjo Mohamad），印度尼西亚诗人、剧作家、导演和编辑。他于 1971 年创办的印尼《时代》（*Tempo*）周刊曾经因为批评苏哈托政权而被数次停刊。他荣获过新闻工作领域多个奖项，包括 1998 年 CPJ 国际新闻自由奖、1999 年国际编辑年度奖、2006 年丹·大卫奖。

③ 普拉姆迪亚写这封公开信意在就古纳万·穆罕默德的提议做出回复。古纳万·穆罕默德在 2000 年 4 月 3 日至 9 日印尼《时代》周刊上发表《致普拉姆迪亚·阿南达·杜尔的公开信》（*Surat Terbuka untuk Pramoedya Ananta Toer*），2001 年又将公开信再次发表于《当革命已成往事》（*Setelah Revolusi Tak Ada Lagi*）一书。

④ 本文译注者为北京大学东方文学研究中心、北京大学外国语学院副教授。

⑤ 阿卜杜勒拉赫曼·瓦希德（Abdurrahman Wahid, 1940—2009），在印度尼西亚更常被称作古斯·都尔（Gus Dur），1984 年成为伊斯兰教士联合会（NU）主席，1998 年 7 月 23 日成立民族觉醒党（Partai Kebangkitan Bangsa，简称 PKB，也译作"民族复兴党"），1999 年 10 月当选为印度尼西亚第四任总统，执政二十个月后，2001 年 7 月 23 日被印尼人民协商会议特别会议罢免总统职务，由副总统梅加瓦蒂（Megawati Soekarno Putri）接任总统。瓦希德总统在任期间发布的 2000 年第 6 号总统令，宣布取消苏哈托政府执政期间禁止华人华文的 1967 年第 14 号总统令，并对华人节日和华语开禁。在普拉姆迪亚的这封信印尼语原文里，除第一段外，均用"Gus Dur"称呼瓦希德。考虑到与中文官方译名及第一段首次出现时的称呼保持一致，译者在上下文里统一使用"瓦希德"，特此说明。

⑥ 1945 年 8 月 17 日印度尼西亚宣布独立。在独立之前，印度尼西亚群岛的大部分地区属于荷兰殖民地，称为"荷属东印度"（印尼语 Hindia Belanda，英文名 the Dutch East Indies 简称 East Indies）。

于此，我认为瓦希德的致歉及其关于和解的想法只不过是些场面话。[①] 事已至此，致歉何其容易。我不需要场面话。

瓦希德首先必须澄清，他在以谁的名义说话。为什么必须由他来讲那些话？如果他是代表一个团体，比如伊联（NU），[②] 为什么他作为总统来开口？而且倘若他作为总统开口，为什么国家机构就那样轻易地被他越过？即使在他身为总统的职能之内，瓦希德也不能致歉。这个国家拥有代表机构，就让诸如国会（DPR）和人民协商会议（MPR）之类的国家机构来说那些话吧。不该由瓦希德讲那些话。

我所期待的是在印度尼西亚建立法治和公正。像我这样的人之所以遭难受苦，正是因为没有法治和公正。我觉得这个问题属于国家事务，涉及国会和人民协商会议，但他们不发一言。有鉴于此，我认为那些话是场面话。

我不轻易原谅别人，因为当个印度尼西亚人已经太过于辛苦。我的著作在美国中学里成为必读书，却在印度尼西亚被禁，长达四十三年之久，我身为作家的权利被彻底剥夺。在布鲁岛（Pulau Buru）[③] 的折磨、羞辱、凌虐，几乎害得我丢掉半条命。我的家人经历了非同寻常的苦难。我的一个孩子曾经在学校里劝架，可是当同学们知道他的爸爸是政治犯（tapol[④]），他遭到围殴。我的妻子做点小买卖维持生计，但人们知道她丈夫是政治犯之后，一直刁难她。甚至于居委会主任（Ketua RT）不愿给她办理身份证（KTP）。我在北拉瓦曼根（Rawamangun Utara）的住宅被军队抢劫并侵占至今。我的书籍和作品手稿被他们焚毁。[⑤]

场面话是不错，可也只是场面话而已。接下来要怎样？国家要不要给像我这样的人赔偿损失？为了兑现弥补我曾拥有的一切，国家可能不得不再次举债。

只有道歉是不够的。法成令修，一切务必经由法律，使之成为国会和人民协商会议的决议。不能只是说一说致歉那种场面话。在把我关到布鲁岛之前，对我连审判都没有过。全都对我视同儿戏。1965 年我遭受彻底迫害的那个时候，何其痛苦，而有责任保护我的政府反而逮捕了我。

十四年后被释放时，我收到证明说我没牵涉印尼共的"九·三〇事件"（G30S-PKI）。

① 印尼语原文为"basa-basi"，常指寒暄、应酬话、礼节性套话。

② 伊斯兰教士联合会（Nahdlatul Ulama），简称"伊联"（NU），是印尼最大的独立伊斯兰组织，由瓦希德的祖父哈西姆（Hasyim Asy'ari，1871—1947）创办。该组织的中文译名还有"伊斯兰教师联合会""印尼宗教学者复兴会""印度尼西亚伊斯兰觉醒会"等。瓦希德建立的民族觉醒党被认为是以"伊联"为背景的政党。

③ 布鲁岛（Pulau Buru），约 9505 平方千米，是印度尼西亚共和国东部的马鲁古群岛（Maluku）之一。1965 年"九·三〇事件"之后，印度尼西亚国内政局发生巨变，以苏哈托为首的右派陆军集团上台执政，大批左翼知识分子被长期流放到布鲁岛，普拉姆迪亚也曾于 1969—1979 年被流放在此，属于 B 类囚犯，1979 年底最后一批获得释放。他的小说代表作"布鲁岛四部曲"以"布鲁岛"命名，缘于他在布鲁岛流放期间创作了该四部曲。

④ 印尼文"tahanan politik"的缩略词。

⑤ 1965 年 10 月 13 日，普拉姆迪亚遭军队逮捕并抄家，他的听力因被殴打而受损，其多部作品手稿被当场付之一炬，其中包括他创作的"印度尼西亚民族主义三部曲"之后两部未发表手稿，该三部曲仅有第一部《渔村少女》由于在 1962—1965 年《东方之星》（Bintang Timur）连载发表过而得以曲折存世。

但是，此后不再有任何举措。我在 1990 年出版的《哑者的无言歌》（*Nyanyi Sunyi Seorang Bisu*）[1]这本书里，列有被陆军杀害的四十位政治犯名单。却也未有过任何行动。

我已经失去信心。我不相信瓦希德。他，也和古纳万·穆罕默德一样，是新秩序（Orde Baru）[2]的一部分，参与建立了新秩序政权。我不相信印度尼西亚的所有政治精英。各位知识界人士也概莫能外。迄今为止，他们均选择缄默不语和接受法西斯主义。他们都连带要对我经历的苦难负责。他们均连带要对新秩序的残杀屠戮负责。

古纳万或许认为我睚眦必报，[3]内心饱受煎熬。不。我反而是相当可怜那些没文化的掌权者，包括他们抢掠自己民族所拥有的一切。

我已经把我的一切都交给了印度尼西亚。生命、健康、青春直至暮年。由于心血管狭窄，如今我再也不能读书写作。以天计，按周算，论月数，我或将作别人世。场面话再也不能安抚我。

---

① 《哑者的无言歌》印尼文全名 *Nyanyi Sunyi Seorang Bisu: Catatan-Catatan dari P. Buru*，共两卷，先于 1988—1989 年在荷兰出版；1995 年作者七十岁生日之际在印度尼西亚出版第一卷，1997 年出版第二卷。该书英译本 1999 年由美国 Hyperion 出版社首次推出，译者为 Willem Samuels（John H. McGlynn），英文版合为一卷本，内容与印尼文版有不同；2000 年英译本再次由 Penguin Books 出版。英文版书名：*The Mute's Soliloquy: A Memoir*。

② 印度尼西亚第二任总统苏哈托（Suharto）军人政权统治时期自称为 "新秩序时期"（1966—1998），并将之前的印度尼西亚第一任总统苏加诺（Sukarno）时期称为 "旧秩序时期"。"新秩序" 印尼文为 Orde Baru，简称 "Orba"；"旧秩序" 印尼文为 Orde Lama，简称 "Orla"。

③ 为了回应来自印度尼西亚国内外的对于政治犯问题的广泛批评，苏哈托政府在 1969 年 12 月派出一个国内外记者代表团赴布鲁岛采访，身为印度尼西亚最出色记者之一的古纳万·穆罕默德即是当年该记者团一员，据他报道：普拉姆迪亚难以置信的衰老，白发苍苍，忙于农活，无暇写作。报道还提到说，布鲁岛既非天堂，也非地狱，只是一种可能性，不要太早下结论等。Goenawan Mohamad, "A Day in the Life of Pramoedya Ananta Toer", *Harian Kami*, December 22, 1969. 转引自 Harry Aveling 撰写的导读文章 "A Note on Pramoedya", 收录于 Pramoedya Ananta Toer, *A Heap of Ashes* (Queensland: University of Queensland Press, 1975), p.xix. 普拉姆迪亚在布鲁岛流放期间被允许写作是 1973 年之后，此前多为口述创作。恶劣的写作条件导致其在布鲁岛期间的创作成果常有散佚，如《哑者的无言歌》之中部分书信，此书后在他的编辑朋友 Joesoef Isak 大力帮助之下才得以推出面世。而 "布鲁岛四部曲" 原本早就在普拉姆迪亚的个人创作计划之中，他于 1965 年 10 月被捕之前已做过大量相关历史研究和准备工作，由于所有资料不被允许携带或遭焚毁，他在布鲁岛期间创作的几百万字完全凭靠自己前期工作时的记忆。遗憾的是，普拉姆迪亚在布鲁岛期间创作的另一个四部曲 "逆流四部曲"（*Tetralogi Arus Balik*）之第二部《暴风眼》（*Mata Pusaran*）遭看守人员收缴，出版社至今未能寻获全稿，仅发现部分影印页零星出现在二手书市场。

学 术 动 态

新文科建设背景下全国南亚语种专业建设与国别区域研究研讨会暨中国南亚语种学会 2021 年会成功召开

2021 年 11 月 20 日至 21 日，新文科建设背景下全国南亚语种专业建设与国别区域研究研讨会暨中国南亚语种学会 2021 年会以线上形式成功召开。本次会议由中国南亚语种学会主办，广东外语外贸大学日语语言文化学院、亚非语言文化学院（筹）承办。来自北京大学、中国社会科学院、清华大学、广东外语外贸大学、北京外国语大学、北京第二外国语学院、中国传媒大学、上海外国语大学、西安外国语大学、天津外国语大学、天津师范大学、河北师范大学、中国人民解放军战略支援部队信息工程大学、四川外国语大学、云南大学、云南民族大学、云南省社会科学院、大理大学、青岛大学、深圳大学、西藏民族大学、湖南师范大学、江西师范大学、重庆师范大学、安庆师范大学、北方工业大学、武汉轻工大学等高校的 100 余名学者参加了本次会议。

在 11 月 20 日上午举行的开幕式上，广东外语外贸大学副校长焦方太教授，中国南亚学会会长、中国社会科学院亚太与全球战略研究院副院长叶海林研究员，中国南亚学会副会长、南亚语种学会会长、北京大学南亚研究中心主任姜景奎教授分别致辞。开幕式由中国南亚语种学会秘书长、北京大学外国语学院助理教授贾岩博士主持。

焦方太教授在致辞中介绍了广东外语外贸大学的发展历程和办学成果。广东外语外贸大学是广东省高水平大学重点建设高校，是华南地区国际化人才培养、外国语言文化、对外经济贸易、国际战略研究的重要基地，也是华南地区开设外语语种最多的高校。经过 50 多年的发展，广东外语外贸大学已经形成了外语学科与非外语学科双轮驱动，多学科、多语种协调发展的良好局面。焦教授表示，在中国南亚语种学会的带领下，广东外语外贸大学的南亚语种取得了蓬勃发展。今后，广东外语外贸大学将继续支持和推进南亚语种群的建设，不断提升教学研究水平，培养更多优秀的高素质人才。最后，焦方太教授代表广东外语外贸大学向中国南亚语种学会及诸位与会学者表达了诚挚的问候和衷心的感谢，并预祝年会顺利召开。

叶海林研究员在致辞中首先代表中国南亚学会对南亚语种分会年会的顺利召开表示祝贺，并对疫情之下排除万难承担年会筹备工作的师生致以谢意。他指出，中华人民共和国的涉南亚研究自肇始之际就与语言教学和文化研究密不可分。中国社会科学院与北京大学合办的南亚所（即中国社会科学院亚太与全球战略研究院的前身）曾在中印比较文明和南亚语言文学文化研究方面做出过重要贡献。而今，中国南亚语种学会已经成为推动该领域发展的主力军。越来越多致力于语言教学的老师开始投身南亚地区政治、经济、国际关系等领域的研究，并在相关刊物发表文章，推动了南亚国别和区域研究的跨学科交流与融合。叶海林研究员指出，未来中国的南亚区域国别研究应当朝着静态研究与动态研究相结合的方向发展，既要重视语言文化等长期化、基础性的研究积累，也要就国家当前面临的现实问题建言献策。中国南亚学会当前的重要目标就是要不断推进跨学科融合，为中国南亚学的学科建设贡献力量。

姜景奎教授在致辞中首先指出，在新文科建设背景下，国家高度重视以非通用语为基础的国别和区域研究，南亚语种的专业建设和基于南亚语种的国别区域研究将迎来新的机遇。姜教授重点介绍了由他主编的全新学术集刊《南亚学》。他表示，目前中国南亚研究领域的几本重点刊物都更侧重动态研究，而《南亚学》将在内容上做到静态研究与动态研究相结合，在办刊水准上对标核心期刊。期刊将以中国南亚学会和南亚语种学会年会为重要依托，广泛向业内同仁征集稿件，致力于成为国内南亚语言、文学、文化、宗教、社会、历史、国别和区域问题等相关领域的权威发表阵地之一。姜教授表示，未来十年，南亚地区之于中国的重要性会日益凸显。中国南亚语种学会将在总会的领导下不懈努力，为树立行业标杆、增进业内交流、强化共同体建设、培养后辈学人提供更加广阔的平台，以助推中国南亚研究的长远发展。

开幕式结束后，叶海林研究员和姜景奎教授分别以"区域国别研究中的预期误差及其纠正"与"南亚语种之于南亚国别和区域问题研究"为题进行了主旨发言。

叶海林研究员首先阐释了选题的由来。目前，我国的区域国别研究进入了一个大繁荣、大发展的时期，与此同时也涌现出一些问题。这些问题可大致分为两类。第一类是理论和现实的适配问题。国际关系、国际经济、国际政治领域的很多理论大多源自西方，其依据案例基本都是西方经验，因而在解释发展中国家，尤其是中国周边地区的现象时存在解释力不足的问题。随着时间的推移和自身理论水平的提升，此类套用西方理论解释中国周边现象的研究范式会自然而然地被淘汰掉。第二类是区域国别研究中的预期误差问题。此类问题更多存在于观念层面，较难随着理论工具的发展而自然消失，因而需要引起学术共同体的高度重视。

叶海林研究员进一步分析了预期误差的主要表现形式。一是地位的误差。部分相对冷门的区域在学术界和政策界的重要性使得相关研究者产生错误的预期，不能精准地评估所研究的学科和命题在国家对外战略及全球政治经济格局中的主次位置。二是身份的误差。这其中既有镜像投射，即由于对自身不满而构建一个理想彼岸世界的情况。这种情况多见于借鉴比较类的研究中，表现为了批评一个而褒扬另一个。镜像投射现象通常会因为得不到事实支撑而自行瓦解，也会在互联网时代被有效纠偏。更需要引起警惕的身份误差是缺乏换位思考，即对国际关系的预期不能跳出自身的身份需求，误把自己的需求当作可能发生的现实。研究者应当跳出以自我为中心的思维框架，要更多地看到国与国之间的博弈是两个利益行为体之间的碰撞。基于上述判断，叶海林研究员建议从事区域国别研究的学者们，不必急于寻求国际关系、国际经济、国际政治领域的认可，尤其不要陷入用案例迎合、佐证现有理论的误区，而是要努力建立一套以中国自身为基准看待中国周边地区的认知框架，并发展出一套成熟的学科范式。他表示，由于中国南亚学会和南亚语种学会的跨学科建设，很多此前专注于语言文化研究的学者开始加入国际关系议题的讨论之中，并借助自身的语言优势、学科背景和在地经验发出了独特而富有洞见的声音。他呼吁与会学者更加自觉、积极地加入学术共同体的建设之中，为中国南亚研究的整体发展做出贡献。

随后，中国南亚学会副秘书长、南亚语种学会副会长、北京大学王旭副教授进行评议。他表示，叶海林研究员发言中谈及的"区域国别研究中的预期误差"可以总结为两个预设问题：一是预设结论，二是预设前提和立场。研究者应着力避免上述误区。他接着提出了一个引人深思的问题：新文科背景下，国别区域研究所倡导的"跨学科"究竟指的是学者自身的跨学科独立研究，还是不同学者之间的跨学科合作研究？思考这一问题有助于区域国别研究者找到一个适用于自身学科特点的理论范式。最后，王旭副教授结合叶海林研究员的发言内容，就区域国别研究的发展路径提出了几点建议。他认为，区域国别研究应平衡好学术研究与政策研究、理论研究与实证研究的关系。从事区域国别研究的学者应高度重视对象国语言撰写的一手材料，并且在研究中坚持"学术无国界、学者有祖国"的原则，在放眼世界的同时摆正自身中国学者的身份。

姜景奎教授的主旨发言题目是"南亚语种之于南亚国别和区域问题研究"。发言伊始，姜教授首先解释了国别区域研究的学科归属问题。他指出，国别区域研究目前被划分在外国语言文学一级学科之下，这表明做好该领域研究是外语教学与研究者的应有责任之一。他勉励与会学者脚踏实地，不急于求成，充分发挥外语优势，拓展相关研究的深度和广度。

随后，姜景奎教授讨论了何谓国别和区域问题研究。他首先指出，国别和区域研究需要强大的国力支撑，一个国家越是处于持续繁荣的时期，对此类研究的需求也越大。英国在 18 世纪末至 19 世纪、美国和苏联在第二次世界大战后都大力推行国别和区域研究，而新时代的中国也亟须通过扎实的国别和区域研究解决不断涌现的新课题。国别和区域研究的对象广泛，涵盖语言、文学、历史、地理、政治等方方面面，所以并不完全是动态研究，静态在其中也非常重要。今天的地域之学、领域之学就是依托外语对相关国家和地区进行的综合研究，属于跨学科专业，其成果既可以是基础研究性的，也可以是应用研究性或咨政性的。南亚地区研究是国别和区域研究的重要组成部分，在中国有着悠久传统。两汉凿通西域、引进佛教，唐前后西天取经、开设译场，宋元明时期又有海上大通道与南亚交流，无论鸠摩罗什、法显，还是玄奘、义净，都是精通印度语言的大师。进入现代，以季羡林、金克木为代表的第一代学者和以刘安武、殷洪元为代表的第二代学者前赴后继，他们创造的丰硕成果影响深远。当下，新时代背景下的国别和区域问题同样需要富有持久生命力的研究，而对象国（地区）语言则是开展此类研究不可或缺的装备。

姜景奎教授指出，正如讲好中国故事意在让别人理解我们，我们也应换位思考，倾听对方的故事。他以各种被中国网友视为"愚昧""无知""落后"的印度现象（火箭发射前举行祭祀、旱涝时节为动物举办婚礼、恒河浮尸、喝牛尿、涂牛粪等）为例，一一说明其内在的文化依据和合理性。他希望南亚语种的研究者应抱着理解和尊重的心态，做好南亚故事的阐释者，而不是复制和搬运互联网上关于南亚的种种偏见和误读。

重视本土语言不仅有助于对象国（地区）研究的深化，也有助于丰富研究者对自身文化的了解。姜景奎教授分享了他对"喜马拉雅"一词内涵的解读。"喜马拉雅"（Himalaya）是梵语词，"hima"意为"雪"，"alaya"意为"居所、地方"。古代印度人用"Himalaya"（"有雪的地方"）这一远指来称呼作为整体的喜马拉雅山，恰恰证明这里并非印度人所能到达之地。而对于生活在青藏高原上的藏民族来说，他们没有给整座山脉一个统称，而是用藏语命名了其中的大小360多座山峰，因为他们对喜马拉雅山的认识是近距离的，是具体的。另外，古代印度人用梵语"Trivishtapa"指代我国西藏地区，其意思是"天堂"，从中也可看出印度人与西藏的关系很大程度上是想象的，而非现实的。史诗《摩诃婆罗多》结尾般度五子和黑公主攀登雪山接连倒下的情节，同样反映了印度人无法适应高寒环境的事实。可见，西藏文化受印度影响的程度是相当有限的，由此可以驳斥"西藏文化源自印度"的谬论。这一案例很好地展示了语言、文化、历史、地理等学科知识对于开展国别区域研究的重要价值。

姜景奎教授高度认同"学术无国界、学者有祖国"的观点，他认为中国的南亚研究者既要以国际化视野增进对其他国家和地区的了解，又要用扎实的研究成果为反驳谬论、维护本国利益提供论据。发言最后，姜教授再次强调，南亚语种是南亚国别和区域研究的关键因素，只有依靠语种这一"潜水工具"，才能深入考察荷塘中的"水"和"泥"，以便从根源上摸清池面上荷花与荷叶的来龙去脉。

随后，中国南亚学会副秘书长、南亚语种学会副会长、中国人民解放军战略支援部队信息工程大学廖波副教授进行评议。他认为姜教授的发言给外语出身的研究者开展国别和区域研究给予了极大的鼓舞，姜教授近年发表的讲演和论文本身，就是将语言与区域国别研究充分结合的典范。此外，姜教授对动态研究与静态研究的思考，清晰地阐明了基础研究和应用研究的关系，为南亚研究两种模式的互补和结合提供了可资借鉴的发展路径。廖波副教授表示，姜教授对印度宗教文化的关注和反思尤其值得后辈学人重视，因为不了解宗教文化就无法看懂印度。深入研究印度宗教文化的前提，是要拿出坐冷板凳的精神去钻研宗教经典和文学作品。这些工作具有相当大的难度，但最终可以转化成对应用研究的强大支持，尤其是在印度教民族主义成为印度主流意识形态的当下，宗教文化将是我们理解印度政治、社会和文化现象的一把钥匙。

11月20日下午和21日上午为年会学术研讨环节，分"语言文学研究（一）""语言文学研究（二）""历史文化研究""国别区域研究"四个平行会场展开，分别由南亚语种学会副秘书长曾琼教授和李宝龙副教授、学会副会长王春景教授和副秘书长胡瑞副教授、学会副会长佟加蒙教授和副秘书长曹宸睿老师、学会副会长何朝荣教授和副秘书长孔亮老师主持。

11月21日上午10:50，中国南亚语种学会2021年会闭幕式在线上举行，仪式由中国南亚语种学会秘书长、北京大学外国语学院助理教授贾岩博士主持。

贾岩助理教授首先对为期两天的年会情况进行了简要总结。尽管疫情使本次会议由线下改为线上，但是会议效果却十分令人满意。开幕式和主旨发言的观摩人数达 160 余人，分会研讨阶段的同时在线人数一度逾 230 人，规模为历届之最。各位与会学者的发言从对象、理论、材料、方法、角度、观点等各个层面，为此前的南亚语种相关研究开辟了新的向度，同时将相关研究的层次带上了新的高度。本次年会展现出中国涉南亚语种研究队伍朝气蓬勃、凝心聚力的风貌，是一次兼具思想激荡、观点交锋和情感共鸣的盛会。

随后，北京外国语大学曾琼教授、河北师范大学王春景教授、北京外国语大学佟加蒙教授和中国人民解放军战略支援部队信息工程大学孔亮老师分别对四个分会场的研讨情况进行了细致全面的总结。

曾琼教授从专业基础、创新追求以及批评性思考三方面总结了"语言文学研究（一）"分会场的情况。她指出，该分会场 17 位发言人均以专业为基础，涵盖印地语、乌尔都语、孟加拉语和英语，每项研究都有明确的语言意识和厚实的文本支撑，很好地体现了南亚语种学会的特点，同时在研究对象和研究视角上具有很强的多样性。与会学者或创造性地重新解读经典作家，或提出新的研究对象和研究问题，或引入新理论、新概念，或密切关注当代南亚文坛动态，或进行跨学科、跨文化探索，充分展现研究者们对创新的追求，使该分会场成了一个富有批评性的学术场域。

王春景教授总结了"语言文学研究（二）"分会场的学术报告和交流情况。该分会场 17 位发言人的研究语种涵盖印地语、乌尔都语、孟加拉语、波斯语、僧伽罗语、英语等语种，论题分为语言与文学两大类。语言类研究联系教学实际，就非通用语专业发展、人才培养等问题进行了深入探讨，体现了语言教学与研究的实践意识和担当意识。文学类研究既有对印度文学的考察，如古代诗歌经典、现代作家游记等；又有中印文学关系的分析，如印度文学在中国的译介与改编、中国经典在印度的接受、印度文学中的中国形象等，整体上体现了我国南亚文学研究向纵深发展的趋势。王春景教授指出，该分会场的一个突出特色是以文学为出发点的跨文化研究。发言者将印度文学置于中印文化交流甚至东西方交流的大背景下进行考察，在研究内容和方法上都表现出较强的新意，尤其是对 20 世纪印度文学在中国的传播及中印作家关系的探讨，发掘了新材料，展示了新的研究思路和框架。

佟加蒙教授总结了"历史文化研究"分会场的研讨情况。该分会场 16 位发言人研究对象与讨论主题十分丰富：就国别来看，既有对印度和孟加拉国的研究，也涉及斯里兰卡和马尔代夫；就内容来看，涵盖民族和身份认同问题，电影、戏剧、艺术和媒体研究，历史文献和历史地理考察，印度与中国、越南文化交流等，题材非常广泛。佟加蒙教授依次回顾了本会场所有发言，并着重点评了发言和讨论环节中富有见地的新观点。

孔亮老师对"国别区域研究"分论坛的学术讨论情况进行了总结。14 位发言人对印度教民族主义与国族整合政策、域外国家的印太战略、语言与民族主义关系、反恐策略、圆桌会议、印巴分治、尼泊尔与千禧年挑战公司之间的关系纠葛、中国在南亚的政党外交话语建设、巴基斯坦和印度的政局变化、印度军队的种姓问题等进行了高水平、高质量的发言。在简要概述各位发言人的研究内容后，孔亮老师表示，该分论坛主题涵盖广泛，既涉及宏观的印太区域大国关系，也涉及微观的族群运动和政党政策。理论与方法上兼有政治学、经济学、国际关系学、语言学、传播学等学科背景，既呈现出跨学科研究的广阔视野，又体现出外语学者的学科属性。

随后，广东外语外贸大学日语语言文化学院、亚非语言文化学院（筹）院长陈多友教授发表致辞。陈教授首先代表大会承办方，对会议的圆满举办表示祝贺。随后，他对本次年会的成果和特点进行了五点总结。第一，66 位研究者关注问题多样，且问题内涵丰富，对南亚语种学会乃至中国的非通用语研究来说都是一笔宝贵的精神财富。第二，人才实力雄厚，年会为老、中、青研究者搭建起良好的对话和展示平台，形成了自身独特的学术传承和学会文化。第三，研究方法紧跟前沿，问题意识突出，既有很高的理论创新价值，也有非常接地气的现实应用价值。第四，与会学者从各个角度集体发声，形成合力，展现出中国立场与家国情怀，无论是语言文化与历史研究，还是国际政治、军事安全、学科建设等，都与国家的经济社会发展需求相对接。第五，发展思路清晰，路径抓手明确，以南亚语种学会的优势和特色为依托，向各个比邻学科不断拓展。最后，陈多友教授感谢姜景奎教授对年会组织运营的指导，并预祝中国南亚语种学会和中国的南亚研究蒸蒸日上。

闭幕式最后，中国南亚学会副会长、南亚语种学会会长姜景奎教授进行了总结发言。他表示，南亚语种学会成立短短六年，取得巨大发展，离不开历届年会承办单位与各位老师和同学的支持。本次年会不仅在规模上再创新高，在研究对象的覆盖面上也达到了前所未有的广度，空间上涵盖南亚地区除不丹外的所有国家，时间上从古代一直延伸至当下。姜景奎教授回顾了几个代表性发言，认为本次年会在向度、维度和高度上均拓展了中国的南亚研究，充分体现出中国南亚语种学会的基础性、创新性与前瞻性。致辞最后，姜景奎教授代表主办方向承办单位及会务组工作人员致以诚挚的谢意。

至此，新文科建设背景下全国南亚语种专业建设与国别区域研究研讨会暨中国南亚语种学会 2021 年会圆满落幕。

（撰稿：李　睿　何　杨）